人工智能与计算机导论

微课版

宁爱军 贾宝会◎主编

人民邮电出版社

北京

图书在版编目（CIP）数据

人工智能与计算机导论：微课版 / 宁爱军，贾宝会主编. -- 北京：人民邮电出版社，2025. --（数智人才培养 AI 通识精品系列）. -- ISBN 978-7-115-67350-3

Ⅰ. TP181；TP3

中国国家版本馆 CIP 数据核字第 2025E0P669 号

内 容 提 要

本书以计算思维和人工智能思维为主线，介绍人工智能和计算机技术，探讨人工智能与计算机技术的关系，引入国产自主软件、硬件等新内容，融入物联网、云计算、大数据等新一代信息技术。

全书共 13 章，主要内容包括人工智能基础、人工智能实践与创新、计算机系统结构、计算机硬件系统、计算机软件系统、计算机网络技术、信息安全技术、Python 程序设计、物联网导论、云计算导论、大数据导论，以及 WPS 文字和 WPS 表格的高级应用。

本书内容安排合理，由浅入深，案例丰富，并且通俗易懂、可读性强，适合作为普通高等学校"人工智能导论""计算思维导论""计算机基础"等课程的教材，也可以作为计算机爱好者的参考书。

- ◆ 主　　编　宁爱军　贾宝会
  责任编辑　张　斌
  责任印制　胡　南
- ◆ 人民邮电出版社出版发行　　北京市丰台区成寿寺路 11 号
  邮编　100164　　电子邮件　315@ptpress.com.cn
  网址　https://www.ptpress.com.cn
  三河市君旺印务有限公司印刷
- ◆ 开本：787×1092　1/16
  印张：16　　　　　　　　　　　2025 年 8 月第 1 版
  字数：441 千字　　　　　　　　2025 年 8 月河北第 1 次印刷

定价：59.80 元

读者服务热线：(010)81055256　印装质量热线：(010)81055316
反盗版热线：(010)81055315

前言

党的二十大报告指出"教育、科技、人才是全面建设社会主义现代化国家的基础性、战略性支撑。必须坚持科技是第一生产力、人才是第一资源、创新是第一动力，深入实施科教兴国战略、人才强国战略、创新驱动发展战略，开辟发展新领域新赛道，不断塑造发展新动能新优势"，为高等学校的教学、科研和人才培养指明了方向。近年来，人工智能迅猛发展，日益深入社会生活各领域。

本书探讨人工智能与计算机技术的关系，培养学生的计算思维、人工智能思维，使学生能够利用计算机技术和人工智能解决实际问题，进行创新创业活动。本书具有以下特点。

（1）介绍人工智能和计算机技术，探讨人工智能与计算机技术的关系。

（2）引入国产自主软件、硬件等新内容，支持自主创新和产业发展。

（3）融入物联网、云计算、大数据等新一代信息技术。

（4）结合 Python 介绍顺序、选择、循环等程序控制结构，以及人工智能编程方法。

（5）介绍 WPS Office 文字组件和表格组件的高级应用，培养学生解决实际问题的能力。

（6）配有针对性强、可操作性强的实验，培养学生解决实际问题的意识和能力。

（7）习题与章节内容结合紧密，有利于学生理解和巩固所学的知识。

（8）内容安排合理，由浅入深，案例丰富；全书通俗易懂，可读性强。

（9）配有微课视频、课件等学习资源，有利于学生自学，培养学生自主学习能力。

本书适合普通高等学校本科学生在第 1 学年的第 1 学期学习，建议教师合理选择教学内容，并利用好本书所提供的教学资源。

本书的编者都是长期从事软件开发和计算机课程教学的一线教师，具有丰富的软件开发和教学经验。本书由宁爱军和贾宝会担任主编，负责全书的统稿和定稿。第 1 章和第 2 章由赵奇编写，第 3 章由贾宝会编写，第 4 章由满春雷编写，第 5 章由杨光磊编写，第 6 章和第 7 章由宁爱军编写，第 8 章由张沼楠编写，第 9 章由窦若菲编写，第 10 章由何志永编写，第 11 章由王燕编写，第 12 章由王淑敬编写，第 13 章由胡香娟编写。本书的编写和出版还得到了其他很多教师的帮助及各级领导的关怀与指导，在此一并表示感谢。

限于编者水平，书中难免存在不足之处，恳请专家和读者批评指正。联系邮箱：naj@tust.edu.cn。

编　者

2025 年 4 月

目　录

第 13 章　WPS 表格高级应用 …………… 212

第 1 章 人工智能基础

随着科技的飞速发展，人工智能（Artificial Intelligence，AI）已逐渐渗透到人们生活的方方面面，从智能家居到自动驾驶，从精准医疗到智能制造，人工智能以其独特的魅力和无限的潜力，引领第四次工业革命的浪潮。

进入 21 世纪后，由于云计算基础架构的构建、计算能力的提高、大数据的积累，以及机器学习算法新成果的出现，人工智能不仅在创新行业得到广泛应用，而且赋能传统民生行业。

本章主要包括人工智能概述、人工智能的相关技术、人工智能的应用及计算思维与人工智能思维等内容。

1.1 人工智能概述

数千年来，人们一直试图理解智能的本质：人类为什么能用如此少的物质就能感知、理解、预测和操纵如此宏大而且复杂的外部世界？人工智能领域对此的研究更加深入：不但试图理解智能，还尝试创建并操纵智能体（Agent）。

1.1.1 人工智能的起源

人工智能是新兴的科学与工程领域，是 21 世纪的前沿科学领域，但它正式的研究工作在第二次世界大战结束后就展开了。

现代人工智能公认起源于 1956 年的达特茅斯会议。1956 年的夏天，约翰·麦卡锡（John McCarthy）将 10 多位对自动机理论、神经网络和智能研究感兴趣的学者召集在一起，在达特茅斯学院进行了为期两个月的研讨会。这一会议被认为是人工智能诞生的标志，图 1-1 所示为会议原址。"人工智能"这个名词便是出自该次会议。2006 年，多位学者重聚达特茅斯学院，如图 1-2 所示，左起分别为特伦查德·摩尔（Trenchard More）、约翰·麦卡锡、马文·明斯基（Marvin Minsky）、奥利弗·塞弗里奇（Oliver Selfridge）、雷·所罗门诺夫（Ray Solomonoff）。

图 1-1　达特茅斯会议原址

图 1-2　2006 年多位学者重聚达特茅斯学院

达特茅斯学院成为公认的人工智能诞生地，达特茅斯会议的主要成就是使人工智能成为一个独立的研究学科。

1.1.2 人工智能的定义

到目前为止还没有一个统一的、精确的、能被所有人认可的人工智能定义。

常见的人工智能定义有两种。马文·明斯基提出"人工智能是一门科学，它使机器去做那些通常由人来做并需要智能的工作"。人工智能领域的开创者之一、斯坦福大学教授尼尔斯·约翰·尼尔森（Nils John Nilsson）在《人工智能》一书中给出了更为专业的定义：人工智能是关于知识的科学——关于怎样表示知识，以及怎样获得知识并使用知识的科学。这个定义已被众多专业人士所认可。

1.1.3 人工智能的 3 次浪潮

一直以来，棋类游戏被认为是人类智力活动的象征，其受众面广，规则简洁明了，胜负容易评估。借助人机对弈研究人工智能，让机器模拟人类活动，使其达到甚至超过人类水平，可以吸引大众的关注，使更多人投身于人工智能的研究和应用中。

人工智能的发展史上有非常著名的 3 盘棋——西洋跳棋、国际象棋和围棋，它们标志着人工智能的 3 次浪潮。

1．西洋跳棋

1952 年，阿瑟·萨缪尔（Arthur Samuel）在 IBM 公司研制了一个具有自主学习能力的西洋跳棋程序，如图 1-3 所示。1962 年，该程序战胜了美国西洋跳棋水平较高的选手罗伯特·尼雷，这在当时引起很大的轰动。

阿瑟·萨缪尔首次提出"机器学习"的概念，即不需要显式地编程，让机器具有学习的能力。因此，他被认为是"机器学习之父"。

图 1-3　阿瑟·萨缪尔研制西洋跳棋程序

2．国际象棋

1997 年 5 月，IBM 公司打造的深蓝（Deep Blue）计算机战胜了国际象棋世界冠军卡斯帕罗夫，如图 1-4 所示。

3．围棋

2016 年 3 月，DeepMind 公司的人工智能程序 AlphaGo 战胜了韩国职业围棋棋手李世石，如图 1-5 所示。2017 年 5 月，在中国乌镇围棋峰会上，AlphaGo 又战胜了排名世界第一的中国棋手柯洁。

图 1-4　深蓝计算机战胜国际象棋世界冠军

图 1-5　AlphaGo 战胜韩国职业围棋棋手李世石

这 3 次对弈，人工智能程序一步步战胜人类棋手，每一次都掀起新一轮的人工智能研究热潮。

1.2 人工智能的相关技术

在人工智能的发展历程中，其核心技术经历了不断的演进和突破。这些技术为人工智能的广泛应用提供了坚实的基础，也为其未来的发展指明了方向。本节将介绍人工智能发展过程中的五大核心技术。

1.2.1 计算机视觉

计算机视觉是指计算机从图像中识别出物体、场景和活动，是使用计算机及相关设备对生物视觉的模拟。计算机视觉运用由图像处理技术及其他技术组成的技术序列，将图像分析任务分解为便于管理的小块任务，使用各种成像系统代替视觉器官作为输入手段，由计算机来代替大脑完成处理和解释。

计算机视觉的最终研究目标就是使计算机能像人那样通过视觉观察和理解世界，具有自主适应环境的能力。人们希望计算机视觉系统可以像人眼识别事物那样对识别的事物进行相应的智能反馈。图1-6所示为计算机视觉系统识别街景中的目标对象。

计算机视觉被用于许多领域的自动化图像分析，人们可借助计算机视觉系统识别图像，并借助计算机逻辑推理系统进行决策。计算机视觉有广泛的应用：

图1-6 计算机视觉系统识别街景中的目标对象

医疗成像分析被用于疾病预测、诊断和治疗；人脸识别在安防及监控领域被广泛使用；在自动驾驶方面，计算机视觉可以帮助自动驾驶系统识别周围的物体；在购物方面，消费者现在可以用智能手机识别商品以获得更多购买选择。

计算机视觉的实现主要包括以下几个步骤。

1. 图像获取

通过各种设备，包括摄像机、照相机、遥感设备、X射线断层摄影仪、雷达、超声波接收器等，获取需要识别的图像。

2. 图像预处理

在对图像使用具体的计算机视觉技术来提取某种特定的信息前，需要对图像进行预处理，如图像坐标轴修订、图像灰度调整、图像尺寸调整等。

3. 特征提取

从图像中提取各种复杂度的特征，如边缘提取、局部化的特征点检测等。

4. 检测分割

在图像处理过程中，有时需要对图像进行分割以提取有价值的信息，如特征点筛选、分割图像等。

5. 图像识别

对于处理好的图像数据，利用计算机视觉系统进行识别，并验证识别结果是否符合特定的要求。

1.2.2 机器学习

机器学习是人工智能的一个子集，其目的是研究计算机怎样模拟或实现人类的学习行为，以获取新的知识或技能，重新组织已有的知识结构，不断改善自身的性能。简而言之，机器学习是指计算机从大量数据中自动发现模式和规律，并将发现的模式和规律用于各种预测活动。

1．机器学习的发展阶段

阿瑟·萨缪尔提出机器学习的概念后，机器学习主要经过了以下几个发展阶段。

① 20 世纪 60 年代中期到 70 年代末期，发展几乎停滞。

② 20 世纪 80 年代，使用神经网络反向传播算法训练的多参数线性规划理念的提出将机器学习带入复兴时期。

③ 20 世纪 90 年代出现的决策树算法以及后来的支持向量机算法，将机器学习从知识驱动转变为数据驱动。

④ 21 世纪初，辛顿提出深度学习（Deep Learning），使机器学习研究从低迷期进入蓬勃发展期。

⑤ 2010 年后，由于算力的提升和海量训练数据的支持，深度学习成为机器学习的研究热点，并被产业界广泛应用。

2．机器学习的分类

机器学习包括聚类、分类、决策树、贝叶斯、神经网络、深度学习等算法。而按照学习模式的不同，机器学习可分为监督学习、半监督学习、无监督学习和强化学习。

（1）监督学习

监督学习是从已标注的训练数据中学习，再对某个给定的新数据利用模型进行预测。训练数据的标注精确度越高，模型的预测准确度越高，预测结果越精确。监督学习主要用于解决回归和分类问题。

常见的监督学习的回归算法有线性回归算法、回归树算法、K 邻近算法、Adaboost（自适应增强）算法、神经网络算法等。常见的监督学习的分类算法有朴素贝叶斯算法、决策树算法、支持向量机算法、逻辑回归算法、K 邻近算法、Adaboost 算法、神经网络算法等。

（2）半监督学习

半监督学习是利用少量标注数据和大量未标注数据进行学习的模式。半监督学习侧重于在有监督的分类算法中加入未标注样本来实现半监督分类。

常见的半监督学习算法有 Pseudo-Label（伪标签）算法、Π-Model（Π 模型）算法、Temporal Ensembling（时间集成）算法、Mean Teacher（均值教师）算法、MixMatch（混合匹配）算法、ReMixMatch（增强混合匹配）算法、FixMatch（固定匹配）算法等。

（3）无监督学习

无监督学习是从未标注数据中寻找隐含结构的过程。无监督学习主要用于关联分析、聚类和降维。

常见的无监督学习算法有稀疏自编码算法、主成分分析算法、K-Means（K 均值）算法、最大期望算法等。

（4）强化学习

强化学习类似监督学习，但不使用样本数据进行训练，而是通过不断试错进行学习。强化学习中有智能体和环境这两个可以进行交互的对象，还有策略、回报函数、价值函数和环境模型这 4 个核心要素。

强化学习常用于机器人避障、棋牌类游戏、广告和推荐等应用场景。

1.2.3 自然语言处理

自然语言处理是人工智能领域的一个重要分支，主要研究人与计算机之间使用自然语言进行有效通信的理论和方法。自然语言处理的目的是让计算机拥有像人类那样处理文本的能力，不仅了解每个词的含义，而且了解一个长句子的含义。

自 2010 年以来，随着机器学习技术的发展，自然语言处理技术借助机器学习技术也得到了较为明显的发展。

自然语言处理在进行自然语言分析时，通常分为以下 3 个层次。

1．词法分析

词法分析是自然语言处理的技术基础，也是自然语言理解的第一层。词法分析主要是对句子里的每个词进行分类和标记，如动词、名词等，并确定每个词的含义。

2．句法分析

句法分析的目标是自动推导出句子的句法结构，即尝试发现句子里的各部分是如何组合在一起的，以及它们之间的关系。

3．语义分析

语义分析就是分析话语的含义，理解句子真正要表达的内容。语义分析又分为 3 个层次，分别是词语级、句子级和段落/篇章级，即分别理解单个词语、整个句子、整个段落/篇章要表达的内容。

1.2.4　机器人

机器人是一种能够半自主或全自主工作的智能机器。机器人能够通过编程和自动控制来执行作业或移动等任务。随着人工智能技术的发展和传感器技术的进步，机器人可以完成的工作越来越复杂，而且有越来越多的机器人走入人们的日常生活，如无人机、扫地机器人、无人驾驶汽车等。

机器人技术主要经过了以下几个发展阶段。

1．第一代机器人：示教再现型机器人

1947 年，为了搬运和处理核燃料，美国橡树岭国家实验室研发了世界上第一台遥控机器人。1962 年，美国成功研制示教再现型机器人。这种机器人是通过一台计算机来控制的一套多自由度的机械，操作者通过示教存储程序和信息，在需要机器人工作时再把信息读取出来，对其发出指令，这样机器人可以重复地根据操控者的示教再现动作。这种机器人只是简单重复设置好的动作，更像一台机器。图 1-7 所示为示教再现型机器人。

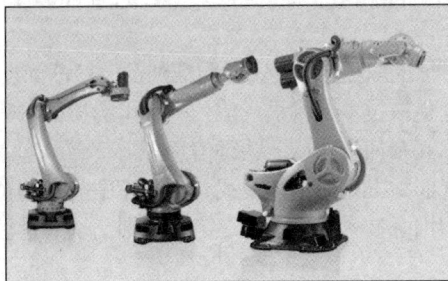

图 1-7　示教再现型机器人

2．第二代机器人：感觉型机器人

示教再现型机器人只能重复设置好的动作，并不能对外界环境进行感知。因此，在 20 世纪 70 年代后期，人们开始研究感觉型机器人。这种机器人拥有类似人的某些"感觉"，如触觉、视觉、听觉等，能够感受和识别工件的形状、大小、颜色。

3．第三代机器人：智能型机器人

20 世纪 90 年代以后发明的机器人，带有多种传感器，可以进行复杂的逻辑推理、判断及决策，在变化的内部状态与外部环境中，自主决定自身的行为。

机器人技术目前已经应用于生产和生活的各个领域。例如，无人驾驶汽车是一个懂得行驶规则的、四轮驱动的机器人；人机协作机器人通过灵活的协同式双臂与先进的软件控制系统的配合，可以实现从机械手表的精密部件到手机、计算机零件的处理；用于医疗、军事、工业的可穿戴机械装置，可以实现交替步态以及站立和行走，如图 1-8 所示。

图 1-8　可穿戴机械装置

1.2.5　语音识别

语音识别通常称为自动语音识别，主要是将人类语音中的词汇内容转换为计算机可读的输入，一般是可以理解的文本内容，也有可能是二进制编码或字符序列。语音识别是一项融合多学科知识的前沿技术，覆盖数学与统计学、声学与语言学、计算机与人工智能等基础学科和前沿学科，是人机自然交互中的关键技术。

1．语音识别技术的发展阶段

语音识别技术主要经历了以下 3 个发展阶段。

（1）1993—2009 年，语音识别一直处于高斯混合-隐马尔可夫时代，语音识别准确率提升缓慢，尤其是 2000 年至 2009 年，语音识别准确率基本处于停滞状态。

（2）2009—2015 年，随着深度学习技术尤其是循环神经网络的兴起，语音识别进入神经网络深度学习时代，语音识别准确率得到显著提升。

（3）2015 年以后，由于端到端技术的兴起，语音识别进入百花齐放时代，语音界一直在训练更深、更复杂的网络，同时利用端到端技术大幅度提升语音识别的准确率。

2．语音识别技术的组成

语音识别技术主要包括特征提取技术、模式匹配准则及模型训练技术 3 个方面，分别介绍如下。

（1）特征提取技术。特征提取技术是将语音信号中有用的特征参数信息从所有信息中提取出来的技术。通过分析处理，删除冗余信息，留下关键信息。

（2）模式匹配准则。模式匹配准则使未知模式与模型库中的某一个模型获得最佳匹配。

（3）模型训练技术。模型训练技术是指按照一定的准则，从大量已知模式中获取表征该模式本质特征的模型参数的技术。

语音识别技术发展至今，在识别准确率上已经达到相当高的水平，语音识别准确率已经超过98%。目前，语音识别准确率已经能够满足人们日常应用的需求，很多手机、智能音箱、计算机等系统都已经带有语音识别功能。

1.3　人工智能的应用

人工智能的发展已经取得了显著成果，并且其日益渗透到人们生活的各个方面，为各行各业带来了前所未有的变革。人工智能展现了其独特的魅力和广泛的应用潜力，被广泛应用于无人驾驶、人脸识别、机器翻译、AIGC 等众多领域。

1.3.1　无人驾驶

随着技术的发展与时代的进步，汽车行业正在朝着智能化方向发展，而无人驾驶就是汽车智能化发展重要的表现形式之一。国内外许多公司纷纷投入自动驾驶和无人驾驶的研究。例如，百度公司已启动"百度无人驾驶汽车"研发计划，华为公司也在无人驾驶技术的研发中投入大量人力和物力。

无人驾驶汽车是一种智能汽车，也可以称为轮式移动机器人，主要依靠车内的以计算机系统为主的智能驾驶仪来实现无人驾驶。无人驾驶汽车是计算机科学、模式识别和智能控制技术高度发展的产物，也是衡量一个国家科研实力和工业化水平的重要标志。

无人驾驶汽车是一个集环境感知、规划决策和多等级辅助驾驶等功能于一体的综合系统，是充分考虑车路合一、协调规划的车辆系统，也是智能交通系统的重要组成部分。根据我国发布的《汽车驾驶自动化分级》（GB/T 40429—2021），驾驶自动化分为 0 级至 5 级。

自动驾驶系统功能的实现有赖于感知、决策、执行 3 个环节的高效配合。感知层通过多维传感器模拟人眼识别道路上的人、物及标识等；决策层通过算法融合、特征提取等预处理，进行数据融合后做出评估和决策，输出给执行层的控制单元；执行层的硬件机构做出反馈动作，实现全套自动驾驶操作。图 1-9 所示为华为首辆自动驾驶实测车。

图 1-9　华为首辆自动驾驶实测车

1.3.2　人脸识别

人脸识别是一种依据人的面部特征（如统计或几何特征等）自动进行身份识别的生物识别技术。人脸识别系统基于人脸特征，对图像或视频流中的人脸信息进行识别，并通过与数据库的信息进行比对，确认人脸身份。

人脸识别系统利用摄像机或摄像头采集包含人脸的图像或视频流，并自动在图像或视频流中检测和跟踪人脸，进而对检测到的人脸图像进行一系列的相关操作。人脸识别包括图像采集、特征定位、身份的查找和确认等环节，简单来说，就是从图像中提取人脸特征，如眉毛高度、嘴角位置等，再通过特征的对比输出结果。

人脸识别产品已广泛应用于金融、司法、边检、航天、教育、医疗等领域。随着技术的进一步成熟和社会认同度的提高，人脸识别技术将应用在更多的领域。图 1-10 所示为人脸识别闸机。

图 1-10　人脸识别闸机

1.3.3　机器翻译

机器翻译是计算语言学的一个子领域，研究将输入的文本或语音从一种语言翻译为另一种语言的过程、技术和方法。机器翻译技术的发展与计算机技术、信息论、语言学的发展紧密相关。从早期的词典匹配，到词典结合语言学专家知识的规则翻译，再到基于语料库的统计机器翻译，随着计算机能力的提升，机器翻译技术开始为普通用户提供实时便捷的翻译服务。特别是进入 21 世纪后，随着硬件能力的提升和算法的优化，机器翻译迎来了空前繁荣的景象。

目前，机器翻译主要以语料库法为主，其中又以神经网络法最为典型。神经网络通过对人脑的基本单元——神经元进行建模和连接，来模拟人脑神经系统的功能。神经网络机器翻译模拟人脑神经的层级结构，自动从语料库中学习知识，相较于过去的机器翻译技术，翻译质量有了飞跃式的提升。

目前，各大公司纷纷推出了自己的翻译平台，较有名的有百度翻译、讯飞翻译、有道翻译和火山翻译等。图 1-11 所示为科大讯飞翻译机，其支持 80 多种语言的在线翻译、十几种语言的离线翻译，支持中文与全球主要语言的即时互译，平均 0.5s 出翻译结果。

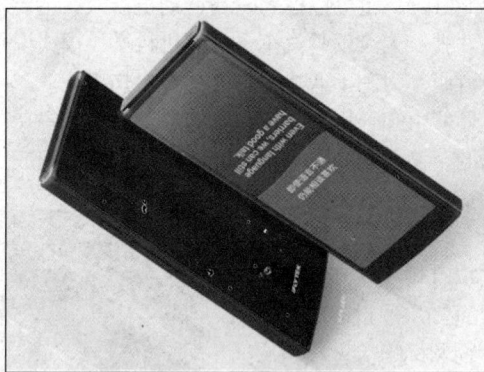

图 1-11　科大讯飞翻译机

1.3.4　AIGC

AIGC（Artificial Intelligence Generated Content，人工智能生成内容）是近年来随着人工智能技术快速发展而兴起的新型内容创作方式。它利用深度学习、自然语言处理、计算机视觉等先进技术，使机器能够模仿人类的创作过程，自动生成文本、图像、音频、视频等多种形式的内容。AIGC 技术的出现，极大地提高了内容生产的效率和多样性，为创意产业带来了革命性的突破。

1. AIGC 应用领域

AIGC 在自动化新闻报道、个性化内容推荐、创意设计辅助、智能客服与聊天机器人、艺术创作与娱乐、虚拟助手与智能家居控制教育与培训等领域发挥重要作用。

（1）自动化新闻报道

AIGC 可以快速生成新闻稿件，实时报道事件动态，大幅度提高新闻报道的时效性和准确性。

（2）个性化内容推荐

在线视频、音乐、阅读等平台利用 AIGC 技术，可以根据用户的喜好和历史行为自动生成个性化的推荐内容，提升用户体验。

（3）创意设计辅助

设计师可利用 AIGC 快速生成多种设计方案，从而加速创意的产生和优化设计流程。例如，在进行服装设计、室内设计、广告设计等的过程中，AIGC 可以提供灵感和多样化的选择。

（4）智能客服与聊天机器人

AIGC 使智能客服和聊天机器人能够更自然地与人类交互，提供即时的问答服务，解决用户在使用产品或服务过程中遇到的问题。

（5）艺术创作与娱乐

AIGC 在艺术领域也展现出了惊人的创作能力，能够生成独特的画作、音乐和文学作品，为艺术家提供创作灵感，也为大众提供了新的娱乐形式。

（6）虚拟助手与智能家居控制

在家庭生活中，AIGC 工具可以作为虚拟助手，帮助人们管理日程、事项，甚至控制智能家居设备，提高人们生活、工作的便利性和效率。

（7）教育与培训

在教育与培训领域，AIGC 可以自动生成针对不同学习水平和兴趣爱好的个性化学习材料，提升学习效果。AIGC 还可以辅助教师备课，提供丰富的教学资源和案例。

2. 常见 AIGC 平台

很多国内知名厂商推出了自己的 AIGC 平台，包括文心一言、通义千问、智谱清言、星火认知大模型等。它们各自具有独特的技术特点和功能优势，并在不同领域有着广泛的应用前景。

（1）文心一言

文心一言（见图 1-12）是百度公司基于文心大模型推出的生成式对话产品，于 2023 年发布并全面开放。文心一言结合了多种技术，包括 Transformer 架构、自然语言处理、语音识别、图像识别等，从而为用户带来智能化极高的交互体验。此外，百度公司还利用其在搜索引擎领域积累的大量数据，对文心一言进行训练和优化，以提高其准确性和效率。

图 1-12　文心一言

（2）通义千问

通义千问是阿里云公司基于千问大模型推出的生成式对话产品，于 2023 年发布并全面开放。通义千问具有多模态理解、多轮对话、文案创作、逻辑推理、知识问答等功能，广泛应用于金融、医疗、教育、物流等各个行业和领域。通义千问凭借其强大的功能和广泛的应用场景，成为人工智能领域的一款主流产品。

（3）智谱清言

智谱清言（见图 1-13）是智谱华章公司基于 ChatGLM 大模型推出的生成式对话产品，于 2023 年发布并全面开放。智谱清言经过了万亿字符的文本与代码预训练，并采用了监督微调技术。智谱清言适用于工作辅助、学习支持和日常娱乐等，用户可以在移动设备上随时随地享受其智能化服务。

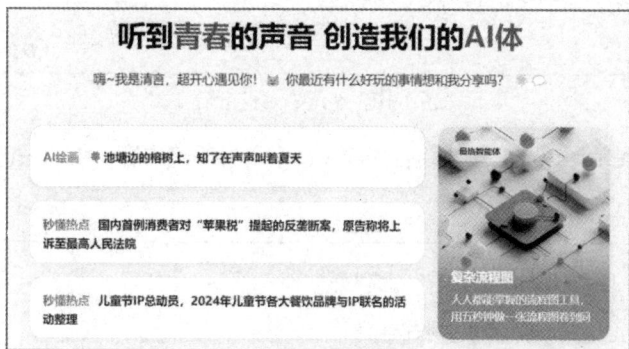

图 1-13　智谱清言

（4）星火认知大模型

星火认知大模型是科大讯飞公司基于星火大模型推出的生成式对话产品，于 2023 年发布并全面开放。星火认知大模型具有参数规模大、融合多元能力的特点，在自然语言处理、计算机视觉、语音识别等领域以及智能推荐、智能客服、自动驾驶等多元场景中发挥了重要作用。随着技术的不断进步和应用场景的拓展，星火认知大模型有望在更多领域实现深度应用，推动人工智能技术进一步发展。

在使用 AIGC 工具生成文本内容时，我们通过提示词来与其对话。提示词是我们使用 AIGC 工具的重要助手。我们通过不断优化提示词来让 AIGC 工具更好地理解我们的需求和意图。

【例 1.1】 使用文心一言帮助我们生成一份演讲大纲和部分细节内容。

① 告诉文心一言我们需要生成什么内容。在此，我们想要文心一言生成一份关于创新创业比赛介绍的演讲大纲，如图 1-14 所示。

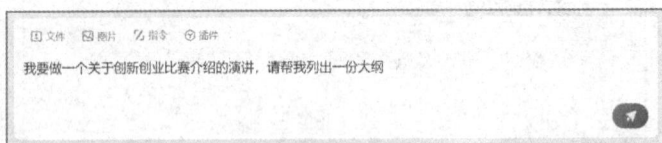

图 1-14　输入提示词

② 文心一言会根据我们输入的提示词进行回答，生成相应的内容。针对①中的提示词，文心一言生成了一份演讲大纲，如图 1-15 所示。

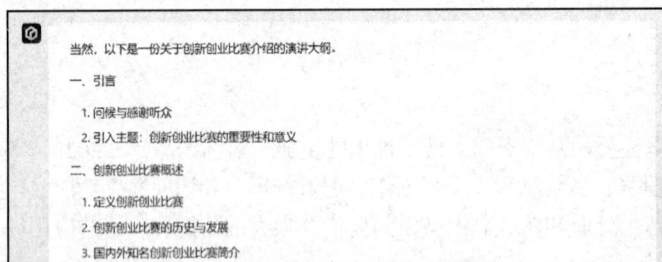

图 1-15　文心一言生成演讲大纲

③ 我们可以针对文心一言生成的演讲大纲中不合理或需要进一步解释的内容，与其继续对话。在此，我们希望文心一言针对"问候与感谢听众"提供一份发言稿，如图 1-16 所示。

图 1-16　继续输入提示词

④ 针对③中的提示词，文心一言结合先前（②中）的问答内容，生成一份发言稿，如图 1-17 所示。

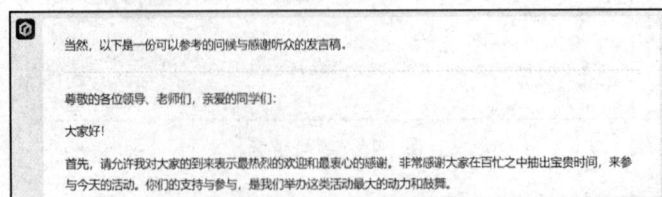

图 1-17　文心一言生成发言稿

以上仅经过了两轮问答，并没有完全解决问题，我们还需要继续提问并让文心一言给出答案，这里不赘述。文心一言在每一次回答时都会结合之前的问答内容进行上下文分析，并生成文本内容。

1.4 计算思维与人工智能思维

1.4.1 计算思维

计算思维是指个体运用计算机科学领域的思想方法，在问题解决过程中设计的抽象、分解、建模、算法设计等思维活动。拥有计算思维就能够像计算机科学家一样思考，将计算技术与各学科的理论、技术融合，从而实现创新。

计算思维包括以下多项基本内容。

1．二进制 0 和 1 的基础思维

计算机以 0 和 1 为基础，将客观世界的各种信息都转换为 0 和 1 进行存储与处理。

2．指令和程序的思维

指令决定了计算机的基本动作，为了让计算机完成某个具体任务，人们将指令按照顺序组织为程序。计算机按照程序的控制顺序执行指令，从而完成任务。

3．计算机系统发展的思维

计算机系统的发展过程涉及冯·诺依曼计算机、个人计算机、并行与分布式计算、云计算等，这些体现了计算手段的发展和变化。

计算机系统包括硬件系统和软件系统等。

4．问题求解的思维

利用计算手段进行问题求解主要涉及算法和系统两方面。

算法是计算机系统的"灵魂"，它是有穷规则的集合，规定了任务执行或问题求解的一系列步骤。问题求解的关键是设计可以在有限时间和空间内执行的算法。

系统是解决社会/自然问题的综合解决方案，设计和开发计算机系统是一项复杂的工程，需要采用系统化的科学思维，在系统开发时控制系统的复杂性，优化系统结构，提高系统的可靠性、安全性和实时性。

5．递归的思维

递归可以用有限的步骤实现近于无限的功能。递归使用类似递推的方法，例如，自然数 n 的阶乘可以描述为函数 $f(n)$，$f(n)$ 可以通过 $f(n-1)$ 求得，依此类推，直到求得 $f(1)$，之后倒推得到 $f(2)$、$f(3)$、…、$f(n)$。有一些问题的求解必须使用递归的方法，如汉诺塔问题等。

【例 1.2】 计算自然数 n 的阶乘（$n!$）。

n 的阶乘（$n!$）可以描述如下。

$$n! = \begin{cases} 1, & n \leqslant 1 \\ n \times (n-1) \times \cdots \times 1, & n > 1 \end{cases}$$

函数 $f(n)$ 的功能是计算 $n!$，其形式如下。

$$f(n) = \begin{cases} 1, & n \leqslant 1 \\ n \times f(n-1), & n > 1 \end{cases}$$

6．网络化的思维

由计算机技术发展起来的网络，将计算机和各种设备连接起来的局域网、互联网，逐步实现了物-物、人-人、物-人连接的网络环境。通过网络环境进行问题求解的网络化思维是计算思维的重要部分。网络化思维丰富了社会和自然科学问题的求解手段。

1.4.2　人工智能思维

人工智能思维是一种适应人工智能时代的新型思维方式，它融合了计算机科学、数学、统计学等多学科知识，以及创新、问题解决和决策等能力。通过学习人工智能知识、实践人工智能项目、培养创新思维、学会与他人交流合作等，可以培养人工智能思维，提高在人工智能时代的竞争力。人工智能思维的特点如下。

1．数据驱动

人工智能思维高度依赖数据。在人工智能系统中，大量的数据被收集、整理和分析，以训练模型和做出决策。例如，图像识别算法通过分析大量的图像数据来学习识别不同的物体；推荐系统根据用户的历史行为数据为用户推荐个性化的产品或服务。

人工智能思维强调数据的质量和多样性。高质量的数据可以提高人工智能模型的准确性和可靠性，而多样性的数据可以帮助人工智能模型更好地适应不同的情况和场景。

2．算法思维

理解和运用各种算法是人工智能思维的重要组成部分。算法是人工智能系统的核心，其决定了系统如何处理数据、如何学习以及如何做出决策。例如，机器学习算法可以自动地从数据中学习模式和规律，深度学习算法可以处理大规模的复杂数据。

运用人工智能思维能够评估不同算法的优缺点，并根据具体问题选择合适的算法。此外，我们还需要不断探索新的算法和技术，以提高人工智能系统的性能和效率。

3．创新思维

人工智能思维鼓励创新和探索。在人工智能领域，新的技术和应用不断涌现，只有具备创新思维，我们才能跟上时代的步伐。例如，人工智能与医疗、金融、交通等领域的结合，创造了许多新的商业模式和解决方案。

创新思维就是敢于尝试新的方法和思路，突破传统思维的束缚；对问题进行重新定义和理解，从不同的角度看待问题，寻找新的解决方案。

4．问题解决思维

人工智能思维注重问题解决能力。面对复杂的问题时，我们要学会运用人工智能技术与方法进行分析和解决。例如，通过数据分析找出问题的根源，利用机器学习算法进行预测和优化，使用人工智能工具进行自动化决策。

运用人工智能思维可以将复杂的问题分解为若干个小问题，分别进行解决；并且能够抽象出问题的本质特征，从而更好地应用人工智能技术。

习题

一、单项选择题

1.　（　　　　）被认为是现代人工智能的起源，于 1956 年召开。
　　A．达特茅斯会议　　B．巴黎和会　　　　C．人工智能大会　　D．雅尔塔会议
2.　以下不属于人工智能 3 次浪潮的是（　　　　）。
　　A．西洋跳棋　　　　B．国际象棋　　　　C．围棋　　　　　　D．军旗
3.　（　　　　）不是人工智能的核心技术。
　　A．计算机视觉　　　B．机器学习　　　　C．自然语言处理　　D．文本编辑技术

4. （　　　）的最终研究目标就是使计算机能像人类那样通过视觉观察和理解世界，具有自主适应环境的能力。

A. 计算机视觉　　　　B. 机器学习　　　　C. 自然语言处理　　　D. 语音识别

5. （　　　）不是计算机视觉实现的主要步骤。

A. 图像获取　　　　B. 图像预处理　　　　C. 图像打印　　　　D. 图像识别

6. （　　　）是人工智能的一个子集，其目的是研究计算机怎样模拟或实现人类的学习行为，以获取新的知识或技能，重新组织已有的知识结构，不断改善自身的性能。

A. 计算机视觉　　　　B. 机器学习　　　　C. 自然语言处理　　　D. 语音识别

7. （　　　）不是机器学习的学习模式。

A. 监督学习　　　　B. 无监督学习　　　　C. 强化学习　　　　D. 自动学习

8. （　　　）是人工智能领域的一个重要分支，主要研究人与计算机之间使用自然语言进行有效通信的理论和方法。

A. 计算机视觉　　　　B. 机器学习　　　　C. 自然语言处理　　　D. 机器人技术

9. （　　　）不属于自然语言处理的 3 个层次。

A. 语调分析　　　　B. 词法分析　　　　C. 句法分析　　　　D. 语义分析

10. 机器人发展阶段中，第二代机器人是（　　　）。

A. 示教再现型机器人　　　　　　　B. 感觉型机器人
C. 智能型机器人　　　　　　　　　D. 生产型机器人

11. （　　　）通常称为自动语音识别，主要将人类语音中的词汇内容转换为计算机可读的输入。

A. 语音识别　　　　B. 机器学习　　　　C. 自然语言处理　　　D. 机器人技术

12. 在语音识别中，（　　　）是将语音信号中有用的特征参数信息从所有信息中提取出来的技术。

A. 特征提取技术　　　B. 模式匹配准则　　　C. 模型训练技术　　　D. 自动翻译

13. （　　　）是计算语言学的一个子领域，研究将输入的文本或语音从一种语言翻译为另一种语言的过程、技术和方法。

A. 机器学习　　　　B. AIGC　　　　C. 语音识别　　　　D. 机器翻译

14. （　　　）利用深度学习、自然语言处理、计算机视觉等先进技术，使机器能够模仿人类的创作过程，自动生成文本、图像、音频、视频等多种形式的内容。

A. 机器学习　　　　B. AIGC　　　　C. 语音识别　　　　D. 图像识别

15. （　　　）是计算机系统的灵魂，它是有穷规则的集合，规定了任务执行或问题求解的一系列步骤。

A. 程序　　　　B. 人工智能　　　　C. 代码　　　　D. 算法

二、简答题

1. 简述人工智能的定义。
2. 简述计算机视觉实现的主要步骤。
3. 简述机器学习的几种模式。
4. 简述自然语言处理在进行自然语言分析时的 3 个层次。
5. 简述机器人技术发展的 3 个阶段。
6. 简述语音识别技术包含的 3 个方面。
7. 简述目前人工智能技术的主要应用领域。
8. 简述计算思维的定义、目的及其基本内容。
9. 简述人工智能思维的定义和特点。

第2章 人工智能实践与创新

本章我们通过百度 AI 能力体验中心提供的各类功能来体验人工智能的能力；通过 EasyDL 开发平台，实现零门槛的 AI 模型开发，实现人工智能的创新；通过 WPS AI 文字、表格、演示的应用实践，提高办公软件的工作效率。

2.1 百度 AI 能力体验中心

百度 AI 是百度公司在人工智能领域一系列技术和产品的集合，具有广泛而深刻的影响力。百度 AI 涵盖深度学习算法、自然语言处理、计算机视觉等关键技术。其深度学习平台拥有强大的计算能力和高效的训练模型，能快速处理海量数据，挖掘其中的价值。

由于人工智能技术对开发人员的代码编写能力要求较高，因此，不具备代码编写能力的用户会望而却步。百度 AI 能力体验中心提供了低门槛的交互式界面和可视化工具，让普通用户也能轻松上手。通过直观的操作，用户可以在这里实现自己的创意应用。

打开百度 AI 能力体验中心，如图 2-1 所示。用户可以在这里获取多种类型的 AI 体验，如图像识别、图像增强与特效、人脸与人体识别、语音技术、语言理解、语言生成、通用文字识别、卡证文字识别、交通文字识别、票据文字识别等，它们都被封装得易于理解和使用。此外，百度 AI 能力体验中心还提供了详细的教程和丰富的案例，即使是编程新手，也能在短时间内掌握使用方法，将AI 技术融入自己的项目，真正实现智能技术触手可及。

图 2-1　百度 AI 能力体验中心

使用百度 AI 能力体验中心的主要步骤如下。

1. 注册并登录

在使用百度 AI 能力体验中心之前，用户需要注册百度 AI 账户并登录。注册完成后单击页面右上角的"登录"按钮，如图 2-2 所示。

图 2-2 单击"登录"按钮

2. 选择相应的功能模块

登录完成后，就可以体验其中的任意 AI 功能，这里以"植物识别"功能为例。选择页面中的"植物识别"功能，如图 2-3 所示。

图 2-3 选择"植物识别"功能

3. 体验"植物识别"功能

打开"植物识别"功能页面后，单击"功能体验"按钮，如图 2-4 所示。

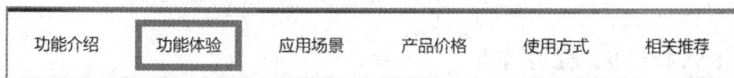

图 2-4 单击"功能体验"按钮

用户可选择网络图片或上传本地植物图片，由百度 AI 自动识别植物信息。这里以上传本地图片为例。单击页面中的"本地上传"按钮，如图 2-5 所示。

图 2-5 单击"本地上传"按钮

上传图片后，百度 AI 会立即开始识别，并显示识别结果（为不同植物的概率），如图 2-6 所示。

图 2-6 识别结果

同时，页面右侧显示百度 AI 接口所提供的结果数据，可方便具有一定编程基础的用户进一步使用，如图 2-7 所示。

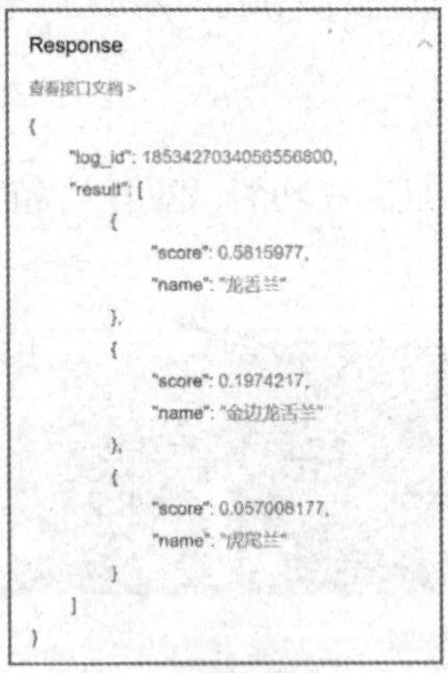

图 2-7　百度 AI 接口提供的结果数据

从识别结果可以看出，图片中植物有约 58.2%的可能性为龙舌兰，有约 19.7%的可能性为金边龙舌兰，有约 5.7%的可能性为虎尾兰。因此，图片中植物为龙舌兰的可能性非常高。

百度 AI 能力体验中心不仅功能丰富，而且操作便捷，让用户在感受科技魅力的同时，能深入探索人工智能的奥妙。

2.2　EasyDL 开发平台

2.2.1　人工智能产品开发流程

开发一款人工智能产品涉及多领域知识与技术的融合，是一个高度结构化且逻辑严谨的系统性工程。人工智能产品开发流程为人工智能产品从概念设想逐步转化为实际可用的产品提供了清晰的路径和方法指导，每一个环节都具有明确的目标和严格的要求，是确保产品质量、性能和可靠性的关键。

人工智能产品开发流程主要包括分析业务需求、采集/收集数据、标注数据、训练模型、评估模型效果、部署模型 6 个阶段。

1．分析业务需求

分析业务需求是人工智能产品开发的首要工作。开发团队需要与业务部门紧密合作，深入理解业务场景和目标，明确模型训练的目标。例如，一家专门进行餐具清洁的公司，在餐具清洗完毕，需要在传送带上自动识别餐具并分类存放。此时需要训练一个模型，使模型能够根据摄像头拍摄的餐具照片，识别出杯子、碗、盘子、勺子、筷子等餐具。

通过分析业务需求，明确人工智能产品的功能定位、性能指标、预期效果及可能面临的挑战，可确保后续开发工作紧密围绕业务目标进行，避免资源浪费和方向偏差。

2．采集/收集数据

采集/收集数据阶段需要根据业务需求确定合适的数据来源。如果是开发一个自然语言处理的情感分析工具，数据来源可能包括社交媒体平台、电商产品评论、新闻文章等。对于图像识别产品，如人脸识别系统，数据来源可能是监控摄像头、身份证照片数据库等。在餐具清洁公司的工作环境中，需要分别拍摄一定数量的杯子、碗、盘子、勺子、筷子的照片。

数据是人工智能模型的基石。高质量、多样化的数据能够提高模型的泛化能力，确保其在实际应用中有良好的表现。数据采集/收集阶段需要确保数据的代表性、完整性和合法性。

3．标注数据

标注数据阶段要根据业务需求和模型训练要求制订清晰、准确的数据标注规则。可以借助标注工具提高标注效率，同时还要对标注人员进行专业培训，使其熟悉标注规则，以确保标注质量。例如，在餐具清洁识别系统中，需要分别将杯子、碗、盘子、勺子、筷子的图片标注为对应的类型。

标注数据是模型训练前的重要环节，它为模型提供了学习的"标准答案"。标注的准确性直接影响模型训练的效果。

4．训练模型

训练模型是人工智能产品开发流程中非常重要的一个阶段，将决定最终产品的质量。在训练模型时要根据业务需求和数据特点选择合适的模型架构，对标注好的数据进行训练，可以使用百度飞桨、PyTorch、TensorFlow等深度学习框架，也可以使用EasyDL开发平台。适合的模型和算法可以大大提高模型的准确度和性能。在餐具清洁识别系统中，使用标注好的杯子、碗、盘子、勺子、筷子的图片作为数据集进行模型训练。

训练模型涉及算法选择、参数调优、模型结构设计等多个方面，这一阶段需要大量的计算资源和专业知识。

5．评估模型效果

在模型训练完成后，使用评价数据集评估模型效果。开发者要通过一系列评价指标来测试模型在未知数据上的表现，以评估模型的泛化能力和可靠性。

可以使用未包含在训练数据中的已标注数据对模型效果进行评估，如已标注好的杯子、碗、盘子、勺子、筷子的图片。

评估模型效果是检验训练效果的关键步骤，它帮助开发者了解模型的性能瓶颈，为后续的模型优化提供方向。

6．部署模型

确认模型效果满足需求后，可以将模型部署到生产环境中。根据业务需求和模型特点选择合适的部署平台，如服务器、云端、移动设备等，已发布的模型还可以通过应用程序接口（Application Program Interface，API）或软件开发工具包（Software Development Kit，SDK）集成应用，或者集成到硬件中。例如，餐具清洁识别系统可以部署到云端，由小型嵌入式系统自动拍照，通过调用云端模型识别餐具进行分类。

部署模型是将人工智能技术转化为实际生产力的最后一步，要确保模型能够在实际应用中稳定、高效地工作。

2.2.2　EasyDL开发平台简介

EasyDL是百度公司面向企业AI模型开发者提供的零门槛AI模型开发平台。EasyDL一站式提供智能标注、模型训练、服务部署等全流程功能，内置丰富的预训练模型，支持公有云、设备端、私有服务器等灵活的部署方式。

EasyDL具有以下几个优势。

1．零门槛

EasyDL的设计理念是让没有深厚技术背景的用户也能轻松入门。它的可视化操作界面简化了模型训练的复杂流程，真正实现了零门槛的AI模型开发体验。用户无须编写代码即可完成模型的训练和部署，这对非技术背景的用户来说是一个巨大的利好。

2．易传播

利用EasyDL开发的AI模型可以方便地部署在多种平台上，包括网页端、移动端和服务器端等。这使AI模型能够适应不同的应用场景和用户终端设备。EasyDL还提供标准的API，使AI模型可以轻松嵌入第三方应用软件。

3. 高精度

依托于百度的深度学习技术，EasyDL 能够提供高精度的模型训练结果，满足专业级的应用需求。EasyDL 还能够自动进行模型参数的优化。

4. 低成本

EasyDL 的零门槛特性使企业不需要招聘大量专业的机器学习工程师和数据分析师来进行模型开发。普通的业务人员经过简单培训就可以完成部分模型开发任务，从而节省了人力成本。此外，EasyDL 采用云计算的方式，用户无须自己购买和维护昂贵的硬件设备（如高性能服务器），只需根据实际使用情况支付云计算资源的费用，这极大地降低了硬件和计算成本。

5. 可交易

EasyDL 提供了一个模型市场，用户可以在这个市场上出售自己训练好的模型或购买别人的模型，实现模型的价值转化。EasyDL 还为模型提供版权保护，确保模型交易的安全性，保护开发者的知识产权。

2.2.3 使用 EasyDL 开发平台进行模型训练

EasyDL 支持企业用户和开发者自助在平台上进行训练数据上传、数据标注、模型训练、模型部署。下面介绍使用 EasyDL 进行模型训练的基本步骤。

打开 EasyDL 开发平台，如图 2-8 所示。用户需要使用百度账号登录，才能使用 EasyDL 开发平台。

图 2-8　EasyDL 开发平台

用户可以选择自己要开发的模型类型，如图像模型、文本模型、语音模型、视频模型等，如图 2-9 所示。EasyDL 将根据用户选择的不同模型类型，提供相应的数据格式说明和上传指引。此外，用户还可根据需求自定义模型结构，调整训练参数，以满足特定场景下的性能指标。EasyDL 还具备强大的数据处理和自动调参功能，可进一步提升模型训练效率，缩短开发周期。在模型训练完成后，用户可将模型一键部署至所需的环境，实现模型快速落地应用。

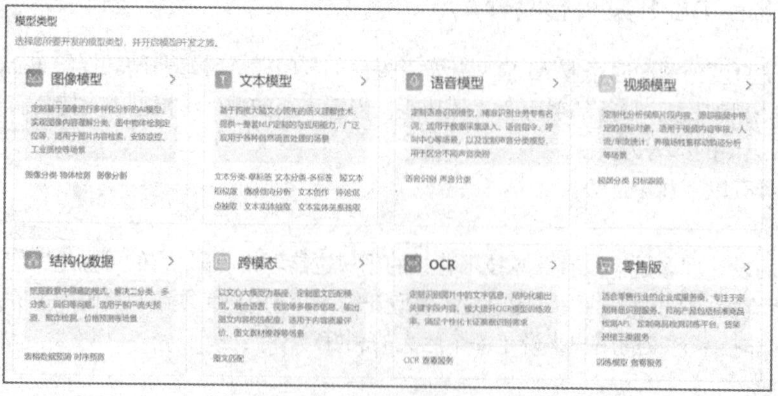

图 2-9　选择模型类型

使用 EasyDL 开发人工智能产品的流程主要包括以下 5 个步骤：① 确定模型类型；② 上传并

标注数据；③ 选择算法，配置训练数据及相关参数，启动训练任务；④ 检验模型效果，如果不满意，则返回重新执行步骤②和步骤③，得到多个模型版本；⑤ 部署模型，将训练好的模型发布到线上或线下环境。

下面以前面提到的餐具清洁识别系统案例来展示使用 EasyDL 进行模型训练到模型部署的全过程。

1. 确定模型类型

在进行模型创建前需要确定模型类型，由于是通过摄像头拍摄的图像对传送带上的餐具进行识别，因此该案例属于图像识别的范畴。

登录 EasyDL 开发平台后，在页面中选择"图像模型"。由于此案例是针对图像中的餐具进行类别识别的，因此在弹出的新页面中选择"图像分类"，如图 2-10 所示。

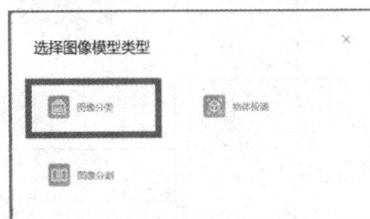

图 2-10　选择"图像分类"

选择好后会跳转到相应的页面，此时需要关闭图 2-10 所示页面，显示图 2-11 所示的图像分类模型创建页面。在页面中可以看到创建一个图像分类模型需要经过数据处理、模型训练、模型校验、模型部署等阶段。

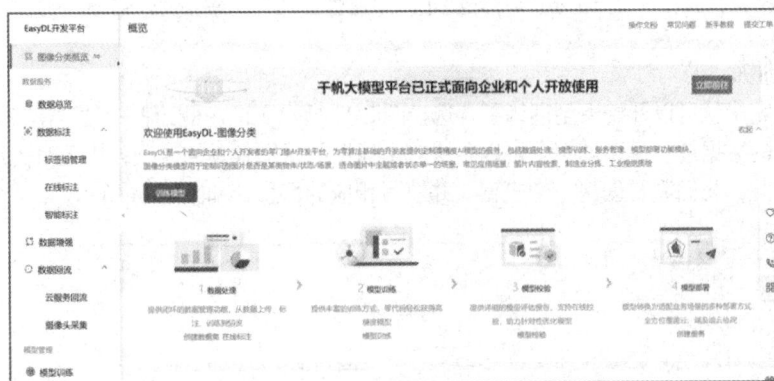

图 2-11　图像分类模型创建页面

2. 数据处理

在数据处理阶段，EasyDL 开发平台提供了数据清洗、标注、增强等一站式服务。选择"创建数据集"。随后根据 EasyDL 开发平台的指引，进行相关设置并上传餐具图像，如图 2-12 所示。

图 2-12　创建数据集

上传餐具图像后，需要对图像中的餐具进行分类标注。选择图 2-11 所示页面左侧边栏中的"在线标注"，依次对所提交的图像中的餐具进行标注，确定每张图像中的餐具类别，如图 2-13 所示。

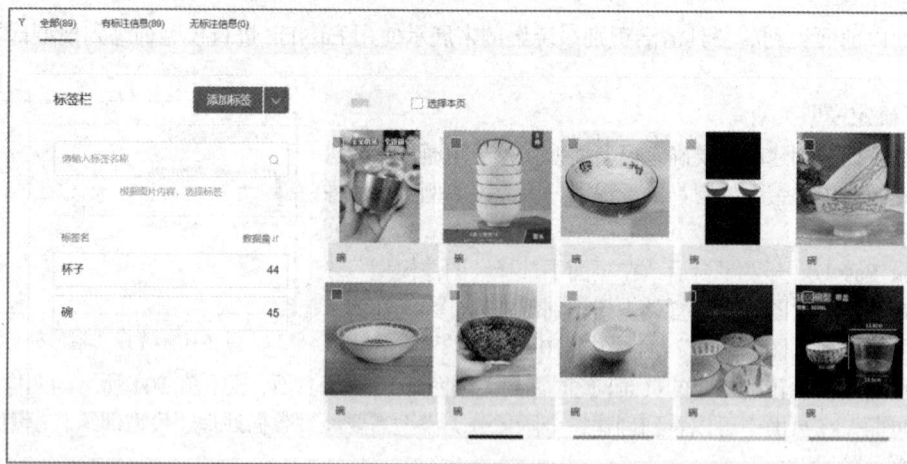

图 2-13　数据标注

3．模型训练

数据处理完毕就可以开始模型训练了。选择图 2-11 所示页面左侧边栏中的"模型训练"。利用现有数据集中的数据进行模型训练，可以生成一个通用的识别餐具的模型，用于对传送带上的餐具进行识别。为此，我们需要创建一个模型，并填写相应的信息，如图 2-14 所示。

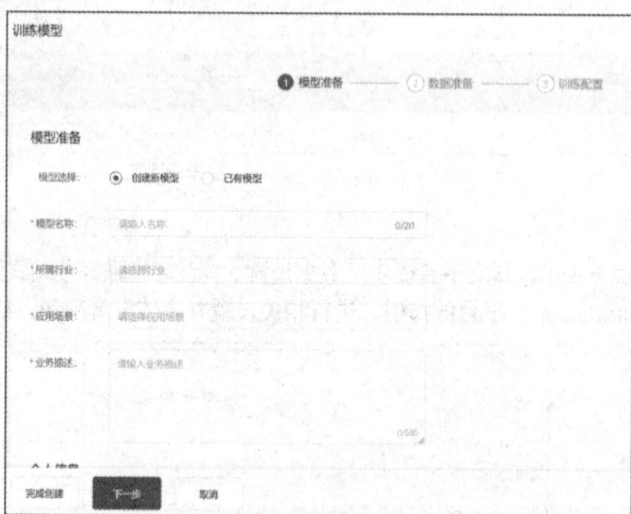

图 2-14　创建模型

填写完毕，单击"下一步"按钮进入数据准备环节。选择数据处理中创建好的餐具数据集作为模型训练数据集，单击"下一步"按钮进入训练配置环节。选择合适的训练环境，完成训练配置，如图 2-15 所示。

随后，系统将自动配置训练参数，并开始模型训练过程。此时，用户需要耐心等待，直至训练完成。训练完成后会显示训练状态、服务状态和模型效果等相关信息，用户也可以选择查看完整评估结果，如图 2-16 所示。

图 2-15　训练配置

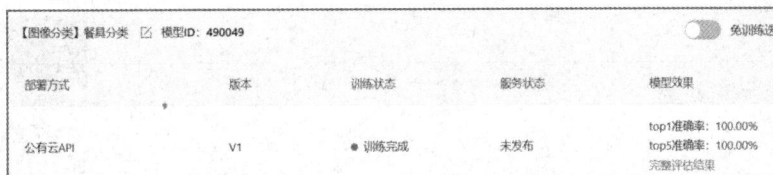

图 2-16　训练完成

4．模型校验

模型校验阶段至关重要，可确保模型的准确性和稳定性。在 EasyDL 开发平台中，单击"启动模型校验服务"按钮，可以快速地对模型进行校验，如图 2-17 所示。上传测试图像，EasyDL 开发平台会给出模型识别的结果，并与实际标注进行对比，评估模型性能。此过程可反复进行，直至达到预期效果。校验合格后即可进入模型部署阶段。

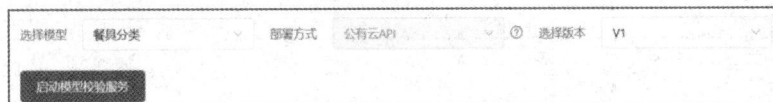

图 2-17　模型校验

5．模型部署

用户可以选择将训练好的模型部署到服务器或边缘设备上。在 EasyDL 开发平台，用户只需单击"申请发布"按钮，按照指引完成设置，即可完成模型部署，如图 2-18 所示。EasyDL 开发平台支持多种部署方式，如公有云部署、EasyEdge 本地部署、浏览器/小程序部署等，可满足不同场景需求。

模型部署后，需要等待审核，审核通过后可以在管理页面中看到模型服务状态为"已发布"，此时用户可以开始对接和使用模型，如图 2-19 所示。同时，EasyDL 开发平台的智能监测系统也会自动启动，实

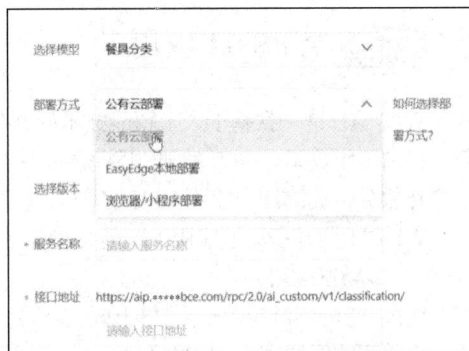

图 2-18　模型部署

时监控模型运行状况。

历史版本		
模型版本	服务状态	调用单价 ⓘ
V1	● 已发布	9点/次

图 2-19　模型服务状态为"已发布"

部署完成后，模型即可投入使用。在这之后，用户可对模型进行持续优化，不断提升模型的性能。

为了了解模型的最终效果，我们可创建一个应用软件，让模型直观地展示其识别能力。在 EasyDL 开发平台中，选择页面左侧边栏中的"应用接入"，通过创建应用、配置 TPS、获得 AK/SK 及 Access Code、使用服务这 4 个步骤即可完成应用软件的创建。创建应用软件后会获得应用软件的 API Key 和 Secret Key，这二者将作为调用 API 的凭证，如图 2-20 所示。

在应用软件创建完成后，可以选择"体验 H5"，创建一个 H5 应用软件，此时会生成一个二维码，通过扫描二维码就能体验模型的功能，如图 2-21 所示。

应用名称	应用ID	API Key	Secret Key
餐具识别	115503459	Tyg2UCciy1tE4SP9FnqL8fZd	******** ⓞ

图 2-20　创建应用软件

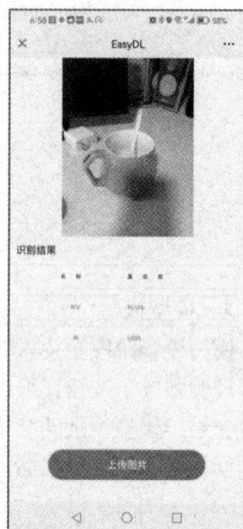

图 2-21　体验模型的功能

以上就是在 EasyDL 开发平台创建一个餐具识别模型的案例，用户可以快速地将这一模型整合进餐具清洁识别系统，实现智能化的餐具识别。

2.3　WPS AI 应用

WPS AI 是一款基于人工智能技术的办公软件助手，它能够帮助用户快速完成各种文档处理任务，提高工作效率。WPS AI 通过深度学习技术，智能识别用户需求，提供写作、排版、数据分析等多样化服务，提高用户使用 WPS 办公的效率。

WPS AI 具有多场景应用、智能化操作、高效协同 3 个特点。

1. 多场景应用

WPS AI 可广泛应用于文档创作、表格处理、演示文稿制作等办公场景，还能满足企业办公和学习教育等不同领域需求。WPS AI 在文档创作方面可生成多种类型的文章初稿，在表格处理方面能智能分析数据并生成图表，在制作演示文稿方面可自动生成模板和内容。在企业办公中，WPS AI 可用于升级文档库、辅助招聘等；在教育领域，WPS AI 能助力教师教学。

2．智能化操作

通过自然语言交互，用户能轻松地与 WPS AI 对话，下达指令。它能智能感知文档内容和上下文，自动纠错，自动优化格式排版，还可根据用户习惯推荐相关资源。其多轮对话功能可使用户逐步引导内容生成，更好地满足用户预期，极大地提高用户创作效率。

3．高效协同

结合 WPS 在线协作功能，团队成员能实时协作编辑，WPS AI 实时辅助。WPS AI 生成的内容便于共享，这样可减少因写作风格差异产生的沟通成本。WPS AI 支持跨平台多端同步，保证团队成员能在不同设备获取最新信息。

WPS AI 提供了非常丰富的 AI 办公工具，主要包括 AI 写作助手、AI 阅读助手、AI 设计助手、AI 专业助手、AI 数据助手等，如图 2-22 所示。

图 2-22　WPS AI 提供的 AI 办公工具

2.3.1　WPS AI 文字

WPS AI 文字是 WPS AI 在文字处理领域的关键应用，具有多种功能，包括依据主题、关键词等生成各类文本，理解文意以提取关键信息和生成摘要，自动完成多种文档的排版，对已有内容进行缩短、扩充、润色、翻译等处理。其可激发创作灵感，支持自然语言的智能交互和多轮对话引导，能个性化推荐写作风格等，还可辅助阅读，提供语音输入功能，使用户在创作、阅读等文字处理过程中如虎添翼。

1．AI 写作助手

在 WPS 文字中新建空白文档后，文档空白处会显示唤起 WPS AI 的提示，如图 2-23 所示。

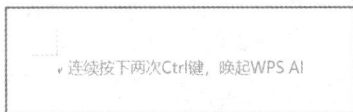

图 2-23　唤起 WPS AI

连续按两次"Ctrl"键后，系统会弹出 WPS AI 对话框，如图 2-24 所示。此时可输入所需文本的主题和关键词，AI 写作助手会根据输入的信息快速生成文本框架，为接下来的文档编辑提供便捷。

图 2-24　WPS AI 对话框

【例 2.1】 使用 WPS AI 撰写放假通知。

① 选择"通知"→"放假通知"命令，在弹出的放假通知提示词模板中，填写假期名称、接收方、发送方和放假时间，如图 2-25 所示。填写完成后单击右下角的"生成"按钮➤，WPS AI 即自动生成一份放假通知。

图 2-25　放假通知提示词模板

② 如果需要调整已生成的放假通知内容，可以在对话框中输入需要调整的文字，并重新生成放假通知，如图 2-26 所示。

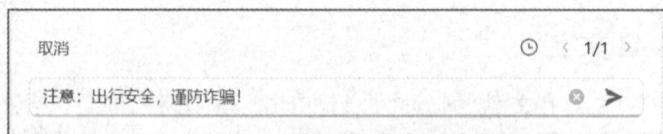

图 2-26　调整放假通知内容

③ 还可以对放假通知内容进行润色，如使文风更正式或更活泼等，如图 2-27 所示。

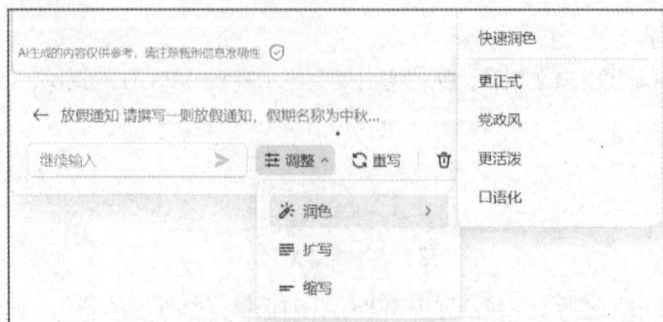

图 2-27　润色

以上操作也可以通过执行 WPS 文字顶部菜单栏中的"WPS AI"→"AI 帮我写"菜单命令来实现。

最终生成的通知内容如图 2-28 所示。

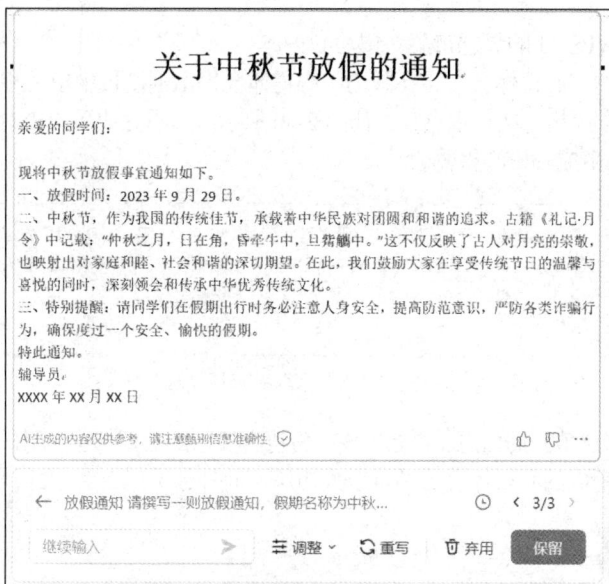

图 2-28　最终生成的通知内容

如确认无误，可以单击"保留"按钮，完成放假通知的撰写。

2．灵感市集

灵感市集是 WPS AI 提供的一项特色功能，它汇聚了各种创作素材和思路，用户可在灵感市集中寻找创作灵感，或是通过 AI 智能推荐，获取与所需文本风格相匹配的素材。此外，该功能还能根据用户的写作习惯和偏好，智能推送相关文章、名言警句等，丰富文档内容，提升文本质量。在高效的文档编辑过程中，WPS AI 的文字理解与生成能力为用户带来了良好的体验。

连续按两次"Ctrl"键打开 WPS AI 对话框，选择"AI 帮我写"→"去灵感市集探索"命令，打开"灵感市集"对话框，如图 2-29 所示。

图 2-29　"灵感市集"对话框

灵感市集中提供了非常多的 AI 模板，用户可以选择其中之一来生成相应的内容。这些模板都是经过 AI 智能优化的，可使撰写过程更加高效、便捷。用户还可根据实际需求，在模板的基础上进行个性化调整，让文档更具特色。灵感市集还可使用户在创作过程中能够源源不断地获取灵感，激发创意。

【例 2.2】 使用 WPS AI 的灵感市集，撰写心得体会。

选择灵感市集中的"心得体会"，在弹出的心得体会提示词模板中填写相应的信息，包括活动内容、文章字数、文章风格、文章重点等，如图 2-30 所示。填写完成后单击右下角的"生成"按钮 ➤，WPS AI 就会自动生成一份心得体会。

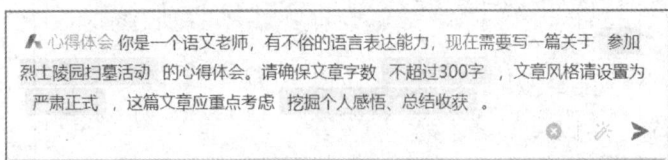

图 2-30　心得体会提示词模板

WPS AI 将根据用户填写的信息，智能生成一份符合要求的心得体会。用户还可通过调整文章字数、风格和重点，使生成的心得体会更贴近个人想法。此外，灵感市集中的其他模板，也能助力各类文档的快速撰写。

3．AI 排版

AI 排版是 WPS AI 的一项实用功能，它能智能识别文本内容，自动调整字体、字号、行间距等，使文档格式符合格式规定。WPS AI 能够对多种类型的文档进行智能排版，如学位论文、党政公文、通用文档、简历等，满足不同用户在各种场景下的排版需求。

【例 2.3】使用 WPS AI 的 AI 排版功能，为一份合同自动排版。

执行"WPS AI"→"AI 排版"菜单命令，再在"合同协议"栏中单击"开始排版"按钮，如图 2-31 所示，WPS AI 会立即对合同文本进行智能分析，调整段落布局、统一字体和间距，确保合同的专业性和正式性。

如果没有找到能够满足要求的模板，也可以在"导入范文排版"栏中单击"选择文件"按钮，WPS AI 将根据导入的范文格式进行智能分析，并在此基础上提供符合用户需求的排版方案。此外，WPS AI 还能根据用户的使用习惯和偏好，智能推荐合适的字体、颜色及布局，进一步优化排版效果。

图 2-31　单击"开始排版"按钮

4．AI 伴写

AI 伴写是用户写作过程中的得力助手，它能够实时提供写作建议，辅助用户完善句子结构，丰富词汇，提升文章质量。无论是长篇大论，还是简短随笔，AI 伴写都能根据内容进行智能分析，让写作变得更加流畅。AI 伴写无须用户编写提示词，可直接根据用户输入的文本提供智能建议并接续写作，有效辅助用户表达出那些"卡在嘴边的灵感"，极大地降低了使用门槛和学习成本，使用户能够更自然、流畅地进行写作。

执行"WPS AI"→"AI 伴写"菜单命令，打开 AI 伴写功能。用户写出一句话的开头后，AI 伴写会自动生成后续文字。如果生成的文字内容满足需求，用户可按"Tab"键接受建议，继续创作；如果生成的文字内容无法满足需求，用户可以将其舍弃，重新构思。在 AI 伴写的辅助下，写作变得轻松、高效。

【例 2.4 】 使用 WPS AI 的 AI 伴写功能，书写一段文字。

如图 2-32 所示，在用户输入"当天空下起了雨"后，WPS AI 自动生成了后续文字。如果用户对生成的文字内容比较满意，可按"Tab"键将生成的文字内容添加到已有文字之后。

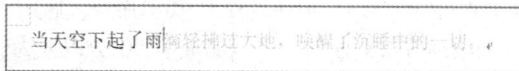

图 2-32　WPS AI 生成后续文字

如果用户对生成的内容不满意，也可以按"Alt+↓"组合键来查看更多续写建议，如图 2-33 所示。

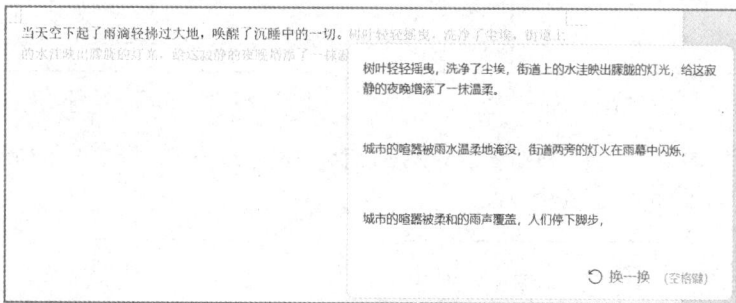

图 2-33　查看更多续写建议

5．AI 全文总结

AI 全文总结是 WPS AI 的一项重要功能，它能够快速、准确地从长篇文档中提取关键信息和核心要点，将复杂的内容简化为简洁、明了的总结性文字，让用户在短时间内把握文档的主旨。这一功能不仅可以提炼要点，还能对文档的整体内容进行概括性描述，生成一段连贯的文字，概括文档的主要内容、中心思想及重要结论，帮助用户更好地浏览文档的全貌。

执行"WPS AI"→"AI 全文总结"菜单命令，启用 AI 全文总结功能。AI 全文总结功能不仅可以用于 DOCX 文件，还可以用于 PDF 文件。

AI 全文总结能够迅速生成总结内容，极大地提高了用户阅读和信息获取的效率，尤其适用于处理篇幅较长、内容复杂的文档，如学术论文、商业报告、长篇小说等，为用户节省宝贵的时间和精力。该功能适用于需要快速了解一篇文档的大致内容或阅读大量文献资料的情况。

2.3.2　WPS AI 表格

WPS AI 表格是 WPS AI 在表格处理领域的一项重要应用，用户用自然语言描述需求，如"计算某列数据的总和"等，WPS AI 就能自动生成相应的公式，不需要用户手动输入复杂公式，这降低了使用门槛，尤其利于不熟悉函数公式的用户。对于不熟悉表格函数和数据处理技巧的用户，尤其是初学者，WPS AI 提供了友好、易用的操作方式，降低了使用门槛，使他们能轻松完成复杂的数据处理任务。

1．AI 写公式

AI 写公式的最大特点是支持自然语言输入。用户不需要记忆复杂的函数语法和参数，只需用通俗易懂的自然语言描述自己的需求。这种方式极大地降低了公式编写的门槛，即使是不熟悉表格函数的用户也能轻松操作。

【例 2.5 】 现有学生成绩表如图 2-34 所示，其中等级判断标准为：90 分以上为优秀，80 分以上为良好，60 分及以上为及格，其余为不及格。使用 WPS AI，自动书写公式进行等级判断。

如果采用公式输入的方式，则需要在 D3 单元格中输入公式"=IF(C3>90,"优秀",IF(C3>80,"良好

",IF(C3≥60,"及格","不及格")))"。因为有多个条件嵌套，所以在公式输入中需要使用多个 IF 条件嵌套，这样容易出现错误。利用 WPS AI 的 AI 写公式功能，用户只需在 D3 单元格输入用文字描述的判断条件，WPS AI 便会自动生成相应的公式，避免错误出现。

单击 D3 单元格，执行"WPS AI"→"AI 写公式"菜单命令，启用 AI 写公式功能。在弹出的对话框中，输入用文字描述的成绩等级判断条件"语文成绩 90 分以上为优秀，80 分以上为良好，60 分及以上为及格，其余为不及格"，如图 2-35 所示。

2	学号	姓名	语文	等级
3	1	F	82	
4	2	G	95	
5	3	H	88	
6	4	I	68	

图 2-34　学生成绩表

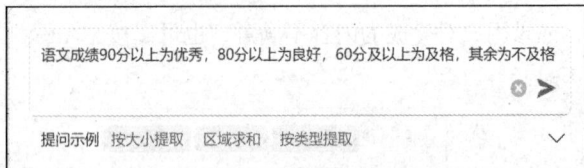

语文成绩90分以上为优秀，80分以上为良好，60分及以上为及格，其余为不及格

提问示例　按大小提取　区域求和　按类型提取

图 2-35　输入成绩等级判断条件

输入完成后，单击"生成"按钮 ➤，WPS AI 就会自动生成公式，如图 2-36 所示。可见，生成的公式与我们自行编写的公式完全一致。

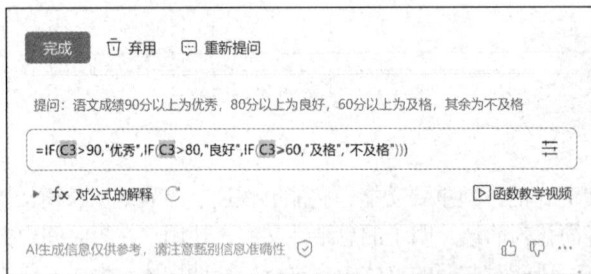

完成　　弃用　　重新提问

提问：语文成绩90分以上为优秀，80分以上为良好，60分以上为及格，其余为不及格

=IF(C3>90,"优秀",IF(C3>80,"良好",IF(C3>60,"及格","不及格")))

▸ fx 对公式的解释　　　　　　　　　　　　　　　▷ 函数教学视频

AI生成信息仅供参考，请注意甄别信息准确性

图 2-36　WPS AI 自动生成公式

如果公式正确，则可以单击左上角的"完成"按钮，D3 单元格内容即为公式计算结果。再使用填充柄，即可完成其余单元格计算。如果公式不正确，则可以弃用或重新提问。用户也可查看对公式的解释，了解公式的详细情况。

【例 2.6】 现有员工信息表如图 2-37 所示，其字段包括员工编号、姓名、身份证号码、出生日期、性别、年龄。其中，出生日期、性别、年龄信息需要从身份证号码中提取。使用 WPS AI 的 AI 写公式功能从身份证号码中提取相关信息。

	A	B	C	D	E	F
1	员工编号	姓名	身份证号码	出生日期	性别	年龄
2	KSO0031	汪丽华	120112198002032386			
3	KSO0032	汪文	120221197707162188			
4	KSO0033	彭春	130426198905120543			

图 2-37　员工信息表

单击 D2 单元格，执行"WPS AI"→"AI 写公式"菜单命令，启用 AI 写公式功能。在弹出的对话框中，输入文字"从身份证号码中提取出生日期"，如图 2-38 所示。

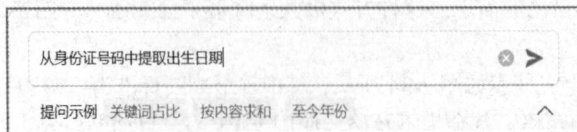

从身份证号码中提取出生日期

提问示例　关键词占比　按内容求和　至今年份

图 2-38　输入文字

输入完成后，单击"生成"按钮 ，WPS AI 就会自动生成提取出生日期的公式，如图 2-39 所示。

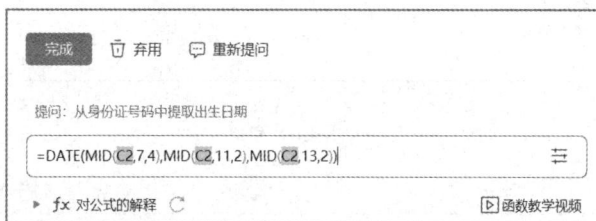

图 2-39　WPS AI 自动生成提取出生日期的公式

单击左上角的"完成"按钮，即可发现出生日期被成功提取。再使用填充柄，完成其余单元格的计算，如图 2-40 所示。

	A	B	C	D	E	F
1	员工编号	姓名	身份证号码	出生日期	性别	年龄
2	KSO0031	汪丽华	120112198002032386	1980/2/3		
3	KSO0032	汪文	120221197707162188	1977/7/16		
4	KSO0033	彭春	130426198905120543	1989/5/12		

图 2-40　出生日期提取完成

性别和年龄可以使用相同方法提取。对于前者，输入文字"从身份证号码中提取出性别"；对于后者，输入文字"从身份证号码中提取出年龄"。

最终结果如图 2-41 所示。

	B	C	D	E	F
1	姓名	身份证号码	出生日期	性别	年龄
2	汪丽华	120112198002032386	1980/2/3	女	44
3	汪文	120221197707162188	1977/7/16	女	47
4	彭春	130426198905120543	1989/5/12	女	35

图 2-41　最终结果

当要提取的内容并没有明显特征时，就需要用更精确的提示词来指导 WPS AI 进行内容提取，明确告知 WPS AI 提取哪些内容。

【例2.7】　现有物料信息表如图 2-42 所示，请使用 WPS AI 从物料描述中提取出编号、名称。

	A	B	C
1	物料描述	编号	名称
2	21300280010双排套筒滚子链		
3	21300550070机械密封		
4	214180310轴承		

图 2-42　物料信息表

单击 B2 单元格，执行"WPS AI"→"AI 写公式"菜单命令，启用 AI 写公式功能。在弹出的对话框中，输入文字"从物料描述中将数字编号提取出来"，如图 2-43 所示。

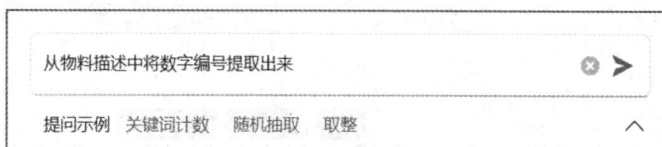

图 2-43　输入文字

输入完成后，单击"生成"按钮 ，WPS AI 就会自动生成提取编号的公式，如图 2-44 所示。

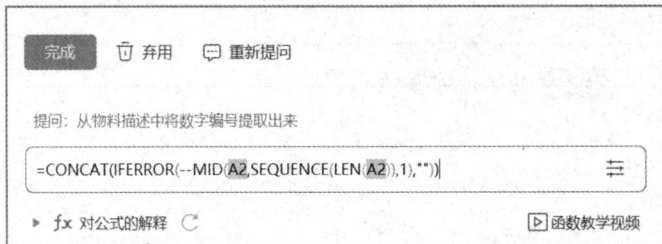

图 2-44　WPS AI 自动生成提取编号的公式

单击左上角的"完成"按钮，编号即被成功提取。再使用填充柄，完成其余单元格的计算，如图 2-45 所示。

▲	A	B	C
1	物料描述	编号	名称
2	21300280010双排套筒滚子链	21300280010	
3	21300550070机械密封	21300550070	
4	214180310轴承	214180310	

图 2-45　编号提取完成

单击 C2 单元格，执行"WPS AI"→"AI 写公式"菜单命令，启用 AI 写公式功能。在弹出的对话框中，输入文字"从 A2 单元格中将汉字提取出来"，如图 2-46 所示。

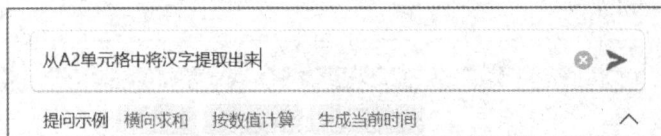

图 2-46　输入文字

输入完成后，单击"生成"按钮 ，WPS AI 就会自动生成提取名称的公式，如图 2-47 所示。

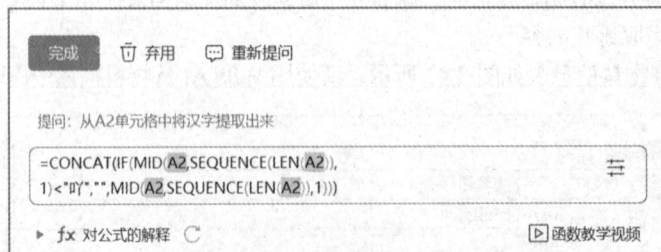

图 2-47　WPS AI 自动生成提取名称的公式

单击左上角的"完成"按钮，名称即被成功提取。再使用填充柄，完成其余单元格的计算，如图 2-48 所示。

▲	A	B	C
1	物料描述	编号	名称
2	21300280010双排套筒滚子链	21300280010	双排套筒滚子链
3	21300550070机械密封	21300550070	机械密封
4	214180310轴承	214180310	轴承

图 2-48　名称提取完成

【**例 2.8**】 现有邮箱地址信息表如图 2-49 所示，其中用户名、邮箱后缀需要从邮箱地址中提取。请使用 WPS AI 的 AI 写公式功能进行文本提取。

	A	B	C
1	邮箱地址	用户名	邮箱后缀
2	mike@***.com		
3	kaven@*****.com		
4	zhangsan@*******.net		

图 2-49　邮箱地址信息表

单击 B2 单元格，执行 "WPS AI" → "AI 写公式" 菜单命令，启用 AI 写公式功能。在弹出的对话框中，输入文字 "从邮箱地址中将用户名提取出来"，如图 2-50 所示。

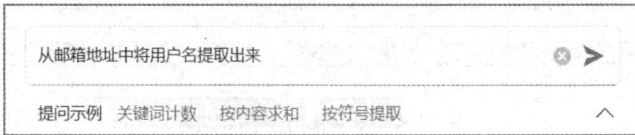

图 2-50　输入文字

输入完成后，单击 "生成" 按钮 ➤，WPS AI 就会自动生成提取用户名的公式，如图 2-51 所示。

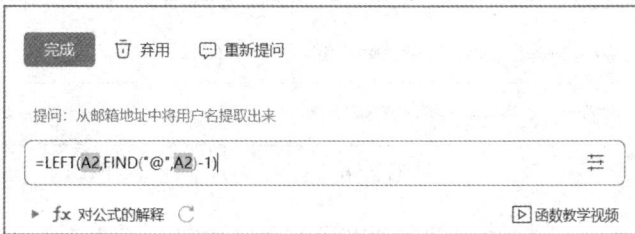

图 2-51　WPS AI 自动生成提取用户名的公式

单击左上角的 "完成" 按钮，用户名即被成功提取。再使用填充柄，完成其余单元格的计算，如图 2-52 所示。

	A	B	C
1	邮箱地址	用户名	邮箱后缀
2	mike@***.com	mike	
3	kaven@*****.com	kaven	
4	zhangsan@*******.net	zhangsan	

图 2-52　用户名提取完成

邮箱后缀可以使用相同方法提取，但输入的文字是 "从邮箱地址中将邮箱后缀提取出来"。最终结果如图 2-53 所示。

	A	B	C
1	邮箱地址	用户名	邮箱后缀
2	mike@***.com	mike	***.com
3	kaven@*****.com	kaven	*****.com
4	zhangsan@*******.net	zhangsan	*******.net

图 2-53　最终结果

若存在两个表格，需要依据其中一个表格内的特定项，从另一个表格中查找与之相关的其他信息，则需要使用较为复杂的查找函数。但是，使用 WPS AI 可以轻松实现这一功能。

【例 2.9】 现有职工工资信息表如图 2-54 所示，其中包含姓名、基本工资、奖金、补贴、职务加给等字段。

▲	A	B	C	D	E
1	姓名	基本工资	奖金	补贴	职务加给
2	傅康成	1797	604	540	1166
3	金昊空	1979	522	729	1608
4	谢弘博	1903	994	1002	702

图 2-54 职工工资信息表

同一工作表中有员工谢弘博的工资信息表，现在需要从职工工资信息表中提取谢弘博的工资信息，如图 2-55 所示。

H	I	J	K	L
姓名	基本工资	奖金	补贴	职务加给
谢弘博				

图 2-55 谢弘博的工资信息表

① 单击 H2 单元格，执行"WPS AI"→"AI 写公式"菜单命令，启用 AI 写公式功能。在弹出的对话框中，输入文字"从 A 列到 E 列中提取 H 列中姓名的基本工资"，如图 2-56 所示。

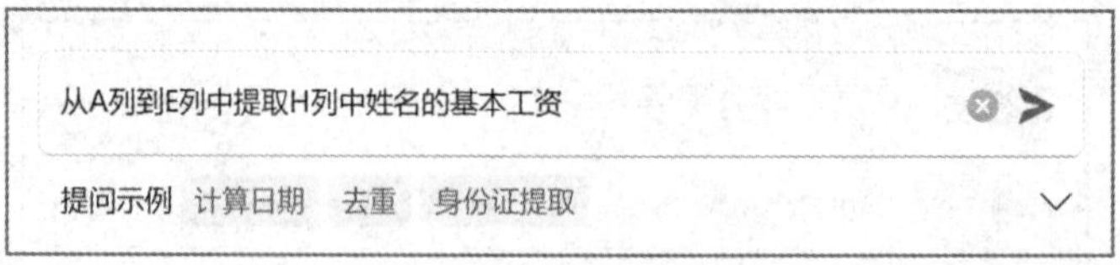

从A列到E列中提取H列中姓名的基本工资	⊗	➤
提问示例 计算日期 去重 身份证提取		⌄

图 2-56 输入文字

② 输入完成后，单击"生成"按钮 ➤，WPS AI 就会自动生成提取基本工资的公式，如图 2-57 所示。

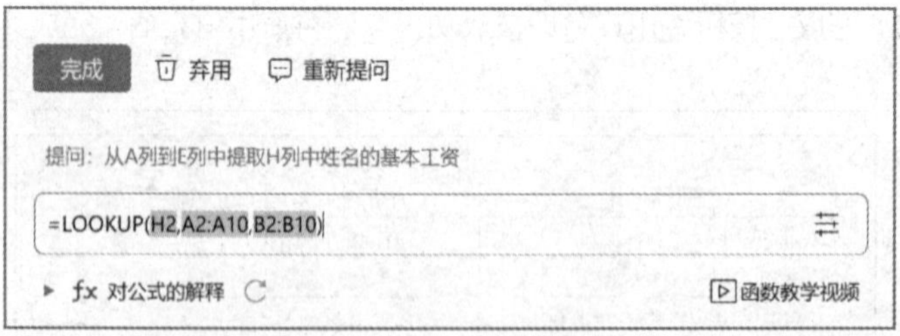

完成　☷ 弃用　💬 重新提问

提问：从A列到E列中提取H列中姓名的基本工资

=LOOKUP(H2,A2:A10,B2:B10)　　　　　⇄

▸ fx 对公式的解释　↻　　　　　▷ 函数教学视频

图 2-57 WPS AI 自动生成提取基本工资的公式

③ 单击左上角的"完成"按钮，基本工资即被成功提取，如图 2-58 所示。

H	I	J	K	L
姓名	基本工资	奖金	补贴	职务加给
谢弘博	1903			

图 2-58 基本工资提取完成

④ 奖金、补贴和职务加给可以使用相同方法提取。提取奖金时输入文字"从 A 列到 E 列中提取 H 列中姓名的奖金"，提取补贴时输入文字"从 A 列到 E 列中提取 H 列中姓名的补贴"，提取职务加给时输入文字"从 A 列到 E 列中提取 H 列中姓名的职务加给"。

最终结果如图 2-59 所示。

H	I	J	K	L
姓名	基本工资	奖金	补贴	职务加给
谢弘博	1903	994	1002	702

图 2-59　最终结果

2. AI 条件格式

AI 条件格式允许用户通过简单的自然语言指令，快速为表格中的数据设置条件格式，自动筛选并标记出符合特定条件的数据，从而更直观地呈现数据信息，提高数据处理和分析的效率。用户无须熟悉复杂的表格条件格式设置步骤和函数公式，只需用自然语言描述需求，即可一键完成设置。这大大降低了操作门槛，尤其适合不擅长使用函数和条件格式功能的用户。

【例 2.10】现有某公司职工详细信息表如图 2-60 所示，其中包含序号、姓名、人员编号、年龄、职级划分、地址、联系方式、学历等字段。请使用 WPS AI 突出显示符合条件的信息。

▲	A	B	C	D	E	F	G	H
1	序号	姓名	人员编号	年龄	职级划分	地址	联系方式	学历
2	1	尹阳	A3	53	P9	2号楼2007	13987654**	初中
3	2	梁连章	B10	51	P8	11号楼2010	13654321**	高中
4	3	李刚	C1	51	P9	12号楼2002	15890123**	小学

图 2-60　某公司职工详细信息表

① 将学历为高中的职工所在行单元格设置为红色底色。

传统做法为：首先通过筛选将学历为高中的职工筛选出来，再将筛选出的行设置为红色底色，最后取消筛选。虽然操作步骤并不烦琐，但要求记忆相关命令在菜单中的位置。而使用 WPS AI 中的 AI 条件格式功能，可以迅速满足这一需求。

执行 "WPS AI" → "AI 条件格式" 菜单命令，启用 AI 条件格式功能。在弹出的对话框中，输入文字 "将学历为高中的所在行，整行设置为红色底色"，如图 2-61 所示。

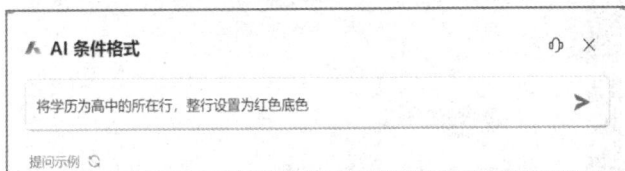

图 2-61　输入文字

输入完成后，单击 "生成" 按钮 ➤，WPS AI 就会自动生成学历条件格式，并在表格中显示设置后的效果，如图 2-62 所示。

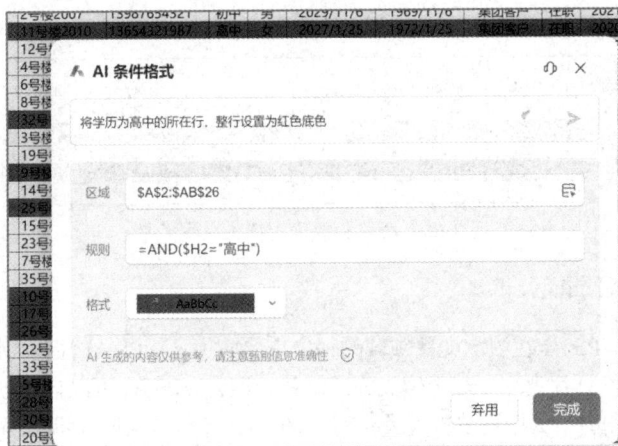

图 2-62　WPS AI 自动生成学历条件格式

单击右下角的"完成"按钮，学历条件格式设置完成，效果如图 2-63 所示。

	A	B	C	D	E	F	G	H	
1	序号	姓名	人员编号	年龄	职级划分	地址	联系方式	学历	性
2	1	尹阳	A3	53	P9	2号楼2007	139876543**	初中	
3	2	梁连翠	B10	51	P8	11号楼2010	136543219**	高中	
4	3	李刚	C1	51	P9	12号楼2002	158901234**	小学	

图 2-63　学历条件格式设置完成效果

② 将序号为偶数的职工所在行单元格设置为红色底色。

执行"WPS AI"→"AI 条件格式"菜单命令，启用 AI 条件格式功能。在弹出的对话框中，输入文字"A 列能被 2 整除的整行数据设置为红色底色"，如图 2-64 所示。

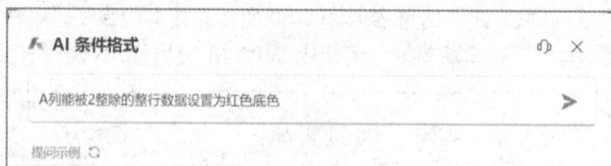

图 2-64　输入文字

输入完成后，单击"生成"按钮 ➤，WPS AI 就会自动生成序号条件格式，并在表格中显示设置后的效果，如图 2-65 所示。

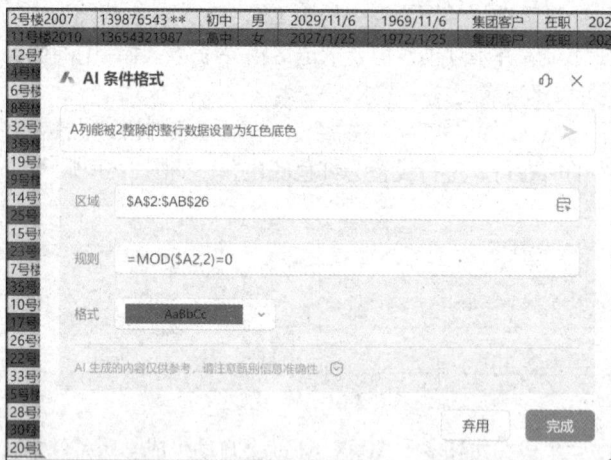

图 2-65　WPS AI 自动生成序号条件格式

单击右下角的"完成"按钮，序号条件格式设置完成，效果如图 2-66 所示。

	A	B	C	D	E	F	G	H	
1	序号	姓名	人员编号	年龄	职级划分	地址	联系方式	学历	性
2	1	尹阳	A3	53	P9	2号楼2007	139876543**	初中	男
3	2	梁连翠	B10	51	P8	11号楼2010	136543219**	高中	
4	3	李刚	C1	51	P9	12号楼2002	158901234**	小学	
5	4	柏树安	D16	50	P9	4号楼2015	182345678**	小学	
6	5	尹慧仪	A7	48	P8	6号楼1998	139087654**	初中	

图 2-66　序号条件格式设置完成效果

2.3.3　WPS AI 演示

WPS AI 演示是 WPS AI 在演示文稿领域的一项重要应用，WPS AI 演示可以根据用户输入的演示文稿主题自动生成幻灯片大纲。基于生成的幻灯片大纲，WPS AI 可以自动创建包含文字、图片、图表等元素的完整幻灯片，为用户节省大量时间。WPS AI 还可以根据演示文稿的内容和主题，自动选择合适的模板、配色方案、字体样式等，对幻灯片进行智能排版和美化，使整个演示文稿在视觉上保持一致性和专业性。

1. AI 生成 PPT

用户可以通过向 WPS AI 提供演示文稿主题，使 WPS AI 自动生成符合主题的演示文稿。在生成演示文稿的过程中，WPS AI 能够根据用户的需求，智能筛选和整合信息，形成逻辑清晰、内容丰富的演示文稿。

新建演示文稿时选择"AI 生成 PPT"，如图 2-67 所示。

选择完成后会显示输入主题对话框，可以在对话框中输入想要展示的主题，主题内容可以简略也可以详细，用户还可以通过上传文档和粘贴大纲两种方式提交主题，如图 2-68 所示。

图 2-67　选择"AI 生成 PPT"

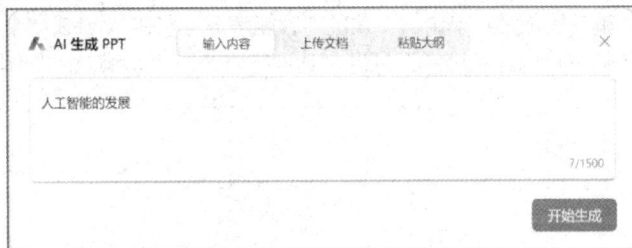

图 2-68　输入主题对话框

输入完成后，单击右下角的"开始生成"按钮，WPS AI 将生成该主题的幻灯片大纲。用户如果对生成的幻灯片大纲不满意，可以对其进行修改，直至满意，如图 2-69 所示。

在确定幻灯片大纲后，单击右下角的"挑选模板"按钮，进入模板选择阶段。选择一个喜欢和适合的模板，再单击右下角的"创建幻灯片"按钮，即可完成幻灯片生成。如果认为前几步还需要修改，可以单击"返回"按钮，如图 2-70 所示。

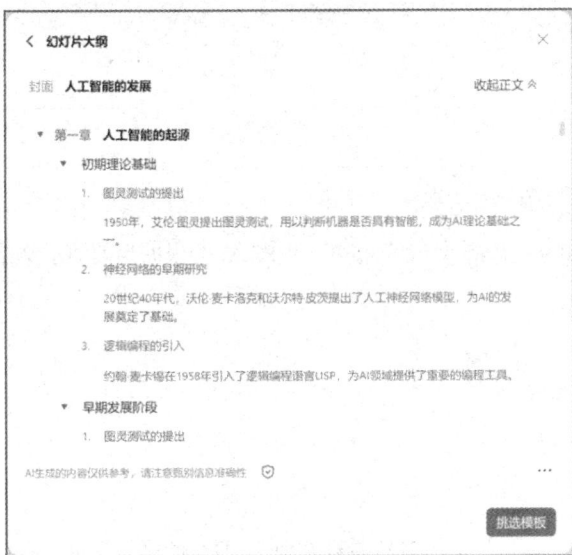

图 2-69　WPS AI 生成幻灯片大纲

图 2-70　"选择幻灯片模板"对话框

如果对最终生成的幻灯片的某些细节不满意，也可以进行修改完善。

2. AI 生成单张幻灯片

WPS AI 除了可以生成指定主题的全部幻灯片，还可以生成单张幻灯片。

执行"WPS AI"→"AI 新建幻灯片"菜单命令，启用 AI 生成单张幻灯片功能。在弹出的对话框中，输入单张幻灯片主题，如图 2-71 所示。（也可以通过大纲生成单张幻灯片。）

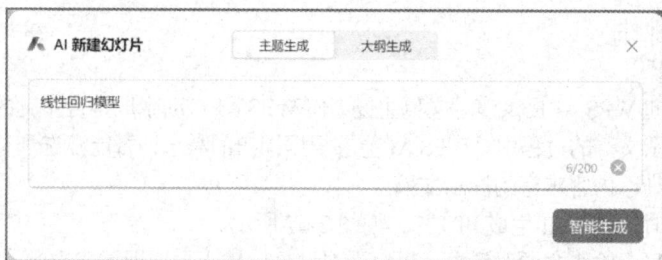

图 2-71　输入单张幻灯片主题

输入完成后，单击右下角的"智能生成"按钮。WPS AI 将生成单张幻灯片内容。用户如果对生成的幻灯片内容不满意，可以对其进行修改，直至满意，如图 2-72 所示。

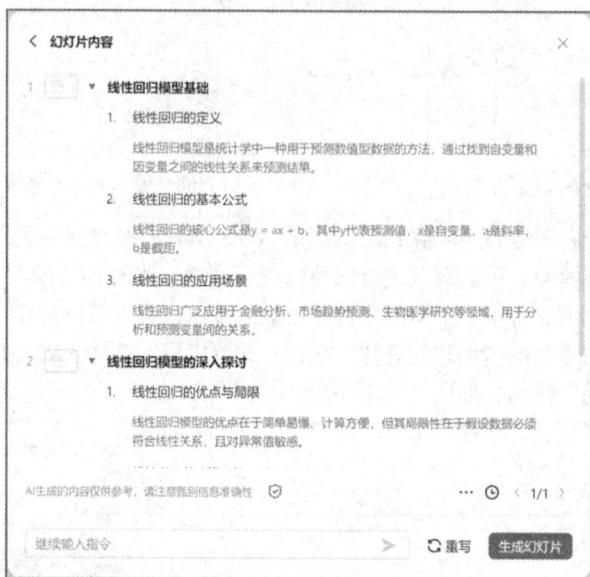

图 2-72　WPS AI 生成单张幻灯片内容

在确定单张幻灯片内容后，单击右下角的"生成幻灯片"按钮，WPS AI 会根据当前演示文稿的风格生成指定内容的新幻灯片。

习题

一、单项选择题

1. 百度 AI 涵盖的关键技术不包括（　　）。

　　A. 深度学习算法　　　B. 量子计算　　　　C. 自然语言处理　　D. 计算机视觉

2. 百度 AI 能力体验中心的体验类别不包括（　　）。

　　A. 图像识别　　　　　B. 语言生成　　　　C. 卡证文字识别　　D. 交通管理

3. 体验百度 AI 植物识别功能时，上传图片的格式支持不包括（　　）。

　　A. PNG　　　　　　　B. BMP　　　　　　C. GIF　　　　　　　D. JPG

4. 若植物识别结果显示某种植物为龙舌兰的概率为 0.582，为金边龙舌兰的概率为 0.197，为虎尾兰的概率为 0.057，那么该植物最有可能是（　　）。

　　A. 龙舌兰　　　　　　B. 金边龙舌兰　　　C. 虎尾兰　　　　　　D. 无法判断

5. 人工智能产品开发流程中，分析业务需求阶段的主要目的不包括（　　）。

    A. 明确模型训练目标和类型 　　　　　B. 确定数据来源

    C. 了解业务场景和目标 　　　　　　　D. 避免资源浪费和方向偏差

6. EasyDL 开发平台提供的一站式功能不包括（　　）。

    A. 智能标注 　　　　　B. 模型训练 　　　　　C. 硬件设备销售 　　　D. 服务部署

7. 在 EasyDL 开发平台中创建餐具识别模型时，选择模型类型为"图像模型"后，应选择的子类型是（　　）。

    A. 物体检测 　　　　　B. 图像分割 　　　　　C. 语义分割 　　　　　D. 图像分类

8. 模型训练完成后，在 EasyDL 开发平台进行模型校验时，主要的操作是（　　）。

    A. 输入测试图像，对比识别结果与实际标注　　B. 调整训练参数

    C. 重新上传数据 　　　　　　　　　　　　　D. 选择不同的算法

9. 模型训练完成后，在 EasyDL 开发平台进行模型校验，若对模型不满意，可进行的操作是（　　）。

    A. 直接发布模型 　　　　　　　　　　B. 返回，重新进行数据处理和模型训练

    C. 更换模型类型 　　　　　　　　　　D. 调整部署方式

10. WPS AI 在文档创作场景中，（　　）功能可帮助用户快速生成文章框架。

    A. AI 排版 　　　B. AI 帮我改 　　　C. AI 伴写 　　　D. AI 帮我写

11. 在 WPS 文字中唤起 WPS AI 的操作是（　　）。

    A. 连续按两次"Ctrl"键 　　　　　　　B. 连续按两次"Alt"键

    C. 单击菜单栏中的特定按钮 　　　　　D. 输入特定指令

12. 使用 WPS AI 的 AI 写公式功能时，对于提取身份证号码中的出生日期，以下描述正确的是（　　）。

    A. 用户需要记忆复杂函数语法，手动输入公式

    B. 输入文字描述后 WPS AI 自动生成公式

    C. 无法完成该操作

    D. 需要借助其他工具

13. 使用 WPS AI 生成幻灯片大纲后，若对幻灯片大纲不满意，（　　）。

    A. 用户只能接受幻灯片大纲，不能修改 　　B. 用户需要重新输入主题生成幻灯片大纲

    C. 用户可以修改幻灯片大纲，直至满意 　　D. 幻灯片大纲一旦生成就不能更改

14. 使用 AI 条件格式功能将某列中数据大于 100 的单元格设置为绿色底色，以下操作正确的是（　　）。

    A. 先手动筛选出大于 100 的数据，再逐个设置底色

    B. 在"AI 条件格式"对话框中输入"将[列名]列中大于 100 的单元格整列设置为绿色底色"

    C. 需要使用复杂函数公式计算出大于 100 的数据，再设置底色

    D. 该功能无法实现此操作

15. WPS AI 不具备（　　）特点。

    A. 多场景应用 　　　　　　　　　　　B. 智能化操作

    C. 高效协同 　　　　　　　　　　　　D. 无须网络连接即可使用全部功能

二、简答题

1. 简述百度 AI 的特点及其在人工智能领域的影响力。

2. 简述使用 EasyDL 开发平台进行模型训练的主要步骤。

3. 阐述 WPS AI 在文档创作、表格处理和演示文稿制作 3 方面的主要功能及优势。

第3章 计算机系统结构

计算机系统结构是指计算机硬件和软件之间的组织和关系，它决定了计算机的运行方式和性能。本章将讲述计算工具的发展、二进制、信息的数字化编码、图灵机的思想，以及冯·诺依曼计算机等计算机系统结构。

3.1 计算工具

人们在进行计算和自动计算时需要考虑以下4个问题。

（1）数据的表示。例如，整数、浮点数、字符等如何表示。

（2）数据的存储及自动存储。例如，计算的数据、中间结果、最终结果如何存储。

（3）计算规则的表示。例如，如何表示加、减、乘、除等算术运算规则。

（4）计算规则的执行与自动执行。例如，如何自动执行数制转换。

▶提示

计算工具的发展过程就是人们不断追求计算的机械化、自动化和智能化，尝试各种计算工具，实现数据的表示、数据的存储和自动存储、计算规则的表示、执行和自动执行计算规则的过程。

3.1.1 计算工具的发展

计算工具的发展经历了手动计算器、机械式计算器和电子计算机3个阶段。

1. 手动计算器

在有史料记载之前，人类就开始使用小石块和有刻痕的小棍作为计数工具。随着人类的生产和生活日益复杂，简单的计数已经不能满足需要，很多交易不仅需要计数还需要计算。

计算基于算法，算法是处理数据的一步步操作，而手动计算器就是利用算法辅助计算的设备。

在春秋时期出现的算筹是最早将算法和专用实物结合起来的运算工具。到了宋元年间，杨辉等数学家创建的珠算歌诀初步将算法理论化、系统化。到了明代，算盘（见图3-1）的应用空前成熟和广泛。

算盘利用算珠表示和存储数字，计算规则是一套口诀，由人按照口诀手工拨动算珠完成四则运算。自动计算需要由机器自动存储数据执行规则，而算盘的计算过程由手工完成，所以算盘不是自动计算工具。

纳皮尔筹也称为纳皮尔计算尺，如图3-2所示，是17世纪由英国数学家约翰·纳皮尔（John Napier）发明的。它由10根木条组成，每根木条上都刻有数码，右边第一根木条是固定的，其余的木条都可以根据计算的需要进行拼合或调换位置。纳皮尔筹曾传到过中国，北京故宫博物院里至今还有藏品。

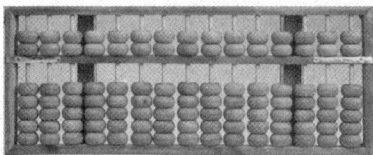

图 3-1 算盘

图 3-2 纳皮尔筹

在 17 世纪中期，英国数学家威廉·奥特雷德（William Oughtred）在刻度尺的基础上发明了滑动刻度尺，滑动刻度尺一直被学生、工程师和科学家所使用，如图 3-3 所示。

2．计算机的雏形——机械式计算器

手动计算器需要操作者使用算法来进行手工计算，而机械式计算器可以自动完成计算，操作者不需要了解算法。使用机械式计算器时，操作者只需输入计算所需的数字，再拉动控制杆或转动转轮来进行计算，操作者无须思考，且计算的速度更快。

1642 年，法国物理学家和思想家布莱士·帕斯卡（Blaise Pascal）发明了帕斯卡加法器，如图 3-4 所示。这是人类历史上第一台机械式计算器，它自动存储计算过程中的数字、自动执行规则。这台机器通过齿轮表示和存储十进制的各个数位的数字，通过齿轮比解决进位问题。在两数相加时，先在加法器的轮子上拨出一个数，再按照第二个数转动相应的轮子，最后就会得到这两数的和。

图 3-3　滑动刻度尺

图 3-4　帕斯卡加法器

1673 年，戈特弗里德·威廉·莱布尼茨（Gottfried Wilhelm Leibniz）发明了乘法器。这是第一台可以运行完整的四则运算的机械式计算器。莱布尼茨还在巴黎科学院演示了经他改进的采用十字轮结构的计算器（见图 3-5），完成了数字的不连续传输。据记载，莱布尼茨曾把自己的乘法器复制品送给康熙。

1822 年，英国数学家查尔斯·巴贝奇（Charles Babbage）发明了差分机，如图 3-6 所示。它以蒸汽作为动力，可以快速而准确地计算天文学和大型工程中的数据表。差分机中使用了类似存储器的设计，甚至包含很多现代计算机的概念，体现了程序设计思想的萌芽。

库塔（Curta）计算器是能够用一只手拿着的机械式的精确计算器，如图 3-7 所示，可以进行加减乘除运算，而且能够辅助计算平方根，其计算结果至少可以精确到 11 位。发明者库特·赫兹斯塔克（Curt Herzstark）在第二次世界大战期间被关押在布痕瓦尔德集中营里完成了该设计。在 20 世纪 50 年代到 60 年代，库塔计算器被科学家、工程师、测量员和会计师等人群广泛使用，电子袖珍计算器于 20 世纪 70 年代进入市场后，库塔计算器才逐渐退出历史舞台。

图 3-5　莱布尼茨改进的计算器

图 3-6　差分机

图 3-7　库塔计算器

3．电子计算机

借鉴机械式计算器的机械化、自动化思想，电子计算机实现了自动存储数据，能够理解和自动执行任意的复杂规则，能进行任意形式的计算，计算能力显著提高。

1942 年，艾奥瓦州立大学的约翰·文森特·阿塔纳索夫（John Vincent Atanasoff）和他的研究生克利福特·贝瑞（Clifford Berry）共同设计了阿塔纳索夫-贝瑞计算机（Atanasoff-Berry Computer，ABC），如图 3-8 所示。它采用真空电子管代替机械式开关构建处理电路，结合了基于二进制数字系统的理念。ABC 本身不可编程，仅仅用于线性方程组求解。

电子数字积分计算机（Electronic Numerical Integrator and Computer，ENIAC）于 1946 年诞生在美国宾夕法尼亚大学，它是为计算弹道表而研制的电子计算机，如图 3-9 所示。它使用 18000 个电子管，功率达 150kW，总质量达 30t，每秒可以执行 5000 次加法运算（是手工计算的 20 万倍），造价为 48 万美元。ENIAC 是世界上公认的第一台通用电子计算机。

图 3-8　ABC

图 3-9　ENIAC

3.1.2　元器件的发展

在计算机发展的过程中，人们需要寻找和发明能够进行数据自动存储、自动执行规则的元器件，元器件的发展与演变是计算机发展的重要基础。元器件在发展中经历了电子管、晶体管、集成电路 3 个阶段。

1．电子管

1904 年，英国工程师约翰·弗莱明（John Fleming）发明了第一只电子管（真空二极管），它是使电子单向流动的元器件。1907 年，美国人李·德福雷斯特（Lee de Forest）发明了真空三极管，这一发明使他赢得了"无线电之父"的称号。李·德福雷斯特在二极管的灯丝和板级间加了一块栅板，使电子流动可以控制，从而使电子管进入普及和应用阶段，并使电子管成为可以用于存储和控制二进制数的电子元器件。世界上公认的第一台通用电子计算机 ENIAC 就使用了电子管。

电子管比机械式继电器反应快，计算速度快，但其缺点是体积大、可靠性低、能耗高、易损坏，如图 3-10（a）所示。

2．晶体管

1947 年，贝尔（Bell）实验室发明了晶体管。晶体管可以控制电流和电压，还可以作为电子信号的开关，如图 3-10（b）所示。20 世纪 50 年代末，晶体管风靡世界。与电子管相比，晶体管体积更小、价格更便宜，并且能耗低、可靠性好。以晶体管为主要元器件的计算机体积更小，运算速度可提升到每秒百万次。此时还出现了操作系统，人们开始采用高级语言进行程序设计。晶体管计算机需要使用电线将数万个晶体管连接起来，其电路结构复杂，使计算机的可靠性变低。

3．集成电路

1958 年，德州仪器公司的杰克·基尔比（Jack Kilby）提出了集成电路的构想：在同一材料（硅）块上集成所有元器件，并通过金属化层连接各个部分，自动实现复杂的变换。这样就不再需要分立的元器件，避免了手工组装元器件、导线及电路焊接等过程。

集成电路使在单个小型芯片上集成数千个元器件成为可能，大大减小了计算机的体积、重量，降低了计算机的能耗。由于集成的元器件数量多，集成电路使计算机的运算速度变得更快。集成电路如图 3-10（c）所示。

大规模集成电路可以在一个芯片上集成几百个元器件，20 世纪 80 年代发明的超大规模集成电路（Very Large Scale Integrated Circuit，VLSI）可以在芯片上集成几十万个元器件，20 世纪 90 年代发明的特大规模集成电路（Ultra Large Scale Integrated Circuit，ULSI）将这个数量扩充到百万级。特大规模集成电路如图 3-10（d）所示。

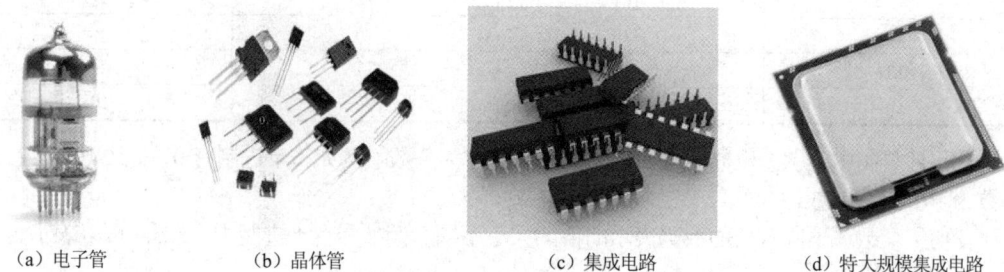

| （a）电子管 | （b）晶体管 | （c）集成电路 | （d）特大规模集成电路 |

图 3-10　元器件

关于集成电路的发展，Intel 公司的创始人戈登·摩尔（Gordon Moore）提出了摩尔定律：当价格不变时，集成电路上可容纳的晶体管数目约每 18 个月会增加 1 倍，其性能也能提升 1 倍。

▶提示

元器件的发展规律是，元器件的尺寸越来越小，芯片体积越来越小，芯片上集成的元器件越来越多，可靠性越来越高，运行速度越来越快，价格却越来越便宜。计算机的计算速度越来越快，功能越来越强大，能够完成的任务也越来越复杂。

3.2　二进制

计算机系统将文字、声音、视频等数据转换为简单的电脉冲，并以 0 和 1 的形式存储。0 和 1 的思维是计算机系统结构的基础。

3.2.1　进位计数制

计数制是指用一组固定的数码和一套统一的规则表示数值的方法。按进位的原则进行计数称为进位计数制，简称进制。

日常生活中常用的是十进制，而计算机中常用二进制、八进制、十六进制。表 3-1 所示为十进制、二进制、八进制、十六进制之间的对应关系。

表 3-1　十进制、二进制、八进制、十六进制之间的对应关系

十进制	二进制	八进制	十六进制
0	0	0	0
1	1	1	1
2	10	2	2
3	11	3	3
4	100	4	4
5	101	5	5
6	110	6	6
7	111	7	7
8	1000	10	8

十进制	二进制	八进制	十六进制
9	1001	11	9
10	1010	12	A
11	1011	13	B
12	1100	14	C
13	1101	15	D
14	1110	16	E
15	1111	17	F
16	10000	20	10

进位计数制中表示一位数所能使用的数码个数称为基数。例如，十进制有 0～9 共 10 个数码，基数为 10，逢 10 进 1。

任何一个数，不同数位的数码表示的值的大小不同。例如，在十进制中，323.4 可以表示为

$$323.4=3\times(10)^2+2\times(10)^1+3\times(10)^0+4\times(10)^{-1}$$

百位上的"3"表示 300，个位上的"3"表示 3。

每个数位的数码代表的值，等于数码乘以一个固定值，这个固定值称为位权或权。各种进制中位权均等于基数的若干次幂。因此，任何一种进位计数制表示的数都可以拆分为多项式的和。

1．十进制

在十进制中，设 K 表示 0～9 的 10 个数码中的任意一个数码，则任何一个数 N 可以表示为

$$N=\pm[K_{n-1}\times(10)^{n-1}+K_{n-2}\times(10)^{n-2}+\cdots+K_0\times(10)^0+K_{-1}\times(10)^{-1}+K_{-2}\times(10)^{-2}+\cdots]$$

为了便于区分，可在十进制数后加"D"，表示数为十进制数，如 323.4D。

2．二进制

二进制只有 0、1 两个数码，基数为 2，逢 2 进 1。为了便于区分，可在二进制数后加"B"，表示数为二进制数。例如：

$$1101.1B=1\times2^3+1\times2^2+0\times2^1+1\times2^0+1\times2^{-1}=13.5D$$

3．八进制

八进制有 0～7 共 8 个数码，基数为 8，逢 8 进 1。为了便于区分，可在八进制数后加"O"，表示数为八进制数。例如：

$$127.5O=1\times8^2+2\times8^1+7\times8^0+5\times8^{-1}=87.625D$$

4．十六进制

十六进制有 0～9、A、B、C、D、E、F 共 16 个数码，基数为 16，逢 16 进 1。A～F 表示十进制中 10～15 的 6 种状态。为了便于区分，可在十六进制数后加"H"，表示数为十六进制数。例如：

$$BE23.8H=11\times16^3+14\times16^2+2\times16^1+3\times16^0+8\times16^{-1}=48675.5D$$

3.2.2 不同进制数之间的转换

计算机中使用二进制，而现实生活中一般采用十进制，因此，我们经常需要进行数的进制转换操作。

1．二进制数、八进制数、十六进制数转换为十进制数

将任何进制的数转换为十进制数时，用每个数位上的数码乘以相应的位权，再求和，就能得到对应的十进制数。

【例 3.1】 将二进制数 110010100111.1B、八进制数 6247.4O、十六进制数 CA7.8H 转换为对应的十进制数。

$110010100111.1B=1\times2^{11}+1\times2^{10}+0\times2^9+0\times2^8+1\times2^7+0\times2^6+1\times2^5+0\times2^4+0\times2^3+1\times$

$$2^2+1\times2^1+1\times2^0+1\times2^{-1}=3239.5D$$
$$6247.4O=6\times8^3+2\times8^2+4\times8^1+7\times8^0+4\times8^{-1}=3239.5D$$
$$CA7.8H=12\times16^2+10\times16^1+7\times16^0+8\times16^{-1}=3239.5D$$

2．十进制数转换为二进制数、八进制数、十六进制数

将十进制数的整数部分转换为 R 进制数，通常采用"除 R 取余法"，即用十进制整数除以 R 取余数，将商反复除以 R，直至商为零。

得到的第一个余数为最低位，最后一个余数为最高位，将所得余数从高位到低位依次排列，就是对应的 R 进制数。

例如，把十进制数转换为二进制数采用"除 2 取余法"，把十进制数转换为八进制数或十六进制整数采用"除 8 取余法"或"除 16 取余法"。

【例 3.2】 将十进制数 167 转换为对应的二进制数、八进制数、十六进制数。

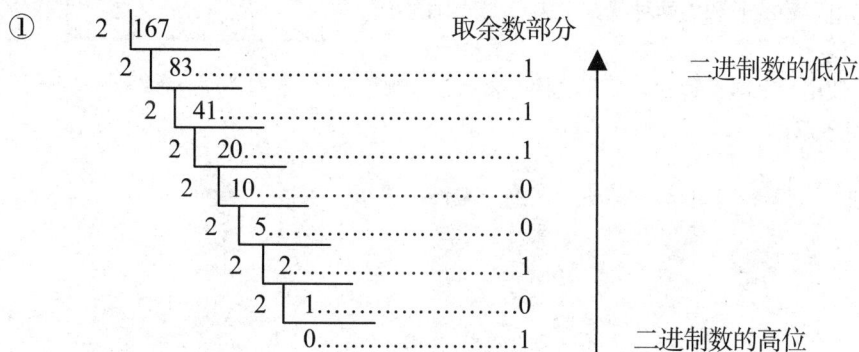

167D=10100111B

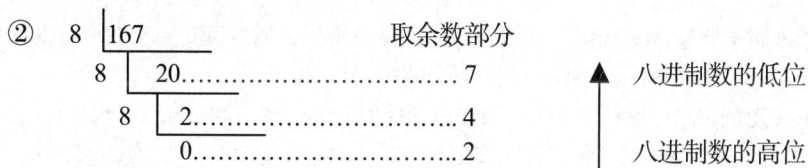

167D=247O

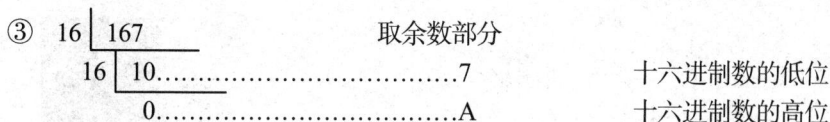

167D=A7H

167D=10100111B=247O=A7H

3．二进制数、八进制数、十六进制数之间的相互转换

二进制数、八进制数、十六进制数之间的转换可以借助十进制数完成，也可以通过简单的方法直接转换。

每 3 位二进制数对应一位八进制数，每 4 位二进制数对应一位十六进制数。因此，将二进制数转换为八进制数的方法是，从小数点开始向两边，每 3 位二进制数转换成一位八进制数，数的开头和结尾部分不足 3 位的均补零。将二进制数转换为十六进制数，则每 4 位二进制数转换成一位十六进制数，方法与二进制数转换为八进制数类似。

【例 3.3】 将二进制数 10100111.1011B 转换成八进制数、十六进制数。

10100111.1011B=<u>010</u> <u>100</u> <u>111</u>.<u>101</u> <u>100</u>B=247.54O

=<u>1010</u> <u>0111</u>.<u>1011</u>B=A7.BH

相应地，若想把八进制数、十六进制数转换为二进制数，只需要把数值的每一位转换为对应的3 位、4 位二进制数即可。形成的二进制数可省略开头和结尾处的零。

【例 3.4】 将 367.45O、E7B2.C8H 转换为二进制数。

367.45O=<u>011</u> <u>110</u> <u>111</u>.<u>100</u> <u>101</u>B = 11110111.100101B
　　　　　3　　6　　7　4　　5

E7B2.C8H=<u>1110</u> <u>0111</u> <u>1011</u> <u>0010</u>.<u>1100</u> <u>1000</u>B=1110011110110010.11001B
　　　　　　E　　7　　B　　2　　C　　8

3.2.3 二进制与元器件

基本的逻辑运算可以由元器件及其电路实现。如低电平为 0，高电平为 1（见图 3-11）。

电子计算机中，使用电子管来表示十进制的 10 种状态过于复杂，而使用电子管的开和关两种状态来表示二进制的 0 与 1 则非常容易实现。

图 3-11 低电平和高电平

【例 3.5】 使用 8 个电子管的一组开关状态表示二进制数 10100110，如图 3-12 所示。

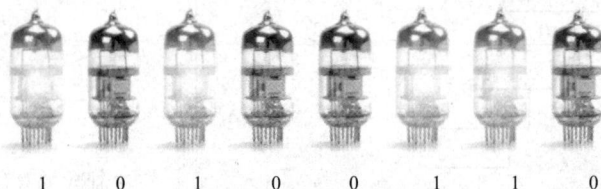

　　　　1　　0　　1　　0　　0　　1　　1　　0

图 3-12 电子管表示二进制数

磁存储设备基于电磁学原理读写数据，存储介质为磁盘或磁带，通过读写磁头改变存储介质中每个磁性粒子的磁极，如图 3-13 所示。两种磁化方向分别表示 0 和 1。

光盘利用激光束在光盘表面存储信息，根据激光束和反射光的强弱不同，可以实现信息的读写。在写入信息时，光盘表面形成小凹坑，有坑的地方记录"1"，反之为"0"，如图 3-14 所示。

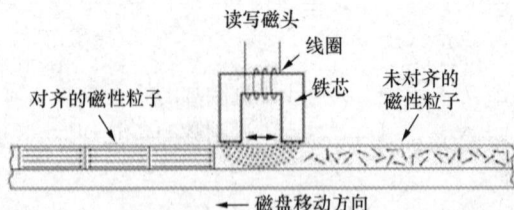

图 3-13 磁存储设备

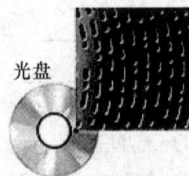

图 3-14 光盘

计算机中采用二进制编码有以下优点。

1. 可行性

计算机中采用二进制编码具有可行性。采用二进制编码，只需要 0、1 两种状态，因此在技术上容易实现。使用"有脉冲、无脉冲""高电位、低电位""电磁南极、电磁北极"这样可对比的状态描述数字无须准确测量具体值，因此当元器件受到一定程度的干扰时，仍能可靠地分辨出它表示的数值。

2. 简易性

采用二进制有利于各种算法、规则的实现。数值计算是计算机的重要应用领域之一。二进制的算术运算规则简单，如 A、B 两数相乘，只有 $0×0=0$、$0×1=0$、$1×0=0$、$1×1=1$ 共 4 种组合，而相应的十进制有 100 种组合。

3．适合逻辑运算

逻辑代数是逻辑运算的理论依据，二进制的 1 和 0 分别与逻辑代数中的"真""假"相吻合。

4．易于转换

二进制数与十进制数、八进制数、十六进制数易于互相转换。

3.2.4　存储单位

在计算机中，数据的存储单位有位和字节，具体介绍如下。

1．位

位（bit）是计算机中最小的信息单位。一位只能表示 0 和 1 中的一个，即一个二进制位。位是存储二进制数位的单位。

2．字节

每 8 位为 1 字节（Byte，B），字节是计算机中数据存储的基本单位。计算机中存储单位一般有 Byte、KB、MB、GB、TB、PB、EB、ZB、YB、BB、NB、DB……换算率为 1024，各存储单位之间的关系如下。

1Byte=8bit
1KB=1024Byte=2^{10}Byte
1MB=1024KB=2^{20}Byte
1GB=1024MB=2^{30}Byte
1TB=1024GB=2^{40}Byte
1PB=1024TB=2^{50}Byte
1EB=1024PB=2^{60}Byte
……

假如 1 张 JPG 格式图片占用的存储空间为 1MB，则使用传统电子管存储和表示该图片需要 $2^{20} \times 8$（约 800 万）个电子管。

3.3　数据编码

在计算机中，数字、字符、图片、声音、视频等所有信息都要进行二进制编码才能存储和处理。

3.3.1　数字的表示

计算机最早发明时的主要用途就是数学计算，数字在计算机中以二进制数的形式存储和参与计算。

1．机器数

计算机采用固定数目的二进制位数来表示数字，这样的数字称为机器数。机器数的表示范围受计算机字长的限制，一般字长为 8、16、32 或 64 位，如果数值超出机器数能表示的范围，就会出现"溢出"错误。这里假设计算机使用 8 位字长表示数字。

数值有正、负之分，通常把一个二进制数的最高位作为符号位，规定"0"表示正数，"1"表示负数，如图 3-15 所示。

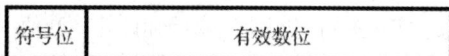

符号位	有效数位

图 3-15　机器数

计算机系统结构 | 第 3 章

【例3.6】 8位计算机中整数+7和–7对应的机器数。

整数7对应的二进制数是0111，因此，+7的机器数是00000111。–7的符号为负号，第8位为1，表示负数，因此，–7对应的机器数10000111。

在计算机中，数字可以采用原码、反码、补码存储和处理，不同的编码有不同的计算规则。

2. 原码

原码是数字最简单的表示方法。用0表示正号、1表示负号，数值部分为真值的绝对值（真值为机器数所代表的数）。0的原码有两种表示方法。

$$[X]_原=\begin{cases}0X & X\geq 0 \\ 1|X| & X\leq 0\end{cases}\qquad +7:\ 00000111\qquad +0:\ 00000000 \\ \qquad\qquad -7:\ 10000111\qquad -0:\ 10000000$$

3. 反码

正数的反码与原码相同，负数的反码由原码的数值部分按位取反得到（即0变为1，1变为0）。0的反码有两种表示方法。

$$[X]_反=\begin{cases}0X & X\geq 0 \\ 1\overline{|X|} & X\leq 0\end{cases}\qquad +7:\ 00000111\qquad +0:\ 00000000 \\ \qquad\qquad -7:\ 11111000\qquad -0:\ 11111111$$

4. 补码

正数的补码与原码、反码相同，负数的补码等于负数的反码加1。

$$[X]_补=\begin{cases}0X & X\geq 0 \\ 1\overline{|X|}+1 & X\leq 0\end{cases}\qquad +7:\ 00000111\qquad +0:\ 00000000 \\ \qquad\qquad -7:\ 11111001\qquad -0:\ 00000000$$

可以发现，0有唯一的补码，$[+0]_补=[-0]_补=00000000$。–0的补码为100000000（8个0），受8位字长限制，最高位1在运算过程中由于没有元器件来表示而丢失，从而使保留下来的结果恰好与+0的补码一致。

5. 补码的算术运算

数字在计算机中采用补码存储和处理，主要原因是可以将计算中的减法运算转变为加法运算，原码和反码则不行。

假设以8位二进制数表示一个数字，要计算数学表达式10–7的结果。首先，10–7可以看作10+(–7)，则计算机需要计算10与–7的和。按照原码表示方法，10的原码是00001010，–7的原码是10000111，10+(–7)的原码计算表达式如下所示。

$$\begin{array}{r} 00001010 \\ +\ \ 10000111 \\ \hline 10010001 \end{array}$$

计算结果为10010001，对应的十进制数为–17，结果显然不正确。

在进行含有负数的运算时，使用补码的形式可以避免符号位参与运算造成错误结果。按照补码表示方法，10的补码是00001010，–7的补码是11111001，10+(–7)的补码计算表达式如下。

$$\begin{array}{r} 00001010 \\ +\ \ 11111001 \\ \hline 100000011 \end{array}$$

计算结果为9位二进制数，超出8位。将最高位（即最左边的1）舍去，得到结果为00000011，就是十进制数3，可见采用补码形式计算的结果正确。

在现代计算机系统中，为了实现有符号数值的存储和计算，数值一律采用补码来表示和存储。原因在于，使用补码可以将符号位和数值域统一处理；同时，加法和减法也可以统一处理，可以将减法运算转变为加法运算。此外，补码与原码相互转换不需要额外的硬件电路。

3.3.2 西文字符的表示

在计算机中，各种字符、汉字等非数值型字符需要转换为二进制编码进行存储和处理。

常用的西文字符有 128 个，包括：10 个十进制数码 0～9；52 个大小写英文字母 A～Z 及 a～z，32 个标点符号、运算符、专用符号，34 个控制符。

大多数小型机和所有微型计算机都采用美国信息交换标准代码（American Standard Code for Information Interchange，ASCII）存储和处理西文字符。ASCII 是通用的国际标准编码，于 1968 年提出。

7 位 ASCII 采用 7 位二进制数表示一个字符，由于 7 位二进制数表示的范围为 0～127，因此共包含 128 个数字，用于表示常用的 128 个字符，如表 3-2 所示。每个字符占用 1 字节的空间，即 8 位二进制数最高位设置为 0，其余 7 位表示 ASCII 值。

表 3-2　ASCII 表

十进制	十六进制	字符	十进制	十六进制	字符	十进制	十六进制	字符	十进制	十六进制	字符
00	00	NUL	32	20	SP	64	40	@	96	60	`
01	01	SOH	33	21	!	65	41	A	97	61	a
02	02	STX	34	22	"	66	42	B	98	62	b
03	03	ETX	35	23	#	67	43	C	99	63	c
04	04	EOT	36	24	$	68	44	D	100	64	d
05	05	ENQ	37	25	%	69	45	E	101	65	e
06	06	ACK	38	26	&	70	46	F	102	66	f
07	07	BEL	39	27	'	71	47	G	103	67	g
08	08	BS	40	28	(	72	48	H	104	68	h
09	09	HT	41	29	)	73	49	I	105	69	i
10	0A	LF	42	2A	*	74	4A	J	106	6A	j
11	0B	VT	43	2B	+	75	4B	K	107	6B	k
12	0C	FF	44	2C	,	76	4C	L	108	6C	l
13	0D	CR	45	2D	-	77	4D	M	109	6D	m
14	0E	SO	46	2E	.	78	4E	N	110	6E	n
15	0F	SI	47	2F	/	79	4F	O	111	6F	o
16	10	DEL	48	30	0	80	50	P	112	70	p
17	11	DC1	49	31	1	81	51	Q	113	71	q
18	12	DC2	50	32	2	82	52	R	114	72	r
19	13	DC3	51	33	3	83	53	S	115	73	s
20	14	DC4	52	34	4	84	54	T	116	74	t
21	15	NAK	53	35	5	85	55	U	117	75	u
22	16	SYN	54	36	6	86	56	V	118	76	v
23	17	ETB	55	37	7	87	57	W	119	77	w
24	18	CAN	56	38	8	88	58	X	120	78	x
25	19	EM	57	39	9	89	59	Y	121	79	y
26	1A	SUB	58	3A	:	90	5A	Z	122	7A	z
27	1B	ESC	59	3B	;	91	5B	[	123	7B	{
28	1C	FS	60	3C	<	92	5C	\	124	7C		
29	1D	GS	61	3D	=	93	5D	]	125	7D	}
30	1E	RS	62	3E	>	94	5E	^	126	7E	~
31	1F	US	63	3F	?	95	5F	_	127	7F	DEL

在存储一个西文字符时，计算机存储的是 ASCII 对应的二进制编码，如图 3-16 所示，小写字母的 ASCII 值比对应的大写字母大 32。

```
        97                    65
a | 01100001        A | 01000001
```

图 3-16　大小写字母的 ASCII 关系

3.3.3 汉字编码

我国于 1981 年开始实施国家标准《信息交换用汉字编码字符集-基本集》（GB 2312—1980，简称国标码）。国标码共收集常用汉字 6763 个，其中一级汉字 3755 个、二级汉字 3008 个。国标码用 2 字节（16bit）表示一个汉字，所以理论上最多可以表示 256×256=65536 个汉字。例如，汉字"大"的国标码为 3473H。

由于汉字数量庞大、编码复杂，因此计算机输入、存储、显示汉字时需要使用不同的编码。

1．机内码

在计算机内部，为了区分汉字编码和 ASCII 码，将国标码每字节的最高位由 0 改为 1，构成汉字的机内码，也称内码。汉字在计算机内部存储、处理和传输时使用机内码。

机内码=国标码+8080H。例如：

汉字	国标码	机内码
大	3473H	B4F3H
	00110100 01110011B	10110100 11110011B

2．输入码

通过键盘向计算机中输入汉字所使用的编码为输入码，也称外码。

例如，以拼音为基础的拼音类输入法，包括搜狗输入法等；以字形为基础的字形类输入法，如五笔输入法；以拼音、字形混合为基础的混合类输入码，如自然码。随着拼音类输入法的识别率不断提高，拼音类输入法被广泛使用。

3．输出码

输出码也称汉字字形码，指汉字字库中存储的汉字字形的数字化信息，用于汉字的显示或打印输出。不同的汉字字库存放不同的汉字字形（即字体），如宋体、楷体、隶书等，分为点阵和矢量两种表示方法。

（1）点阵字库

用点阵表示字形时，将一个汉字放在一个多行多列的网格中，有笔画通过的网格用二进制位 1 表示，没有笔画通过的网格用二进制位 0 表示，这样就构成汉字的点阵，如图 3-17 所示。一般有 16×16、24×24、48×48、64×64 点阵，行列数越大，字形质量越高，所占空间也越大。

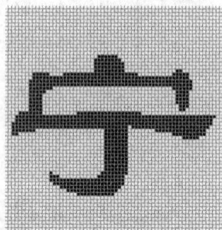

图 3-17　汉字点阵

汉字字形码以二进制数形式保存在存储器中，构成汉字字库。每个汉字在字库中都占有一个固定大小的连续存储空间，如 48×48 点阵需要 288（=48×48/8）字节空间存放一个汉字的字形码。

（2）矢量字库

矢量字库存储的是汉字字形的轮廓特征，当要输出汉字时，通过计算机的计算由汉字字形描述生成所需大小和形状的汉字点阵。矢量表示方式与分辨率无关，因此可以产生高质量的汉字输出，且放大以后不影响输出效果。以楷体的 TrueType 字库为例，矢量字库如图 3-18 所示。

图 3-18　矢量字库

3.3.4 图像的数字化编码

在计算机中，图像是指由输入设备捕捉的实际场景画面或以数字形式存储的画面。

图像由许多像素组合而成，每像素用若干二进制位来表示其颜色。每像素所占二进制位数越多，则色彩越丰富，效果越逼真。位图图像的色彩在计算机中采用 RGB 模式，即红、绿、蓝 3 种基本颜色各占若干二进制位，通过 3 种基本颜色的组合来产生色彩。

例如，24 位颜色中，从低位到高位分别用 1 字节表示蓝色、绿色和红色。红色为#FF0000，绿色为#00FF00，蓝色为#0000FF，白色为#FFFFFF，黑色为#000000。

对位图进行缩放时图像会失真，如图 3-19 所示。位图主要用于表现人物、动植物等真实存在的自然景物。

现实中的图像都是模拟图像，要在计算机中存储、显示和处理，必须转换为数字形式，即数字化。图像的采集和数字化主要通过数码相机、摄像头、扫描仪等多媒体输入设备完成。

图像的数字化过程主要包括采样、量化与编码 3 个步骤。

图 3-19　位图

1. 采样

采样是将二维空间中的模拟图像在水平和垂直方向上等间距地分割成矩形网状结构，每个微小方格称为 1 像素。例如，一幅分辨率为 640 像素×480 像素的图像由 640×480=307200 像素组成。分辨率是指图像在横、纵方向上的像素数，分辨率越高，图像质量越好，文件也越大。

2. 量化

量化是将采样的每像素的颜色用相同位数的二进制数表示。采用的二进制数的位数称为量化字长，如量化字长为 16 位，表示每像素的信息长 16 位，可以描述 2^{16}=65536 种颜色。量化字长一般有 8 位、16 位、24 位、32 位等。

计算机中的图像为 X 行 Y 列的点阵，每个点用二进制编码表示其颜色，将所有点的二进制编码保存在一起成为一个图片文件。

例如，一张 24 位色、640 像素×480 像素的照片，是一个宽为 640 列、高为 480 行的点阵，每个点用 24 位二进制编码表示其颜色，可以有 2^{24}=16777216 种颜色。存储该照片需要 640×480×24/8B=921600B=900KB 的存储空间。

一张 24 位色、4288 像素×2848 像素的照片，需要 4288×2848×24/8B≈35778KB≈34.94MB 的存储空间。

3. 编码

由于采样、量化后得到的图像数据量巨大，因此必须采用编码技术来压缩其信息量。

彩色照片占用的存储空间可能很大，不利于保存和网络传输，可以采用压缩的方法减少其占用的存储空间。例如，采用 JPEG 压缩方法，在不影响效果的情况下可以将一张 24 位色、4288 像素×2848 像素的照片压缩为约 3.2MB 的 JPG 文件。

3.3.5 声音的数字化编码

声音又称音频，除语音、音乐外，还包括各种音响效果等，是重要的信息载体。自然界的声音是模拟音频，是随时间连续变化的模拟量，信号体现为波形，具有振幅、周期、频率 3 个重要指标。振幅越大，音量越大；频率越高，音调越高。

计算机中存储的音频为数字音频，它是随时间不连续变化的数字量。图 3-20 所示为模拟音频转化为数字音频。

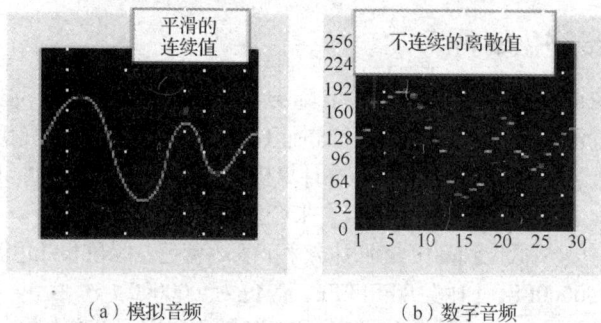

（a）模拟音频　　　　　　　　（b）数字音频

图 3-20　模拟音频转化为数字音频

模拟音频进入计算机时需要进行数字化处理，使其转换为数字音频，这一过程称为音频的数字化，通常包括采样、量化和编码 3 个步骤。音频采集和数字化所需的硬件设备主要有声卡、话筒等。

1．采样

采样是指每隔时间 T 对模拟音频信号的振幅取值，其中 T 称为采样周期，得到的振幅值称为采样值，采样后的数据仍为模拟量。每秒的采样次数称为采样率，如 22.05kHz、44.1kHz、48kHz。

2．量化

量化是把每一个采样值从模拟量转换为二进制的数字量。

3．编码

编码是将量化后的数字音频信号以二进制形式表示，编码可以占用 8bit、16bit、24bit，这些称为采样位数。采样率越高、采样位数越高，声音越真实。

例如，44.1kHz 的 32 位音频，每秒可以有 44.1×1000=44100 个采样值，每个采样值能描述 2^{32}=4294967296 种声音信号。

单声道 1min 的 44.1kHz 的 32 位音频，需要 44.1×1000×60×32bit≈10336KB≈10.09MB 的存储空间。

如图 3-21 所示，高采样率的音频文件，其文件大小要明显大于低采样率的，但其音频质量也要好于低采样率的。

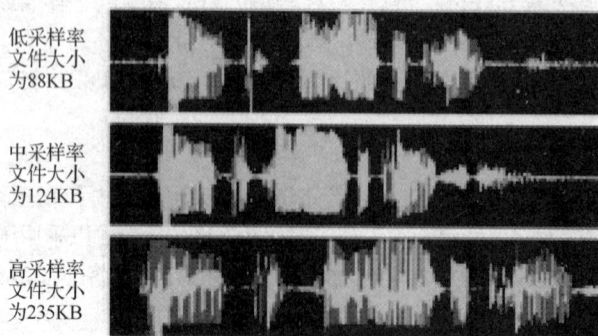

低采样率
文件大小
为88KB

中采样率
文件大小
为124KB

高采样率
文件大小
为235KB

图 3-21　不同采样率的音频

3.3.6　数据压缩技术

数据压缩技术用于对数据重新编码，以减少所需的位数，减少占用的存储空间，便于传输。数据压缩是可逆的，它的逆过程称为解压缩。数据之所以能被压缩，是因为数据中存在冗余。

例如，图像数据的冗余主要表现为：图像中相邻像素间的相关性引起的空间冗余，图像序列中不同帧之间的相关性引起的时间冗余，不同彩色平面或频谱带之间的相关性引起的频谱冗余。如图 3-22 所示，①和②两个区域颜色相同，存在数据冗余。数据压缩的目的就是通过去除这些数据冗余来减少表示数据所需的位数。

1．压缩的指标

用于衡量一种数据压缩技术好坏的指标共有 3 个，即压缩比、压缩质量、压缩和解压缩速度。

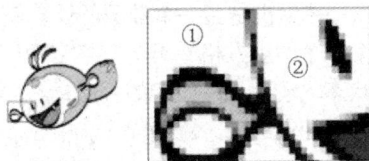

图 3-22　图像的数据冗余

（1）压缩比。压缩比是在压缩过程中输入数据量和输出数据量之比，是衡量数据压缩技术性能的重要指标。

（2）压缩质量。压缩质量是指压缩数据在解压缩后与原始数据的相似度。

（3）压缩和解压缩速度。压缩和解压缩的速度越快越好。例如，为了保证视频的连贯性，对压缩和解压缩速度有严格要求。如果压缩和解压缩速度过低，视频会产生跳动感，用户难以接受。而对于静态图像，因为不需要保证连贯性，所以压缩和解压缩的速度要求并不高。

2．压缩的分类

压缩可分为有损压缩和无损压缩。

（1）有损压缩。有损压缩的解压缩数据和原始数据有一定差别，允许一定程度的失真，即在压缩过程中丢失一些不敏感的信息，这些损失的信息将不能恢复。这种压缩方法不可逆。

人们观看图像、视频，或听声音时，经常无法感觉到细微差别。所以，图像、视频、音频等经常使用有损压缩方法进行数据压缩，其压缩比可以从几倍到上百倍。

（2）无损压缩。无损压缩的解压缩数据和原始数据严格一致，没有失真。

无损压缩利用数据的统计特性进行数据压缩。它对数据进行概率统计，对出现概率高的数据采用相对较短的编码，而出现概率低的数据采用较长的编码，从而减少数据冗余。

无损压缩的压缩比一般为 2∶1～5∶1，主要用于压缩文本数据、程序代码和特殊应用场合的图像数据（如指纹图像、医学图像等）。

▶提示

　　将现实世界的各种信息进行二进制编码后存储、计算和处理，将具有冗余信息的数据压缩后存储、处理和传输，是计算机系统的基本思维。

3.4　图灵机与冯·诺依曼计算机

3.4.1　图灵与图灵机

1．图灵

艾伦·麦席森·图灵（Alan Mathison Turing）是英国数学家、逻辑学家、密码学家，被称为"计算机科学之父""人工智能之父"（见图 3-23）。图灵是计算机逻辑的奠基者，提出了图灵机、图灵测试等重要概念。人们为纪念他在计算机领域的卓越贡献而专门设立了图灵奖。

2．图灵机的基本思想

图灵认为自动计算就是人或机器对一条两端无限延长的纸带上的一串 0 和 1 执行指令，一步一步地改变纸带上的 0 和 1，经过有限步骤得到结果的过程。机器按照指令的控制执行操作，指令由 0 和 1 表示，如 00 表示停止、01 表示转 0 为 1、10 表示转 1 为 0、11 表示移位。计算的任务可以通过将指令编写为程序来

图 3-23　图灵

描述，如 00,01,11,010,10,00…。数据被携带一串 0 和 1 的纸带送入机器，机器读取程序，按照程序的指令顺序读取指令，读取一条指令执行一条指令，如图 3-24 所示。

图灵机是指一个抽象的计算模型，如图 3-25 所示。它有一条无限长的纸带，纸带被分成了一个一个的小方格，每个方格有不同的颜色，有一个机器头在纸带上移来移去；机器头有一组内部状态，还有一些固定的程序；在每个时刻，机器头都要从当前纸带上读入一个方格信息，再结合自己的内部状态查找程序，根据程序输出信息到纸带方格上，并转换自己的内部状态，之后进行移动。

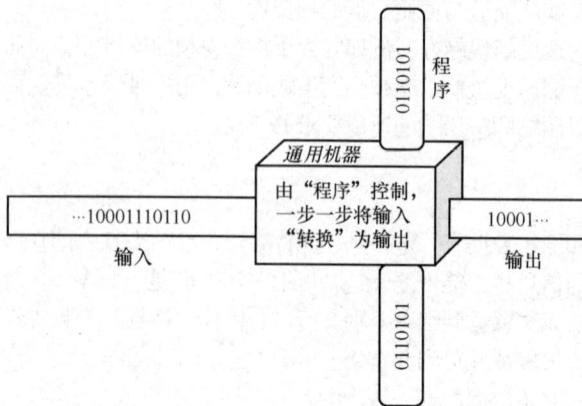

图 3-24　图灵机思想

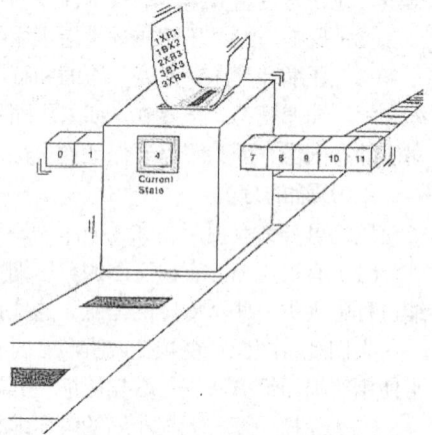

图 3-25　图灵机模型

图灵机模型被认为是计算机的基本理论模型，它是一种离散的、有穷的、构造性的问题求解思路，一个问题的求解可以通过构造图灵机来实现。

图灵可计算问题：凡是能用算法解决的问题，也一定能用图灵机解决；凡是图灵机解决不了的问题，任何算法也解决不了。

3. 图灵与人工智能

1936 年 5 月，图灵的论文《论可计算数及其在判定问题中的应用》奠定了计算机科学的理论和实践基础，推进了相关的哲学思考。1950 年，图灵发表论文《计算机机器与智能》，提出了关于机器思维的问题，这篇论文被认为是人工智能学科的源头。由于这些划时代的文章和其他相关的前沿工作，图灵被称为"人工智能之父"。

图灵测试又称图灵判断，是图灵提出的一个关于机器人的著名判断原则，这是一种测试机器是否具备人类智能的方法。如果机器能在 5min 内回答由人类测试者提出的一系列问题，且其中超过 30%的回答让测试者误认为是人类所答，则机器通过测试。

如图 3-26（a）所示，图灵测试的方法是在提问者与回答者（一个人和一台机器）隔开的情况下，通过一些装置（如键盘）进行问答。问过一些问题后，如果提问者不能确认 30%的答复是由人回答的还是由机器回答的，那么这台机器就通过了测试，并被认为具有人类智能。

2014 年 6 月 7 日，在英国举行的 2014 图灵测试大会上，聊天程序尤金·古斯特曼（Eugene Goostman）首次通过了图灵测试，该程序如图 3-26（b）所示。这一天恰好是图灵逝世 60 周年纪念日。在测试中，尤金·古斯特曼程序成功伪装成一名 13 岁男孩，回答了测试者输入的所有问题，其中 33%的回答让测试者认为与他们对话的是人而非机器，这是人工智能乃至计算机史上的一个里程碑事件。

（a）图灵测试示意　　　　　　　　　　　　（b）尤金·古斯特曼程序

图 3-26　图灵测试

3.4.2　冯·诺依曼计算机系统结构

1946 年，美籍匈牙利科学家冯·诺依曼领导的研究小组发表了关于电子离散变量自动计算机（Electronic Discrete Variable Automatic Computer，EDVAC）的论文，具体介绍了制造电子计算机和程序设计的新思想，宣告了电子计算机时代的到来。

EDVAC 是第一台具有现代意义的通用计算机，与 ENIAC 不同，EDVAC 首次使用二进制而不是十进制。整台计算机使用了大约 6000 个电子管和 12000 个二极管，功率为 56kW，占地面积为 $45.5m^2$，质量为 7850kg，使用时需要 30 名技术人员同时操作。图 3-27 所示为冯·诺依曼和 EDVAC。

冯·诺依曼在 EDVAC 的研究中，提出了计算机的逻辑体系结构和存储程序的理论，即冯·诺依曼计算机理论，主要包括以下内容。

（1）计算机由运算器、控制器、存储器、输入设备和输出设备 5 个部件构成，如图 3-28 所示。计算机以运算器和控制器为中心，这两个部件构成了如今为人熟知的中央处理器（Central Processing Unit，CPU）。

图 3-27　冯·诺依曼和 EDVAC

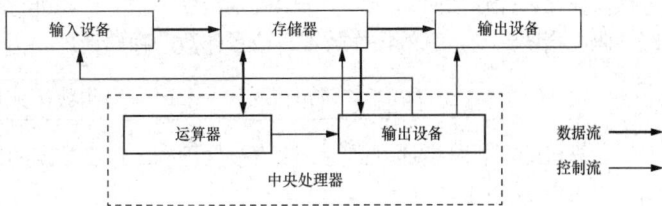

图 3-28　冯·诺依曼计算机

（2）计算机采用二进制，指令和数据均以二进制数形式存储在存储器中。

（3）计算机按照程序规定的顺序将指令从存储器中取出，并逐条执行。

计算机的 5 个部件的主要功能简介如下。

（1）运算器也称算术逻辑部件（Arithmetic Logic Unit，ALU），主要完成数据的加、减、乘、除等算术运算和与、或、非等逻辑运算。

（2）控制器也称控制单元，负责读取指令、分析指令和执行指令，调度运算器完成计算。

（3）存储器负责存储数据和指令。存储器是存储信息的部件，其原理如图 3-29 所示。存储器按照地址被划分为若干存储单元，每个存储单元由若干存储位组成，一个存储位可以存储一个 0 或 1。每个存储单元由一条地址线 W_i 控制其读写，当 W_i 有效时读写对应的存储单元。每个存储单元有一个对应的地址编码 $A_{n-1}\cdots A_1A_0$。地址译码器取得每个地址编码 $A_{n-1}\cdots A_1A_0$ 对应的地址线

W_i，通过 W_i 控制读写对应的存储单元。因此，n 位地址线可以控制读写 2^n 个存储单元，即存储容量为 2^n 字节。输出缓冲器控制从存储器中读取或写入数据，存储单元的数据通过数据线 $D_{m-1} \cdots D_1 D_0$ 读写。

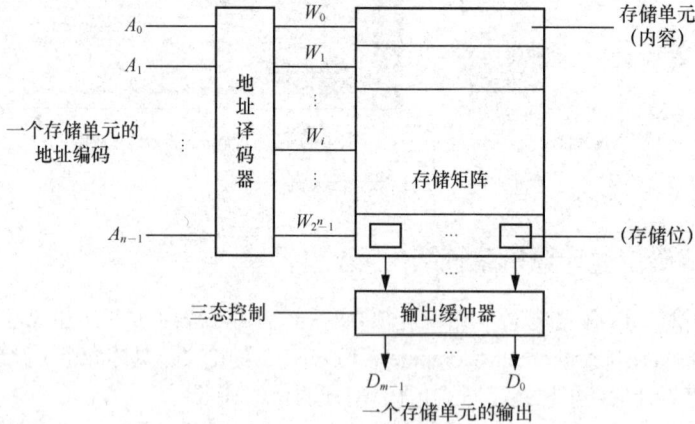

图 3-29　存储器原理示意

（4）输入设备负责将数据和指令从外部输入计算机。

（5）输出设备将计算机中的二进制信息以用户能接受的形式呈现。

3.4.3　存储程序控制原理

1. 指令、指令系统和程序

为了让计算机完成任务，需要为计算机提供一系列命令。

（1）指令也称机器指令，是指计算机完成某个基本操作的命令，表示为计算机可以识别的二进制编码。指令能被计算机硬件理解并执行，是程序设计的最小语言单位。

一条计算机指令使用一串被称为代码的二进制编码表示，代码的位数称为指令长度。指令通常包括操作码和操作数两部分。操作码确定指令的功能，如进行加、减、乘、除等运算。操作数也称地址码，指明参与运算的操作数本身或操作数的存储地址。指令的格式如下。

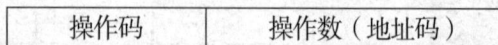

操作码	操作数（地址码）

计算机的字长是指计算机能一次直接处理的二进制数据的位数。指令长度可以和计算机字长相同，也可以不相同。

（2）一台计算机所有机器指令的集合称为计算机的指令系统。不同种类计算机的指令系统的指令数目与格式也不同。指令系统越丰富完备，编制程序就越方便灵活。

（3）程序由指令组成，是为解决某一特定问题而设计的有序指令的集合，即为了得到某种结果而由计算机等具有信息处理能力的装置执行的指令序列。

2. 指令执行过程

计算机按照程序的执行顺序逐条取出存储器中的指令，并传输到 CPU 执行。指令执行过程如下。

（1）取指令：在控制器的控制下，计算机将存储器中的指令读入 CPU 的指令寄存器。

（2）分析指令：也称译码，是指由指令译码器将指令转换为元器件操作。如果指令包含操作数，则还要从寄存器中读取操作数。

（3）执行指令：在控制器的控制下，执行指令对应的具体操作。

（4）写回结果：将最终结果写入相关寄存器或存储器。

▶提示

按照存储程序控制原理构造出来的计算机就是存储程序控制计算机，也称为冯·诺依曼计算机。半个多世纪以来，冯·诺依曼计算机系统结构一直沿用至今，计算机一直遵循存储程序控制原理。理解冯·诺依曼计算机系统结构，对于理解现代的各种计算机系统的设计和实现有重要意义。

习题

一、单项选择题

1. （   ）是指数据在运算符的操作下，按照规则进行数据变换。
   A. 计算   B. 算法   C. 问题求解   D. 递归

2. 计算工具的发展经历了手动计算器、机械式计算器和（   ）等阶段。
   A. 算盘   B. 帕斯卡加法器   C. 电子计算机   D. ENIAC

3. 以下选项中，（   ）是手动计算器。
   A. 算盘   B. 帕斯卡加法器   C. 库塔计算器   D. ENIAC

4. 以下选项中，（   ）是机械式计算器。
   A. 算盘   B. 帕斯卡加法器   C. ABC   D. ENIAC

5. 以下选项中，（   ）是电子计算机。
   A. 算盘   B. 帕斯卡加法器   C. 库塔计算器   D. ENIAC

6. ENIAC 使用（   ）作为主要元器件。
   A. 电子管   B. 晶体管   C. 集成电路   D. 超大规模集成电路

7. 元器件发展经历了（   ）、晶体管、集成电路 3 个阶段。
   A. 电子管   B. 算盘   C. 库塔   D. ENIAC

8. （   ）使在单个小型芯片上集成数千个元器件成为可能。
   A. 电子管   B. 晶体管   C. 集成电路   D. 电子计算机

9. 摩尔定律：当价格不变时，集成电路上可容纳的晶体管数目约每（   ）个月会增加 1 倍，其性能也提升 1 倍。
   A. 12   B. 18   C. 24   D. 36

10. 为了避免混淆，二进制数在书写时常在后面加字母（   ）。
    A. H   B. O   C. D   D. B

11. 为了避免混淆，十六进制数在书写时常在后面加字母（   ）。
    A. H   B. O   C. D   D. B

12. 以下 4 个数字中最大的是（   ）。
    A. 101110B   B. 52D   C. 57O   D. 32H

13. 十进制数 178 转换为二进制数是（   ）。
    A. 10110010   B. 10111100   C. 11000010   D. 11001011

14. 十进制数 178 转换为八进制数是（   ）。
    A. 260   B. 178   C. 262   D. 524

15. 十进制数 178 转换为十六进制数是（   ）。
    A. B0   B. B2   C. C1   D. A9

16. 二进制数 111010110111 转换为八进制数是（　　　　）。

　　A. 3767　　　　　　　B. 4839　　　　　　C. 7267　　　　　　D. 7320

17. 二进制数 111010110111 转换为十六进制数是（　　　　）。

　　A. 376　　　　　　　B. 726　　　　　　　C. EB7　　　　　　D. FC6

18. 与十六进制数 BC 等值的二进制数是（　　　　）。

　　A. 10111011　　　　　B. 10111100　　　　C. 11001100　　　　D. 11001011

19. 以下关于二进制的叙述中错误的是（　　　　）。

　　A. 二进制数只有 0 和 1 两个数码　　　　B. 二进制计数逢二进一

　　C. 二进制数各位上的位权分别为 1,2,4,…　　D. 二进制数由数字 1 和 2 组成

20. 以下关于计算机中单位换算关系的描述中，正确的是（　　　　）。

　　A. 1KB=1024×1024B　　　　　　　　B. 1MB=1024×1024B

　　C. 1KB=1000B　　　　　　　　　　　D. 1MB=1000000B

21. 在计算机的存储中，100Mbit=（　　　　）。

　　A. 10MB　　　　　　B. 12.5MB　　　　　C. 100MB　　　　　D. 800MB

22. 在计算机中，100KB=（　　　　）。

　　A. 1000kbit　　　　　B. 800kbit　　　　　C. 125kbit　　　　　D. 12.5kbit

23. 以下关于补码的叙述中错误的是（　　　　）。

　　A. 负数的补码是该数的反码加 1　　　　B. 负数的补码是该数的原码最右加 1

　　C. 正数的补码与其原码相同　　　　　　D. 正数的补码与其反码相同

24. 假定一个数在计算机中占用 8 位，整数−15 的反码为（　　　　）。

　　A. 10001111　　　　　B. 11110000　　　　C. 01110000　　　　D. 00001111

25. 假定一个数在计算机中占用 8 位，整数−15 的补码为（　　　　）。

　　A. 11110001　　　　　B. 00001111　　　　C. 11110000　　　　D. 10001111

26. 字母 "a" 的 ASCII 值为十进制数 97，那么字母 "C" 的 ASCII 值为十进制数（　　　　）。

　　A. 66　　　　　　　　B. 67　　　　　　　　C. 68　　　　　　　D. 99

27. 在计算机的磁盘中存储汉字时，存储的是汉字的（　　　　）。

　　A. 机内码　　　　　　B. 输入码　　　　　　C. 字形码　　　　　D. 国标码

28. 在计算机中，采用机内码存储汉字，每个汉字占（　　　　）字节。

　　A. 1　　　　　　　　B. 2　　　　　　　　C. 8　　　　　　　D. 16

29. 汉字系统的汉字字库里存放的是汉字的（　　　　）。

　　A. 机内码　　　　　　B. 输入码　　　　　　C. 字形码　　　　　D. 国标码

30. 64×64 点阵字库，需要（　　　　）字节空间存放一个汉字的字形码。

　　A. 128　　　　　　　B. 288　　　　　　　C. 512　　　　　　D. 1024

31. 一张 24 位色、480 像素×320 像素的照片，需要大约（　　　　）存储空间。

　　A. 300KB　　　　　　B. 400KB　　　　　　C. 450KB　　　　　D. 500KB

32. 单声道 1min 的 44.1kHz 的 16 位音频，需要大约（　　　　）存储空间。

　　A. 450KB　　　　　　B. 2646KB　　　　　C. 5168KB　　　　　D. 10336KB

33. 图像数据压缩的目的是（　　　　）。

　　A. 符合标准　　　　　　　　　　　　B. 减少数据存储量并便于传输

　　C. 方便图像编辑　　　　　　　　　　D. 符合各国的电视制式

34. 以下选项中，（　　　　）不是衡量数据压缩性能的指标。

　　A. 压缩比　　　　　　　　　　　　　B. 压缩质量

　　C. 压缩和解压缩速度　　　　　　　　D. 数据传输速率

35. 一部电影经过压缩比为 150∶1 的压缩技术压缩后大小是 150MB，那么该部电影在压缩前的大小为（　　　）。

    A. 10000MB   B. 15000MB   C. 30000MB   D. 22500MB

36. 以下选项中，（　　　）一般可以使用有损压缩的方法进行压缩。

    A. 文本数据   B. 程序代码   C. 电子邮件   D. 视频

37. 图灵机是（　　　）。

    A. 一款新型计算机   B. 一个抽象的计算模型

    C. 一种单片机   D. 一款电器

38. 冯·诺依曼计算机中运算器的功能是进行（　　　）。

    A. 加法运算   B. 算术运算和逻辑运算

    C. 四则混合运算   D. 字符处理运算和图像处理运算

39. 以下关于冯·诺依曼计算机的说法中，错误的是（　　　）。

    A. 计算机由控制器、运算器、存储器、输入设备和输出设备 5 个部件构成

    B. 确定了计算机采用二进制

    C. 计算机按照程序规定的顺序将指令从存储器中取出，并逐条执行

    D. 以输入和输出设备为中心

40. 为解决某一特定问题而设计的有序指令的集合称为（　　　）。

    A. 指令集   B. 算法   C. 程序   D. 集合

41. 一条计算机指令包括（　　　）和操作数两部分信息。

    A. 操作码   B. 程序   C. 算法   D. 命令

二、简答题

1. 简述集成电路的基本思想。

2. 简述元器件的发展规律。

3. 简述计算机中采用二进制的优点。

4. 假定一个数在机器中占 8 位，分别计算+33 和–33 的原码、反码、补码。

5. 简述数据压缩的定义及其性能指标。

6. 简述图灵机的基本思想。

7. 简述图灵测试的主要内容。

8. 简述冯·诺依曼计算机系统结构。

9. 简述计算机指令的执行过程。

第4章 计算机硬件系统

现代计算机系统由硬件、软件、网络和数据组成。

（1）硬件：构成计算机系统的物理实体，是看得见摸得着的实物。

（2）软件：控制硬件按照指定要求进行工作的由有序命令构成的程序的集合，它看不见摸不着，却连接和控制一切，是计算机系统的灵魂。

（3）网络：将个人与世界互连互通，连接无尽的开发资源。

（4）数据：软件和硬件处理的对象，是信息社会关注的核心。

本章主要讲述微型计算机结构及其硬件组成。

4.1 微型计算机结构

现代微型计算机沿用冯·诺依曼计算机系统结构，以 CPU 为核心，配以内存（主存储器）、输入/输出（Input/Output，I/O）接口和输入/输出设备等，其典型结构如图 4-1 所示。

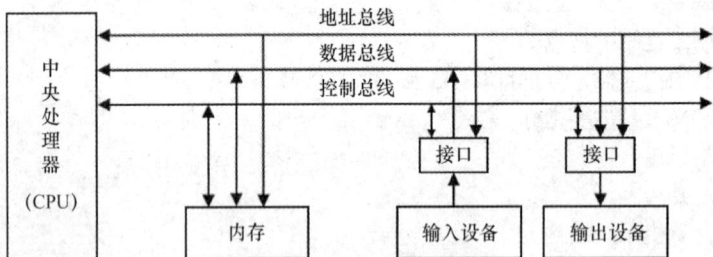

图 4-1　微型计算机结构

总线是连接 CPU、内存和各个 I/O 接口模块的数据通路，是各模块之间传递数据的通道，分为以下 3 类。

（1）地址总线（Address Bus，AB）：用于传输数据、程序在内存中的地址、外设的地址编码。

（2）数据总线（Data Bus，DB）：用于传输数据和程序。

（3）控制总线（Control Bus，CB）：用于传输指令的操作码。

CPU 和内存之间通过总线频繁地进行取指令、取数据、存结果的操作，内存和外设之间也通过总线进行数据传输。CPU、内存和输入/输出设备称为计算机的三大核心部件。

4.2 微型计算机硬件组成

微型计算机的硬件主要有主板、微处理器、存储器、输入设备和输出设备等。

4.2.1　主板

主板是一块电路板。计算机主板如图 4-2 所示，其中一般有 BIOS（Basic Input/Output System，基本输入输出系统）芯片、I/O 控制芯片、键盘和面板控制开关接口、指示灯插接件、扩充插槽、主板及扩展卡的直流电源供电插接件等。计算机通过主板上的地址总线、数据总线、控制总线传递地址流、数据流、控制流信息。

主板采用开放式结构，可以插入 CPU 和内存。主板上有多个扩展插槽，可以插接计算机外设的控制卡（适配器）。通过更换这些扩展卡，可以局部升级计算机的子系统，使厂商和用户在配置机型方面有更大的灵活性。

▶提示

通过在主板上设计电路和接口连接各种设备的方法，目前广泛应用在计算机、手机及家电等各种设备的设计中，图 4-3 所示为手机主板。

图 4-2　计算机主板示例　　　　　　　图 4-3　手机主板示例

4.2.2　微处理器

微处理器一般是一块超大规模集成电路，是计算机的核心，通常是指计算机、手机等设备中的 CPU，如图 4-4 所示。CPU 主要包括控制器、运算器、寄存器及高速缓冲存储器（Cache，简称高速缓存、缓存），它们相互配合、协调工作，其中寄存器是存放临时数据的器件。

▶提示

国产龙芯 CPU 包括龙芯 1 号、龙芯 2 号、龙芯 3 号 3 个系列 CPU 和龙芯桥片等。龙芯 3 号系列的龙芯 3A5000 是面向个人计算机、服务器等领域的通用 CPU，龙芯 3C5000 是面向服务器领域的通用 CPU。

1．CPU 的主要性能指标

CPU 的主要性能指标有主频、字长、内核数、高速缓存、芯片制程等。

（1）主频。主频就是 CPU 的时钟频率，也是 CPU 内核的工作频率，它标识 CPU 的运算速度，一般以 MHz 和 GHz 为单位。GHz 表示 1s 内有 10 亿个周期。周期是 CPU 工作的最小时间单位，CPU 进行的每一项活动都以周期来度量。主频决定计算机的运算速度，主频越高，运算速度越快。目前的 CPU 主频已经达到 4GHz 或更高。龙芯 3 号系列的龙芯 3A5000 的主频为 2.5GHz。

图 4-4　CPU

（2）字长。字长是 CPU 能一次直接处理的二进制数据的位数，它决定计算机的运算能力，字长越长，运算能力越强，运算精度越高。字长还决定计算机的寻址能力，字长越长，寻址能力越强，计算机能存储的数据也越多。

字长为 32 位的 CPU，能同时处理 32 位二进制数据，称为"32 位处理器"。目前，64 位字长的 CPU 已经普及。龙芯 1 号系列的 CPU 字长是 32 位，龙芯 3 号系列的 CPU 字长是 64 位。

（3）内核数。CPU 的主频提高到一定程度后很难继续提高，CPU 的运算速度将遇到瓶颈，为此可以在一个 CPU 内集成多个内核，通过多核并行处理来提高运算能力。内核数是评价 CPU 性能的另一个重要指标。龙芯 3A5000 集成 4 个内核，龙芯 3C5000 集成 16 个内核。

（4）高速缓存。CPU 中的高速缓存一般与 CPU 同频工作，处理速度远远高于内存。在实际工作时，CPU 提前将可能使用的数据块读入高速缓存，之后直接从高速缓存中读取数据，从而显著提高 CPU 的运行效率。CPU 的高速缓存大小是 CPU 的重要性能指标之一。由于 CPU 面积和成本受限，CPU 中的高速缓存一般很小。

龙芯 3A5000 有 16MB 三级缓存，龙芯 3C5000 有 32MB 三级缓存。

（5）芯片制程。芯片制程是指芯片中单个晶体管栅极的最小宽度，从最初的 0.35μm、0.25μm、0.18μm、0.13μm，到纳米级别的 90nm、65nm、45nm、32nm、14nm、7nm、5nm。更小的芯片制程意味着单位面积有更多晶体管、功耗更低、性能更高。

表 4-1 对 3 款 CPU 的参数进行比较，以便读者进一步了解 CPU 的性能指标。

表 4-1　CPU 参数比较

参数	Intel 酷睿 i7-13700K	AMD Ryzen 5 5600X	龙芯 3A5000
主频	3.4GHz	3.7GHz	2.5GHz
字长	64 位	64 位	64 位
内核数	16 核	6 核	4 核
高速缓存	30MB	32MB	16MB
芯片制程	10nm	7nm	14nm

2. 国外 CPU 的发展

1971 年，Intel 公司的工程师霍夫发明了第一个商用的 4 位 CPU Intel 4004，如图 4-5（a）所示。Intel 4004 集成 2300 多个晶体管，主频为 108kHz。

1972 年，Intel 公司发布 8 位 CPU Intel 8008，如图 4-5（b）所示。Intel 8008 集成晶体管 3500 个，主频为 0.5MHz/0.8MHz。

之后出现了 16 位、32 位和 64 位 CPU，集成几千万到几亿个晶体管，主频达到 4GHz。图 4-5（c）所示为 Intel 第四代酷睿（Core）i7。

此外，市场上常见的还有 AMD 公司的系列 CPU。

（a）Intel 4004　　　　（b）Intel 8008　　　　（c）Intel 酷睿 i7

图 4-5　Intel CPU

3. 国产 CPU 的发展

2002 年 8 月诞生的龙芯 1 号是我国拥有自主知识产权的通用高性能 CPU。自 2001 年以来，龙芯中科公司共开发了龙芯 1 号、龙芯 2 号、龙芯 3 号 3 个系列 CPU 和龙芯桥片系列，它们在政企、安全、金融、能源等领域得到广泛应用。

图 4-6（a）所示的龙芯 1 号系列 CPU 为 32 位低功耗、低成本 CPU，主要面向低端嵌入式和专用领域；图 4-6（b）所示的龙芯 2 号系列 CPU 为 64 位低功耗单核或双核 CPU，主要面向工控和终端等领域；图 4-6（c）所示的龙芯 3 号系列 CPU 为 64 位多核 CPU，主要面向个人计算机和服务器等领域。

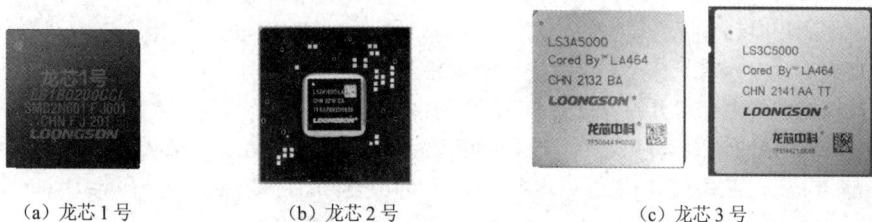

(a) 龙芯 1 号　　　　(b) 龙芯 2 号　　　　(c) 龙芯 3 号

图 4-6　龙芯系列 CPU

在移动终端 CPU 领域，海思半导体公司从 2013 年开始出品麒麟系列 CPU。

2019 年发布的麒麟 990 系列 CPU 如图 4-7（a）所示，其基于 7nm 芯片制程，采用 2 个 A76 2.86GHz 超大核+2 个 A76 2.09GHz 大核+4 个 A55 1.86GHz 小核的 8 核设计，最高主频可达 2.86GHz。

2020 年发布的麒麟 9000 CPU 如图 4-7（b）所示，其基于 5nm 芯片制程，采用 1 个 A77 超大核+3 个 A77 2.54GHz 大核+4 个 A55 2.04GHz 小核的 8 核设计，最高主频可达 3.13GHz。

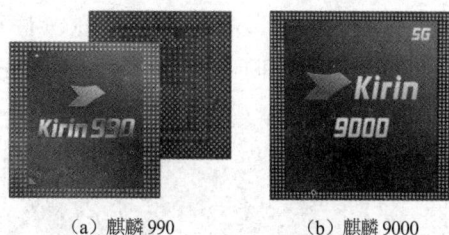

(a) 麒麟 990　　　(b) 麒麟 9000

图 4-7　麒麟系列 CPU

▶提示

除了龙芯和麒麟系列 CPU，我国自主研发和生产的 CPU 还有飞腾、申威、兆芯、海光、鲲鹏等。

我国在半导体领域起步较晚，因此整个集成电路行业的发展水平与国际先进水平仍有较大差距，但是国内整个集成电路行业的市场规模十分庞大。基于产业发展的需要，我国在进口芯片的同时，正在加强芯片的自主研发和芯片生产设备的研发，提升芯片设计和生产制造能力。

4.2.3　存储体系

随着 CPU 的运算速度不断加快，计算机需要存储和处理的数据量越来越大，对存取速度的要求也越来越高。计算机对存储的要求是容量足够大，越大越好；读取速度足够快，越快越好，以满足 CPU 运算速度的需要；价格足够低，越便宜越好；存储的时间足够长，越久越好。

限于制造工艺、精度、价格等因素，计算机的存储体系采用"速度、容量、价格的优化组合"的思维模式，包括寄存器、内存、高速缓存、外存。

1．寄存器

寄存器是 CPU 中的高速存储器，如图 4-8 所示，包括通用寄存器、专用寄存器和控制寄存器，可用来暂存指令、数据和地址，其容量是

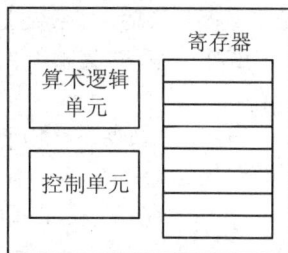

图 4-8　CPU 中的寄存器

有限的。寄存器与 CPU 采用相同的制造工艺，速度可以与 CPU 完全匹配。

CPU 在处理内存中的数据时，往往先把数据从内存读取到寄存器中，之后再做处理。

2．内存

内存是可按地址访问的存储器，又称主存储器（简称主存），它是一种半导体芯片，如图 4-9 所示。CPU 可以直接读写内存，内存的处理速度和容量直接影响计算机的整体性能。内存分为随机存储器（Random Access Memory，RAM）和只读存储器（Read-Only Memory，ROM）。

（1）RAM 可以按照地址访问，既可以读也可以写，断电后数据会丢失。

计算机中的程序和数据必须先读入内存，才可以被 CPU 读写和处理。内存容量反映了计算机的运算和处理能力，内存容量越大，计算机性能越好。

目前计算机中的内存常见的容量有 4GB、8GB、16GB 等。

目前典型的 RAM 有静态随机存储器（Static Random Access Memory，SRAM）、动态随机存储器（Dynamic Random Access Memory，DRAM）、同步动态随机存储器（Synchronous Dynamic Random Access Memory，SDRAM）。

（2）ROM 可按地址访问，只能读不能写，断电后数据不丢失。

ROM 具有永久存储的特点，其中的信息必须事先写入，之后只能读不能写，其容量非常小。

ROM 分为掩膜 ROM、可编程 ROM、可擦可编程 ROM 和电擦除可编程 ROM。主板上的 BIOS 芯片使用的是电擦除可编程 ROM，如图 4-10 所示，通常存放启动计算机所需的用于基本输入输出的程序和数据。

图 4-9　内存

图 4-10　主板上的 BIOS 芯片

3．高速缓存

由于 CPU 的处理速度远超过内存，因此 CPU 经常处于等待状态。这影响系统的整体处理能力。

据统计，CPU 经常会读取同一数据块或相邻的数据块，如果将这些数据块提前读入高速缓存，在需要时 CPU 就可以直接读写高速缓存，由于高速缓存的处理速度远高于内存，从而提高了数据的存取速度，如图 4-11 所示。

在实际工作时，高速缓存容量的增大，可以大幅度提升从高速缓存读取数据的命中率，CPU 不用再到内存或硬盘上寻找和读取数据，从而提高系统的整体性能。

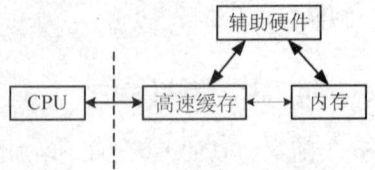

图 4-11　高速缓存原理示意

高速缓存可以集成在主板上、CPU 上或 CPU 内核上。一般将高速缓存分为一级、二级、三级缓存。

（1）一级缓存一般集成在 CPU 内核上。在多核 CPU 时代，高速缓存直接制作在 CPU 内核上，速度最快。

（2）二级缓存一般也集成在 CPU 内核上。根据 CPU 型号不同，二级缓存有的是和一级缓存一样的片上缓存，有的是多核共享二级缓存。

（3）三级缓存可以集成在主板上或 CPU 上，一般是共享的。

4．外存

外存用来永久存储程序和数据，断电时数据也不会丢失。外存包括硬盘、光盘、U 盘和存储卡等。

（1）机械硬盘

机械硬盘是在硬质合金盘片表面涂上磁性物质，通过读写磁头读写磁性物质进行数据的读取和写入，其结构如图 4-12 所示。机械硬盘由若干个盘片和读写臂组成，读写臂上有读写磁头。一个盘片被划分为若干个同心圆，每个同心圆称为一个磁道，所有盘片上的半径相同的磁道构成一个柱面，每个磁道又被分为若干个扇形区域，称为扇区。一个扇区可以存储 512 字节数据。

在读写数据时，读写臂沿着盘片径向移动，将读写磁头定位在所要读写的磁道上，这称为寻道。接着，盘片绕主轴高速旋转，当读写磁头找到所要读写的扇区时，开始读写和传输数据。

机械硬盘的读写时间包括寻道时间、旋转时间和传输时间。因为是机械操作，所以以读写速度较慢。在硬盘中，一个大文件最好存储在连续的扇区中，这样在读写时可以连续读写，减少寻道时间和旋转时间，从而提高读写的速度。如果一个文件碎片较多，那么读写速度会显著减慢。

1956 年出现的 IBM 350 硬盘，高 173cm、宽 152cm，被当时的人们称为"神奇的机柜"，如图 4-13 所示。尽管它的尺寸很大，但只有 5MB 的存储空间。

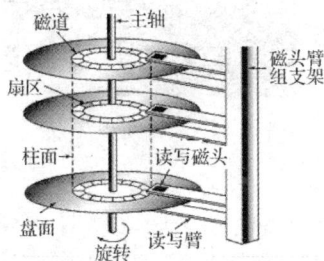

图 4-12　机械硬盘结构

图 4-13　IBM 350 硬盘

机械硬盘的性能指标如下。

① 尺寸：3.5 英寸（1 英寸=2.54cm）的机械硬盘如图 4-14 所示，常用于台式计算机（简称台式机）；2.5 英寸的机械硬盘如图 4-15 所示，常用于笔记本电脑。

② 容量：目前机械硬盘的容量一般为几百 GB 到几 TB。

③ 转速：机械硬盘的转速越高，读写越快。常见的硬盘转速有 5400r/min 和 7200r/min。

（2）固态硬盘

固态硬盘（Solid State Drives，SSD）如图 4-16 所示，是用固态电子存储芯片阵列制成的硬盘，由控制单元和存储单元（Flash 芯片、DRAM 芯片）组成。

图 4-14　3.5 英寸机械硬盘

图 4-15　2.5 英寸机械硬盘

图 4-16　固态硬盘

固态硬盘性能优于机械硬盘，速度更快。固态硬盘的读写速度可以达到 500MB/s，而机械硬盘的速度最多 100MB/s。但是，固态硬盘普遍比机械硬盘容量小，价格贵。

（3）移动硬盘

移动硬盘（Mobile Hard Disk）是以硬盘为存储介质，用于在计算机之间交换大量数据，强调便携性的存储产品，如图 4-17 所示。移动硬盘多采用 USB 接口，可以用较高的速度与系统进行数据传输。移动硬盘具有体积小、容量大、速度高、使用方便和可靠性高的特点。目前，市场中的移动硬盘有几百 GB 到十几 TB 的容量。

（4）光盘

光盘是利用激光原理进行读写的设备。光盘需要通过光驱来进行读写，如图 4-18 所示。

光盘的特点是容量大、成本低、稳定性好、使用寿命长、便于携带。光盘有不可擦写光盘，如 CD-ROM（容量为 700MB）、DVD-ROM（容量为 4.7GB）、Blue-ray Disc（容量为 25GB）等；还有可擦写光盘，如 CD-RW、DVD-RAM 等。

（5）软盘

软盘（Floppy Disk）是个人计算机中最早使用的可移动外存，如图 4-19 所示。软盘的读写通过软驱完成。软盘包括 3.5 英寸的 1.44MB 软盘和 5.25 英寸的 1.2MB 软盘。目前，软盘已经基本不再使用。

图 4-17　移动硬盘

图 4-18　光盘与光驱

图 4-19　软盘

（6）U 盘和存储卡

U 盘，全称为 USB 闪存盘，如图 4-20 所示，是一种不需要物理驱动器的微型高容量移动存储产品，通过 USB 接口与计算机连接，可以即插即用。U 盘的优点是小巧、便于携带、存储容量大、价格便宜、性能可靠。U 盘一般可以提供几 GB 到几 TB 的容量。

存储卡是用在手机、数码相机、便携式计算机和其他数码产品上的独立存储介质，一般是卡片的形态，如图 4-21 所示。

图 4-20　U 盘

图 4-21　存储卡

写保护口用于控制软盘、U 盘、存储卡等可移动外存的"只读/可改写"状态，当其处于写保护状态时，只能读取不能写入。写保护口可以防止误删除、误格式化，以及病毒感染等。

5．存储设备的特点

CPU 中寄存器的数量少，存取速度最快；内存的存储容量小，存取速度快，内存只能临时保存数据；硬盘的存储容量大，存取速度慢，硬盘可以永久保存数据。CPU 可以直接存取内存中的数据，而不能读取硬盘数据；CPU 通过高速缓存提高内存与 CPU 之间的数据传输速率，从而显著提高系统的整体性能；硬盘中的数据必须先读入内存，才能被 CPU 读取和处理。各种移动存储设备提供了转移数据的可能。

计算机通过不同性能的存储资源的优化组合，解决存储设备之间工作效率匹配和协同问题，从而提高系统的工作效率。存储设备一直朝着容量越来越大、速度越来越快、价格越来越便宜、可靠性越来越高的方向发展。

4.2.4　输入设备和输出设备

输入设备用于使计算机感知外部世界的信息；输出设备用于将计算机的处理结果呈现给外部世界。输入设备和输出设备是计算机与外界交换信息的工具，也是人和计算机进行交互的工具。

1．穿孔纸带

穿孔纸带是计算机最早期的输入和输出设备，如图 4-22 和图 4-23 所示。它将程序和数据转换为二进制编码，有孔为 1，无孔为 0，通过光电扫描完成输入。

1725 年，法国机械师布乔（Bouchon）提出"穿孔纸带"构想。1805 年，法国机械师杰卡德（Jacquard）完成了"自动提花编织机"设计，实现了 0 和 1 编码的信息输入。

穿孔纸带作为输入和输出设备直观性差，操作难度大，对使用者的要求较高。

图 4-22　穿孔纸带

图 4-23　穿孔纸带的使用

2．键盘

键盘是主要的输入设备，使用者通过键盘可以将英文字母、数字、标点符号等输入计算机，从而向计算机发出命令、输入数据等。

1868 年，美国人肖尔斯（Sholes）发明了沿用至今的键盘，如图 4-24 所示。

图 4-24　键盘

3．鼠标

鼠标是一种常用的输入设备，它可以对当前屏幕上的鼠标指针进行定位，并通过按键和滚轮装置对鼠标指针所经过位置的屏幕元素进行操作。

1964 年，美国人道格拉斯·恩格尔巴特（Douglas Engelbart）发明了鼠标，如图 4-25 所示，它实现了图形点输入，促进了图形化计算机的发展，使计算机的操作更加简便。

按照结构可将鼠标分为机械鼠标和光电鼠标。机械鼠标（滚球鼠标）如图 4-26 所示，主要由滚球、辊柱和光栅信号传感器组成。光电鼠标如图 4-27 所示，它通过红外线或激光检测鼠标的位移，将位移信号转换为电脉冲信号，再通过程序的处理和转换来控制屏幕。

图 4-25　早期的鼠标　　　　　图 4-26　机械鼠标　　　　　图 4-27　光电鼠标

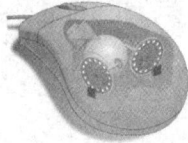

4．扫描仪

扫描仪是利用光电技术和数字处理技术，以扫描方式将纸质文档、图形或图像内容转换为数字信息的装置。从图片、照片、胶片到各类文稿资料，都可以用扫描仪输入计算机，进而对相关数据进行处理、管理、使用、存储、输出等，配合光学字符识别（Optical Character Recognition，OCR）软件还能将扫描的文稿转换成文本形式。

按照扫描方式，扫描仪分为滚筒式扫描仪（见图 4-28）、平面扫描仪（见图 4-29）和笔式扫描仪等。

5．手写笔

手写笔可以在手写识别软件的配合下输入中文和西文，使用者不需要学习其他的输入法就可以轻松地输入文字。手写笔还具有鼠标的作用，可以代替鼠标操作，并可以作画。

如图 4-30 所示，手写笔一般包括两部分：与计算机相连的写字板、在写字板上写字的笔。

图 4-28　滚筒式扫描仪　　　　图 4-29　平面扫描仪　　　　图 4-30　手写笔

6．显示器与显卡

显示器（Display）也称为监视器，是一种将信息通过特定传输设备显示到屏幕上再反射到人眼的显示工具，它是计算机的基本输出设备。

根据制造材料的不同，显示器可分为阴极射线管（Cathode Ray Tube，CRT）显示器（见图 4-31）、液晶显示器（Liquid Crystal Display，LCD）（见图 4-32）、发光二极管（Light Emitting Diode，LED）显示器（见图 4-33）。其中，LED 显示器色彩鲜艳、动态范围广、亮度高、寿命长、工作稳定可靠，成为目前的主流显示器。

图 4-31　CRT 显示器　　　　图 4-32　LCD 显示器　　　　图 4-33　LED 显示器

显卡（Video Card，Graphics Card）又称显示适配器，如图 4-34 所示，它的主要作用是将计算机中的信息转换成显示器能够接受的形式并输出到显示器上显示。同时，显卡还具有图像处理能力，可协助 CPU 进行计算等工作，从而提高系统整体的运行速度。

图 4-34　显卡

显卡的主要性能指标如下。

（1）图形处理单元（Graphics Processing Unit，GPU）的核心频率：频率越高性能越强。

（2）显存的容量：显存是显卡上用来存储图形图像的存储器，越大越好。

（3）显存的位宽：显存一个时钟周期传送的数据的位数（如 128 位、192 位、256 位），越高越好。

显卡可分为集成显卡和独立显卡。

集成显卡是将显示芯片、显存及其相关电路都集成在主板上的显卡，一般集成显卡的显示效果与处理性能相对较弱。

独立显卡将显示芯片、显存及其相关电路单独做在一块电路板上，自成一体，它通过主板的扩展插槽连接主板。独立显卡不占用系统内存，一般性能较高。

7. 打印机

打印机是输出设备，将计算机的运算结果以人能识别的数字、字母、符号、图形等按照规定的格式打印在纸上。

目前常用的打印机包括针式打印机、喷墨打印机、激光打印机等。

（1）针式打印机：通过打印头的针击打色带，在纸上打印文字和图形等，如图 4-35 所示。针式打印机打印质量差、噪声高、成本低，目前经常用于票单打印。

（2）喷墨打印机：将彩色液体油墨经喷嘴变成细小微粒喷到打印纸上，如图 4-36 所示。喷墨打印机经常用于打印照片、文本等。

（3）激光打印机：利用激光扫描技术和电子照相技术进行打印输出，如图 4-37 所示。激光打印机有打印速度快、成像质量高等优点，经常用于打印各类文档，是目前主流的办公用打印机。

图 4-35　针式打印机　　　　图 4-36　喷墨打印机　　　　图 4-37　激光打印机

8. 3D 打印机

3D 打印机如图 4-38 所示，是一种采用快速成形技术的机器，属于输出设备。它以数字模型文件为基础，运用特殊蜡材、粉末状金属或塑料等可黏合材料，通过打印一层层的可黏合材料来制造三维物体。

3D 打印技术经常用于机械制造、工业设计、建筑、工程和施工等领域。

9. 音频设备与声卡

用于输入的音频设备主要有话筒等，用于输出的音频设备主要有音箱、耳机等。

声卡又称声音适配器，它是实现声波信号、数字信号相互转换的一种硬件，如图 4-39 所示。声卡的基本功能是把来自话筒等设备的原始声波信号转换成数字音频，保存在计算机中；将计算机中的各种数字音频转换为模拟声波输出到音箱、耳机等设备上，或通过乐器数字接口（Music Instrument Digital Interface，MIDI）使乐器发出声音。

图 4-38　3D 打印机

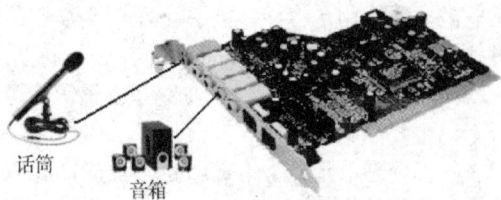

话筒　音箱

图 4-39　声卡

10. 触摸屏

触摸屏是一种可接收手指接触信号的感应式显示装置。触摸屏作为输入输出设备，是简单、方便、自然的一种人机交互设备。它赋予多媒体崭新的面貌，是极富吸引力的多媒体交互设备。

触摸屏经常用于公共信息查询、多媒体教学等场景（见图 4-40），也用于手机屏幕等。

图 4-40　触摸屏

> ▶提示
>
> 　　输入设备越来越丰富，使用越来越简单，人们可以通过键盘输入文字，通过鼠标进行定位，通过扫描仪、手写笔、触摸屏等输入图形，通过音频设备和声卡输入声音。输出设备的发展围绕人类的感觉，如视觉、听觉、触觉等，这使计算机与人的交互越来越简单，操作越来越方便，输出效果越来越好。

4.2.5　接口

在计算机中，接口是两个独立的部件进行信息交换的共享边界。这种交换可以发生在计算机软件、硬件、外部设备（简称外设）和进行操作的人之间。

现代计算机中有很多种标准化的硬件接口，接口一般包括插槽和插头两部分，每一种接口标准都规定了相关参数，如尺寸规格、引脚数、电压、电流等，使一种接口标准的插头不能插入另一种接口标准的插槽，从而避免出错和电器故障。

图 4-41 所示为主板电源接口，内存、CPU、显卡、声卡等也都有各自的专用接口。图 4-42 所示为计算机主板上的各种输入/输出设备的接口，用于连接键盘、鼠标、显示器、音箱和话筒等外部设备。

图 4-41　主板电源接口

图 4-42　主板输入/输出设备接口

1. 硬盘接口

硬盘接口是硬盘与主板间的连接部件，在硬盘和主机内存之间传输数据。硬盘接口决定硬盘与计算机之间的数据传输速率，在整个系统中，硬盘接口的优劣直接影响系统性能。

硬盘接口分为 IDE（Integrated Drive Electronics，集成驱动电子设备）接口、SATA（Serial Advanced Technology Attachment，串行先进技术总线附属）接口、SCSI（Small Computer System Interface，小

型计算机系统接口）、光纤通道（Fiber Channel）等。

（1）IDE 接口也称为 ATA 接口，如图 4-43 所示。它使用一条 40 芯电缆与主板进行连接，多用于台式计算机连接硬盘，也可用于连接光驱，现已被淘汰。

（2）SATA 接口的特点是结构简单、支持热插拔、传输快、执行效率高，如图 4-44 所示。与 IDE 接口相比，SATA 接口线缆更细、传输距离更远、传输速率也更高。

（3）SCSI 是一种用于计算机和外围设备进行物理连接及传输数据的智能通用接口。它能与多种类型的外围设备（硬盘、软驱、光驱、打印机、扫描仪等）进行通信，如图 4-45 所示。SCSI 可靠性高，可以长期运转，速度快，支持多设备，支持热插拔，常用于服务器连接硬盘。

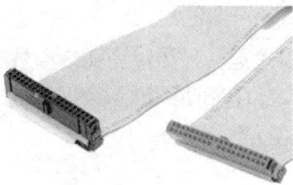

图 4-43　IDE 接口　　　　图 4-44　SATA 接口　　　　图 4-45　SCSI

（4）光纤通道利用光纤形成高速通道，能提高多硬盘存储系统的速度和灵活性。光纤通道的主要特性有可热插拔、高速带宽、远程连接、连接设备数量多等。光纤通道价格昂贵，一般只用在高性能服务器上。

2．USB 接口

USB 接口支持即插即用，被广泛地应用于个人计算机、移动设备及通信产品。USB 接口的优点是支持热插拔、携带方便、标准统一、可以连接多个设备。

如图 4-46 所示，常见的 USB 接口包括 Type-A、Type-B、Type-C、mini USB、micro USB 等。

3．PCI 和 PCI-E 接口

PCI（Peripheral Component Interconnect，外设部件互连）接口是个人计算机中广泛使用的接口，几乎所有的主板产品上都带有这种接口。PCI 接口的特点是结构简单、成本低，但由于 PCI 总线只有 132MB/s 的带宽，虽然对声卡、网卡、视频卡等绝大多数输入/输出设备绰绰有余，但对性能日益强大的显卡则无法满足需要。

PCI-E（PCI Express，外设部件高速互连）接口是 Intel 公司推出的用于取代 PCI 接口的技术，称为第三代 I/O 总线技术。PCI-E 接口根据总线位宽不同而有所差异，包括 X1、X4、X8、X16 及 X32，从 1 条通道连接到 32 条通道连接，伸缩性强，可以满足不同设备对数据传输带宽的需求。PCI-E X1 主要用于主流声效芯片、网卡芯片和存储设备。由于图形芯片对数据传输带宽要求较高，因此图形芯片必须采用 PCI-E X16。

PCI 和 PCI-E 接口如图 4-47 所示。

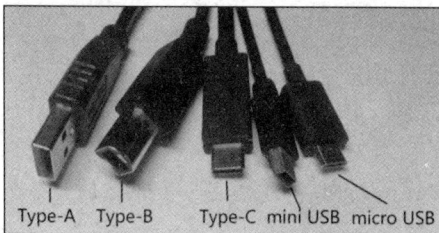

图 4-46　常见的 USB 接口

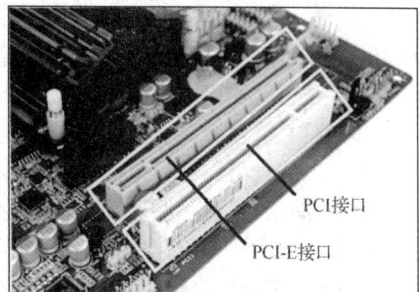

图 4-47　PCI 和 PCI-E 接口

4. 图形显示接口

常用的图形显示接口有 VGA 接口、DVI 接口和 HDMI，如图 4-48 所示。

（1）VGA（Video Graphic Array，视频图形阵列）接口是使用模拟信号的计算机输出数据的专用接口。VGA 接口共有 15 针，分成 3 排，每排 5 个孔，是显卡上较常见的接口。

（2）DVI（Digital Video Interactive，数字视频交互）是一种高速传输数字信号的技术，有 DVI-A、DVI-D 和 DVI-I 3 种不同的接口形式。DVI-A 只有模拟接口，DVI-D 只有数字接口，DVI-I 有数字和模拟接口，目前计算机主要采用 DVI-I 接口。

图 4-48　图形显示接口

（3）HDMI（High Definition Multimedia Interface，高清多媒体接口）是一种传输高清晰度数字视频和数字音频的接口。传统接口无法满足高清视频的传输速率需求，而 HDMI 的最高数据传输速率为 2.25Gbit/s，完全可以满足高清视频的传输速率需求，同时还支持 3D 数据格式。

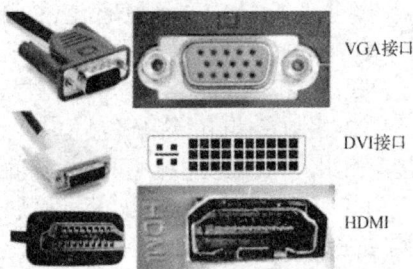

4.3　选购计算机的策略

在掌握计算机硬件的相关常识后，读者可以根据本人的需求和预算，选购适合自己的计算机，主要策略如下。

1. 准备工作

在选购计算机之前，要做好以下几项准备。

（1）确定自己的预算。

（2）明确计算机的主要用途和相关需求。

（3）选择所需要的外设。

根据本人对计算机的需求和预算，选择最适合自己需要的计算机。切忌盲目追求高配置，高配置虽然可以带来高性能，但是往往会超出预算，造成浪费。

2. 选择机型

根据用户使用计算机的环境不同，可以分为以下 3 种情况。

（1）计算机摆放位置基本固定且空间充裕。对于此种情况，可以选择台式计算机。

（2）经常携带计算机异地办公和学习，要求体积小巧、便于携带，并且具有一定的处理能力。对于此种情况，可以选择笔记本电脑。

（3）对计算机的性能和存储空间要求不高，主要用于娱乐和上网等。对于此种情况，可以选择平板电脑。

3. 选兼容机还是品牌机

根据用户对计算机了解程度的不同，可以分为以下两种情况。

（1）具备计算机硬件基础知识，可以在日常使用中自行维护且预算有限。对于这种情况，可以选择购买或自行组装兼容机。兼容机的优点如下。

① 灵活性好。可以根据需要自行选择配件，非常灵活。

② 价格优势。没有品牌经营费用，因此价格比品牌机低。

③ 易于升级。可以自行选择配件，因此升级较为方便。

兼容机的缺点是无售后服务、需要自行组装、需要自行安装操作系统，后期需要自行维护和修理等。

（2）对计算机维修和保养知识了解较少，需要售后服务和保障，可以承担一定的售后服务费用。对于这种情况，可以选择购买品牌机。品牌机的优点如下。

① 稳定性好。品牌机采用批量采购的方式，其配件有保障、测试充分，有独立的组装车间。

② 售后服务好。品牌机有良好的售后服务。

③ 配套软件丰富。品牌机一般带有正版操作系统和常用正版软件。

品牌机的缺点是比兼容机贵、配置无法根据需要自行选择、很多具体配件的型号未知等。

4．操作系统的选择

根据用户对操作系统的要求不同，可以分为以下两种情况。

（1）需要经常进行图像编辑、视频剪辑和文字排版等工作。对于此种情况，可以选择 macOS 操作系统。

（2）主要进行办公处理、编程学习等。对于此种情况，可以选择银河麒麟操作系统、Windows 操作系统等。

5．主要考虑项目

购买台式计算机、笔记本电脑、平板电脑时，主要考虑以下项目。

（1）CPU：品牌、主频、内核数、高速缓存。

（2）内存：容量。

（3）硬盘：容量、是机械硬盘还是固态硬盘、机械硬盘的转速。

（4）显示器：尺寸、是集成显卡还是独立显卡、显存大小。

（5）保修：保修年限、送修方式等。

【例 4.1】 某学生刚入学，想要购买一台计算机，用于大学 4 年的学习。预算有限，4000 元左右；主要在宿舍使用，选择台式机；学习的专业是财务管理，主要进行办公处理；大学 4 年的学习查阅资料较多，硬盘容量要足够大。

根据该学生的需求和预算，该学生可选择某品牌龙芯机、某品牌 Intel 机或组装兼容机，具体配置如表 4-2 所示。

表 4-2　具体配置

部件	某品牌龙芯机	某品牌 Intel 机	组装兼容机
CPU	龙芯 3A5000，4 核，2.3～2.5GHz，16MB 缓存	Intel 酷睿 i5-7400，4 核，3GHz，6MB 缓存	Intel 酷睿 i7-7700，4 核，3.6GHz，8MB 缓存
内存	8GB	4GB	8GB
显卡	独立显卡 2GB	独立显卡 2GB	独立显卡 4GB
硬盘	256GB SSD	1TB 7200r/m	1TB 7200r/m+128GB SSD
显示器	23.8 英寸，LED	21.5 英寸，LED	21.5 英寸，LED
操作系统	银河麒麟桌面操作系统 V10	Windows 10 家庭版	银河麒麟桌面操作系统 V10
质保	全国联保，享受三包服务，质保期：3 年有限保修及 3 年上门服务	全国联保，享受三包服务，质保期：3 年有限保修及 3 年上门服务	整机无保修，各部件独立保修

4.4　人工智能与计算机硬件

4.4.1　人工智能服务器

人工智能（AI）服务器是指专门为人工智能应用而设计和优化的服务器，其硬件架构通常采用异构形式，如 CPU+GPU、CPU+FPGA 等组合。AI 服务器的主要特点包括高运算能力、大容量存储、高速数据传输、高效能耗比等，以满足人工智能算法对计算资源和数据存储的高要求。AI 服务器主要面向人工智能应用，如深度学习、机器学习、自然语言处理等。AI 服务器可以支持各种复杂的算法和模型训练，以及实时推理和数据分析等任务。

1．硬件配置

AI 服务器通常配备高性能的 CPU 和 GPU，CPU 负责执行通用计算任务，GPU 则专门用于处理大量的并行计算任务，如神经网络的训练和推理。此外，AI 服务器需要大内存和高速存储来支持大规模的数据处理与模型训练，因此通常配备大容量的内存（如 64GB、128GB 或更高）和读写速度更快的固态硬盘，以确保高效的数据访问和存储。

2. 软件优化

AI 服务器在软件方面也进行了针对人工智能应用的优化。AI 服务器可能预装了适用于人工智能算法的软件框架和库，如 TensorFlow、PyTorch 等，以及针对特定应用场景的深度学习优化工具，从而简化了开发过程并提高了算法性能。

3. 网络通信

AI 服务器在网络通信方面也有较高的要求。由于人工智能应用通常需要处理大量的数据，因此 AI 服务器需要具备高速、稳定的网络连接，以便在分布式计算环境中实现高效的数据传输和协同工作。

4. 散热设计

由于 AI 服务器需要处理大量的计算任务，因此其在工作时会产生大量的热量。为了确保 AI 服务器的稳定运行和延长使用寿命，AI 服务器在散热设计上也进行了优化，如采用高效的风扇、散热片和液冷技术等。

4.4.2 人工智能芯片

人工智能（AI）芯片就是专门用于处理人工智能应用中大量计算任务的处理器，主要包括 GPU、NPU（Neural network Processing Unit，神经网络处理单元）、FPGA（Field Programmable Gate Array，现场可编程门阵列）、ASIC（Application Specific Integrated Circuit，专用集成电路）等。CPU 是通用的处理器，用于执行各种计算任务，包括但不限于人工智能应用。

1. GPU

GPU 是一种专门在个人计算机、工作站、游戏机和一些移动设备上做图像和图形相关运算工作的微处理器。它一般具有多核并行计算的基础结构，可以支撑大规模的并行计算，访存速度高，浮点运算能力强，广泛用于深度学习中的大量数据训练、大量矩阵卷积运算等，是模型训练的核心硬件。GPU 的生产商主要有国外的 NVIDIA 和 AMD，国内的海思、摩尔线程、海光、景嘉微等。

NVIDIA Tesla T4 显卡（见图 4-49）搭载了专为高性能计算和深度学习设计的 GPU 加速器，最大单精度浮点运算性能达到 16.1TFLOPS（万亿次浮点运算每秒），配备了 320 个 Tensor Core，这些专用的硬件单元专为加速深度学习推理和混合精度计算而设计。Tensor Core 不仅提供了额外的浮点混合精度性能，还能显著提升 TensorFlow、PyTorch 等深度学习框架的计算效率。这使该显卡在支持人工智能应用时能够实现较快的推

图 4-49 NVIDIA Tesla T4 显卡

理速度和较高的模型准确性，因此其被广泛用于深度学习推理、数据中心与云计算等场景。

2. NPU

NPU 是一种利用电路模拟人类的神经元和突触结构来处理特定的任务的特殊处理器，CPU、GPU 需要用数千条指令完成的处理，NPU 只要一条或几条指令就能完成，因此在深度学习的处理效率方面，NPU 的优势很明显。

2019 年，华为公司发布商用的 AI 芯片——Ascend 910（昇腾 910）芯片（见图 4-50）。其半精度算力达到 320TFLOPS，整数精度算力达到 640TOPS（万亿次运算每秒），功率为 310W，采用 7nm+EUV（Extreme Ultra-violet，极紫外光刻）工艺和 32 核自研架构。该芯片广泛应用于实际的模型训练任务。

图 4-50 华为昇腾 910 芯片

3. FPGA 与 ASIC

FPGA 是可以重新编程以实现各种数字电路和功能的半导体器件。它允许设计人员在设备制造完成后修改其功能。FPGA 具有灵活性和适应性，以及开发周期短、可升级等特点，适合用于快速原型设计、设计迭代、低产量的特定应用软件开发。FPGA 广泛应用于通信、数字信号处理、视频图像处理、人工智能等领域。在人工智能领域，FPGA 以其灵活可编程的特性，能够在 AI 应用中提供高效的并行计算能力，加速深度学习模型的训练和推理过程。

ASIC 是针对特定应用定制设计的专门的集成电路，通过定制化设计提高性能、降低功耗和缩小外形尺寸，广泛用于消费电子、电信和网络、汽车、医疗、工业控制等领域。在人工智能领域，可以针对特定的人工智能算法对 ASIC 芯片进行优化设计，从而实现更高的效率和更低的功耗。

习题

一、单项选择题

1. 现代计算机系统由（　　　）、网络和数据组成。
   A. 硬件、软件　　　　B. 硬件、程序　　　　C. CPU 和内存　　　　D. CPU 和软件

2. 现代计算机结构中的总线不包括（　　　）。
   A. 地址总线　　　　B. 数据总线　　　　C. 控制总线　　　　D. 网络总线

3. （　　　）和输入/输出设备被称为计算机的三大核心部件。
   A. CPU、硬盘　　　　B. 内存、外存　　　　C. CPU、内存　　　　D. 硬件、软件

4. 计算机（　　　）是一块电路板，其中一般有 BIOS 芯片、I/O 控制芯片、键盘和面板控制开关接口、指示灯插接件、扩充插槽、主板及扩展卡的直流电源供电插接件等元器件。
   A. 显卡　　　　B. 声卡　　　　C. 主存　　　　D. 主板

5. "32 位计算机"中的 32 指的是（　　　）。
   A. 计算机型号　　　　B. 字长　　　　C. 内存容量　　　　D. 存储单位

6. 为了突破 CPU 的主频提高到一定程度遇到的瓶颈，可以采用（　　　）。
   A. 多内核　　　　B. 高速缓存　　　　C. 容量　　　　D. 内存

7. 计算机存储体系中，存取速度最快的是（　　　）。
   A. 内存　　　　B. 光盘　　　　C. 寄存器　　　　D. 硬盘

8. 以下关于存储体系的描述中，正确的是（　　　）。
   A. 内存存取速度比外存慢　　　　　　B. 寄存器数量一般较大
   C. 内存中的数据可以永久保存　　　　D. 外存中的数据可以永久保存

9. （　　　）只能读不能写，断电后数据不丢失。
   A. ROM　　　　B. RAM　　　　C. 硬盘　　　　D. U 盘

10. 计算机由于某种原因突然"死机"，重新启动后（　　　）将全部消失。
    A. ROM 和 RAM 中的信息　　　　　　B. ROM 中的信息
    C. 硬盘中的信息　　　　　　　　　　D. RAM 中的信息

11. 为了避免因 CPU 的处理速度远超过内存而使 CPU 经常处于等待状态，可以采用（　　　）。
    A. 高速缓存　　　　B. 多核　　　　C. 内存　　　　D. 硬盘

12. 以下关于硬盘的描述中，正确的是（　　　）。
    A. 7200r/min 的硬盘比 5400r/min 的硬盘存取速度快
    B. 硬盘一般比 U 盘的存取速度慢
    C. 硬盘一般比内存存取速度快
    D. 硬盘通过激光保存数据

13. 以下关于硬盘的描述中，正确的是（　　　）。
    A. 固态硬盘一般比机械硬盘的存取速度快
    B. 固态硬盘一般比机械硬盘存储数据的时间更长久
    C. 固态硬盘一般比机械硬盘价格便宜
    D. 固态硬盘的存储容量比机械硬盘大
14. 光盘驱动器通过（　　　）来读写光盘上的数据。
    A. 磁力线方向　　　　B. 激光　　　　　　C. 微波　　　　　　D. 声波
15. 处于写保护状态的 U 盘（　　　）。
    A. 只能读不能写　　B. 既可读又可写　　C. 只能写不能读　　D. 既不能读又不能写
16. 以下选项中，（　　　）不是输入设备。
    A. 键盘　　　　　　B. 鼠标　　　　　　C. 扫描仪　　　　　　D. 打印机
17. （　　　）接在计算机的主板上，将计算机的信息输出到显示器上显示。
    A. 显卡　　　　　　B. 声卡　　　　　　C. USB　　　　　　　D. 内存条
18. （　　　）是利用光电技术和数字处理技术，以扫描方式将纸质文档、图形或图像转换为数字信号的装置。
    A. 扫描仪　　　　　B. 手写笔　　　　　C. 显示器　　　　　D. 鼠标
19. 在某些计算机中，（　　　）使用手触摸屏幕上的菜单或按钮就能完成操作。
    A. 图像识别技术　　B. 指纹识别技术　　C. 触摸屏技术　　　D. 字符识别技术
20. （　　　）是实现声波信号、数字信号相互转换的一种硬件。
    A. 显卡　　　　　　B. 声卡　　　　　　C. 音箱　　　　　　D. 话筒
21. （　　　）是计算机系统中两个独立的部件进行信息交换的共享边界。
    A. 显卡　　　　　　B. 声卡　　　　　　C. 接口　　　　　　D. 总线
22. 以下选项中，（　　　）不是硬盘的接口。
    A. IDE　　　　　　B. SATA　　　　　　C. SCSI　　　　　　D. HDMI
23. （　　　）接口支持即插即用。
    A. IDE　　　　　　B. VGA　　　　　　C. USB　　　　　　　D. PCI
24. 以下选项中，（　　　）不是常用的图形显示接口。
    A. VGA　　　　　　B. DVI　　　　　　C. HDMI　　　　　　D. SATA

二、简答题

1. 简述 CPU 的组成及其主要性能指标。
2. 简述你对我国芯片产业发展的思考。
3. 简述计算机的存储体系。
4. 简述高速缓存的作用及其原理。
5. 简述计算机常用的输入和输出设备。
6. 简述接口的作用。
7. 简述 AI 服务器的主要硬件体系。
8. 简述 AI 芯片的主要种类及各自的特点。
9. 简述在购买计算机时，需要考虑的主要硬件及其性能指标。

三、实践题

　　某学生刚入大学，家里提供 5000～5500 元为他购买计算机。请根据该学生大学 4 年的学习需要，在进行市场调查后，给出合适产品的详细配置、型号及配件报价，并给出选择理由。

第**5**章 计算机软件系统

用户在使用计算机时，操作的对象包括软件、硬件、网络等。计算机软件是用户与硬件之间的接口，是在硬件和网络支持下计算机系统功能的体现和延伸。本章讲述软件与硬件的关系、操作系统、人工智能软件等计算机软件系统的相关知识。

5.1 软件系统概述

5.1.1 软件与硬件的关系

硬件由电子、机械、光电元器件等物理装置组成，是计算机系统中各种设备的总称，服务于计算机软件及网络。计算机硬件需要具备可视、可触摸等要素，是使用者看得见、摸得到的实体。

软件是保证计算机可以正常运行所需要的程序、文档以及数据的集合，是对硬件和网络的支撑，是计算机的灵魂。软件分为系统软件和应用软件两大类。

软件和硬件的关系如下。

（1）硬件是软件的载体，软件是硬件的灵魂，二者相互依存，缺一不可。

计算机如果只有硬件而无软件，仅是一些元器件的组合，则是无法使用的，我们通常称之为"裸机"。同样，如果没有硬件支持，软件只能存在于设计者的头脑中和纸面上，软件的功能是得不到验证与实现的。

（2）软件和硬件无严格界限，有时候功能可以互相替换。

科技的快速发展，使计算机的一些功能既可以由硬件实现也可以由软件实现，二者功能等同或近似，从一定程度上看，软件和硬件无严格界限。

一般而言，实现相同功能时，软件效率不如硬件，其速度较慢、稳定性略差。但是软件使用灵活，更新、加载、移除、融合等特性强于硬件，同时价格低廉。因此，对使用软件还是硬件，我们可以根据需要进行选择。

（3）软件和硬件协同发展。

随着计算机硬件技术的快速发展，很多以前只能存在于幻想中的设计得以实现，使人们可以想象和实现更多的软件功能，促进软件的发展。

反之，软件的发展也对硬件提出了更高的要求，从而推动电子、微电子、光电等硬件领域日新月异，出现了更快的处理器、更大的存储器、更高清的显示方式等。

综上所述，科技革新推动硬件向更轻小、低能耗、高速度、大容量、智能化以及生物化等方向发展，软件则向更丰富的功能、更专一的应用、更广泛的覆盖、更智能的服务等方向不断进化。

由此可见，硬件是计算机体系的基础，决定了计算机体系的下限；软件是上层建筑，决定计算机体系能达到的高度，是其上限。从现阶段人们的认知来看，上限没有止境！

5.1.2　系统软件

系统软件是管理和监控计算机软硬件资源、维护计算机运行、支持应用软件开发和运行的软件总和。

系统软件具有调度、监控、维护计算机系统的功能，使用户和其他应用软件能够将计算机当作一个整体，不需要考虑底层硬件。

1．操作系统

操作系统（Operating System）是管理和控制计算机所有软件、硬件资源的程序，是直接运行在"裸机"上的系统软件，为其他软件和硬件提供支持，是人与计算机之间的接口，如图5-1所示。

常见的操作系统有 Windows、UNIX、OS/2、Linux、macOS、银河麒麟、鸿蒙等。

图 5-1　操作系统的地位

2．语言处理程序

计算机能够直接处理的语言（二进制编码）和常用的人机交互语言（高级语言、结构化语言等）并不一致，因此需要通过语言处理程序进行转换。

高级语言包括 C、Pascal、C++、Java、Delphi、Python 等，这些语言的语法、命令格式各不相同。语言处理程序将人们编写的高级语言程序通过解释或编译的方式生成计算机可以直接执行的目标程序。

语言处理程序有汇编程序、编译程序（针对 C、C++等）、解释程序（针对 Python、VB 等）。

3．数据库管理系统

数据库管理系统（DataBase Management System，DBMS）是操纵和管理数据库的系统软件，用于建立、使用、管理和维护数据库资源。

数据库管理系统可以统一管理和控制数据库，保证数据库的安全性和完整性。

数据库管理系统的主要功能包括定义和操作数据库、共享数据的并发控制、保障数据安全等。

目前，主流的数据库管理系统分为关系型数据库管理系统和非关系型数据库管理系统。

常见的关系型数据库管理系统包括 Visual FoxPro、MS Access、DB2、Oracle、MySQL、SQLite等，常见的非关系型数据库管理系统（往往用于大数据处理）包括 MongoDB、HBase、CouchDB 等。

4．诊断程序

如同人们可能感冒、发烧、扭伤身体一样，计算机同样会"害病"。

诊断程序的功能是找到计算机存在的问题（如黑屏、蓝屏、死机、鸣叫等），判断计算机各部件能否正常工作。

诊断程序往往既可检测硬件故障，也可定位软件的错误。

例如，微型计算机在开机加电后，一般会先运行 ROM 中的一段自检程序，检查计算机系统是否正常，这段自检程序就是最简单的诊断程序。

5．服务性程序

服务性程序是一类辅助性程序，提供各种服务，包括用于程序的装入、链接、编辑、调试的装入程序、链接程序、编辑程序、调试程序，以及故障诊断程序、纠错程序等。

6．标准库程序

用户编制程序时，为了使用方便和重复利用，通常可将一些常用程序段按照标准格式预先编写调试成功，组成标准程序库。标准程序库中的程序就是标准库程序。

例如，Windows 操作系统中扩展名为"dll"的文件是动态链接库文件；stdio.h 是 C 语言中的标准输入/输出库函数文件；在 Python 中，用户可通过 import 命令引入其他模块或库的功能。

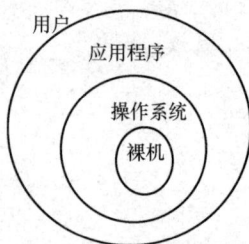

7．分布式软件系统

分布式软件系统（Distributed Software Systems）是支持分布式处理的软件系统，包括分布式操作系统、分布式程序设计语言及其编译（解释）系统、分布式文件系统和分布式数据库系统等。

分布式软件系统可以解决组织机构分散而数据需要相互联系的问题。例如，航空公司的总公司与各地分公司分别处于不同的城市，在业务上需要处理各自的数据，同时彼此间还要进行数据交换和处理，这时就需要使用分布式软件系统。另外，人们耳熟能详的云计算、云空间，就是分布式软件系统的典型应用。

8．人机交互系统

人机交互（Human-Computer Interaction，HCI）系统是用于人与计算机交互的软件系统，提供友好的界面来完成信息管理、服务和处理等功能，其应用示例如图 5-2 所示。

人机交互系统经历了 4 个发展阶段：基于键盘和字符显示器的交互、基于鼠标和图形显示器的交互、基于多媒体技术的交互、人机自然交互与通信。

图 5-2　人机交互系统应用示例

人机交互技术在现实中得到广泛应用，如智能语音、生物识别、手势识别、增强现实（Augmented Reality，AR）、虚拟现实（Virtual Reality，VR）、车载交互、智能客服等。

9．网络安全系统

网络安全系统能够保护计算机硬件、通信网络及设备、其他系统软件及应用软件、数据及用户权限等，使其免受恶意软件攻击，避免信息泄露、篡改及丢失，保障系统正常运转，保障用户利益。

5.1.3　应用软件

应用软件是为利用计算机解决某些特定问题而设计的程序的集合。由于需求的多样性和针对性，应用软件的呈现形式具有多样性。

应用软件种类繁多，包括图形图像处理软件、系统管理软件、文件管理软件、邮件处理软件、学习娱乐软件、即时通信软件、音频/视频工具软件、浏览器等。

5.2　操作系统

操作系统是计算机软件的核心和基础，对计算机系统的硬件和软件提供支持，所有应用软件都必须工作在操作系统上。

操作系统的主要功能包括进程管理、存储管理、磁盘和文件管理、设备管理。

5.2.1　进程管理

进程（Process）是计算机中的程序在某数据集合上的一次运行活动，是系统进行资源分配和调度的基本单位。进程属于正在运行的程序实体，包含这个运行的程序占据的所有系统资源，是操作系统进行资源分配和调度的基本单位。

打开 Windows 操作系统中的任务管理器，可以查看其中的进程列表，同一个程序在两次运行时会产生两个独立进程，如图 5-3 所示。

进程管理是对 CPU 进行调度、协调和分配，避免某一进程长期独占 CPU。其处理策略包括分时调度策略和多处理机调度策略等。

1. 分时调度策略

CPU 是计算机系统中最重要的资源。现代计算机系统为了提高系统的资源利用率，通常采用多道程序设计技术。

多道程序设计技术是指计算机中同时有多道独立程序穿插运行，两个或两个以上程序在计算机系统中同时处于开始到结束之间的状态，共享计算机系统资源。

为了避免同一进程长时间独占 CPU，可以采用分时调度策略为进程分配 CPU 时间，使每一个进程都得以运行。

系统将所有进程按先到先服务的原则排成一个队列，为每个进程分配一个时间段，这个时间

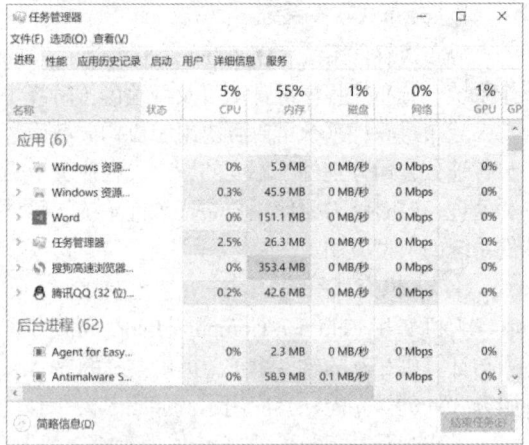

图 5-3　任务管理器中的进程列表

段称作时间片。如果在时间片结束时进程还在运行，则 CPU 将被分配给下一个进程。如果进程在时间片结束前阻塞或结束，则 CPU 会立即被分配给下一个进程。

如图 5-4 所示，进程队列中有进程 P1、P2、P3、…、Pn，每个时间片长度为 t，队列中的每个进程依次运行。因为时间片 t 足够小，所以每个进程都感觉自己在正常使用 CPU。

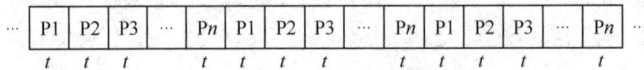

图 5-4　分时调度策略

2. 多处理机调度策略

现在的计算机往往具有多个处理机（CPU 内核、GPU 内核等），当执行一个计算量很大的任务时，采用多处理机协同工作可以有效缩短运算时间。

如图 5-5 所示，多处理机调度策略是指大计算量任务被划分成若干小计算量任务，由系统分配给各个 CPU 内核执行。各个小计算量任务被相应 CPU 内核执行完成后，系统将各个结果合并处理为最终结果并输出。

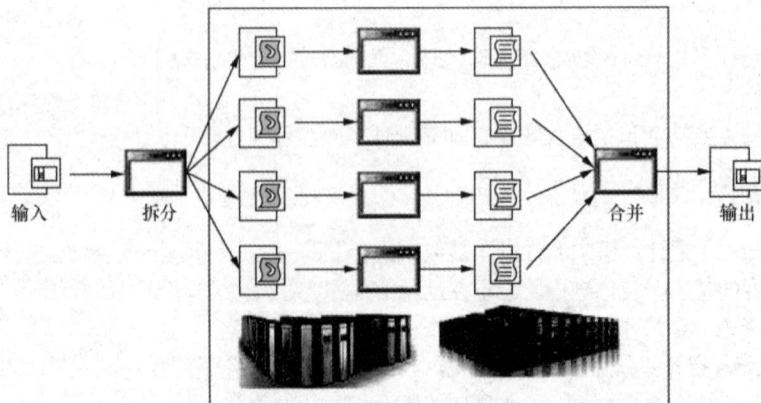

图 5-5　多处理机调度策略

高端计算机（包括服务器和工作站等）多采用双 CPU、多 CPU 构架，每个 CPU 均采用双内核或多内核，利用并行计算方式完成大计算量任务，这样可提高系统整体的计算能力。

5.2.2　存储管理

存储管理的服务对象是内存（主存），其主要功能包括分配和回收主存空间、提高主存利用率、扩充主存等。

系统进程、用户进程需要在内存中执行和管理，存储管理能够提供运行所需的内存，并保证各系统进程、用户进程互不干扰。

当内存不够用时，可以采取虚拟内存技术将硬盘空间扩展为虚拟内存，与实际内存一起构成一个更大的存储空间。使用虚拟内存的本质是将正在使用和暂时不用的数据在实际内存与虚拟内存间进行交换。当系统实际内存空间即将耗尽时，正在使用的数据将被存放在实际内存中，暂时不用的数据转入虚拟内存，需要时二者再次交换。

图 5-6 所示为在 Windows 10 中设置虚拟内存的方法。在 Windows 10 的"系统"窗口中，单击"高级系统设置"按钮，打开"性能选项"对话框；在"性能选项"对话框中单击"虚拟内存"栏的"更改"按钮，打开"虚拟内存"对话框；在"虚拟内存"对话框中设置系统的虚拟内存。

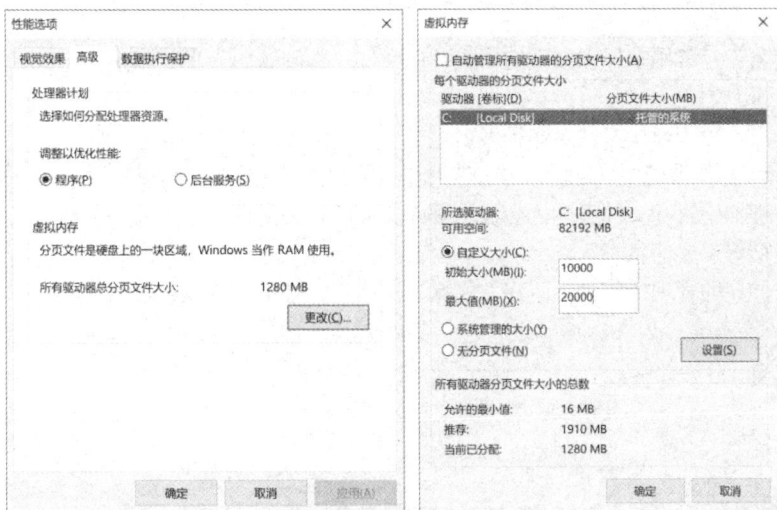

图 5-6　设置虚拟内存

5.2.3　磁盘和文件管理

在磁盘操作系统（如 Windows 系列）中，磁盘和文件管理是操作系统的重要功能。

文件是被赋予名字、代号等信息的集合体，文件将数据存储在外存（如磁盘、U 盘、光盘等介质）上，由操作系统负责管理。操作系统通过文件名管理文件，用户在使用文件时不需要关心文件的具体存取细节。

1．分区与格式化

磁盘在使用前需要先进行分区，磁盘可以划分成一个或多个分区，如 C:、D:、E:等。

如图 5-7 所示，在使用每个分区之前都要进行格式化，并为分区划分存储区域，包括保留扇区区域、文件分配表区域、根目录区域和数据区域，建立文件分配表和根目录。

2．文件和文件夹

用户使用文件夹来管理文件，每一个文件夹都对应一块磁盘空间，提供指向对应空间的地址。

在 Windows 操作系统中，完整的文件名包括文件名、扩展名和分隔点 3 部分。

（1）文件名：用来标识当前文件的名称。

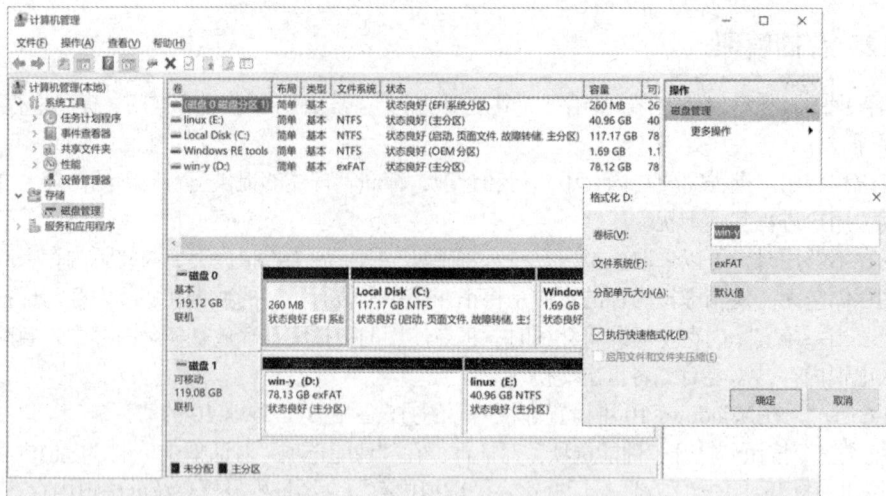

图 5-7　分区和格式化

（2）扩展名：经常用来标识文件的格式，如文件"基础.docx"的扩展名是"docx"，表示这个文件是一个 Word 文档。

（3）分隔点：用于连接文件名与扩展名。

在 Windows 操作系统中，分区中的文件夹包含子文件夹及文件，形成树形结构，如图 5-8 所示。在文件资源管理器中打开文件夹后，会显示其中文件的相关属性，包括文件名称、文件大小、修改时间、文件类型等重要信息。

文件和文件夹的管理操作包括新建、删除、重命名、移动、复制、搜索等。

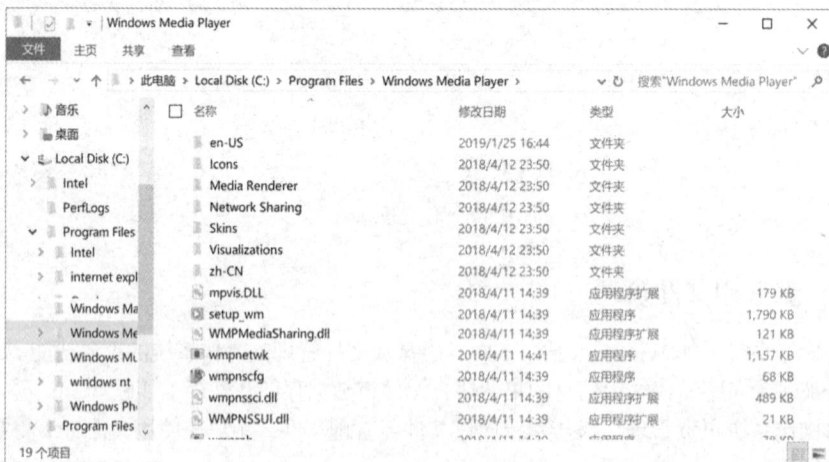

图 5-8　文件夹的树形结构

3. 磁盘查错优化和磁盘碎片整理

计算机使用一段时间后，磁盘可能因为损耗而出现坏磁道、坏扇区，磁盘空间被大量占用，文件被碎片化存放使数据存取速度变慢，因此，用户需要经常对磁盘进行查错优化和碎片整理。

使用磁盘查错优化功能可以检查并处理磁盘中存在的文件系统错误，修复损坏的扇区。

（1）在"工具"选项卡中，单击"检查"按钮，可检查并修复驱动器中存在的文件系统错误。

（2）如图 5-9 所示，单击"优化"按钮，可对驱动器进行磁盘碎片整理，将文件中不连续的簇块整理为连续簇块存放，从而提高文件的存取速度。

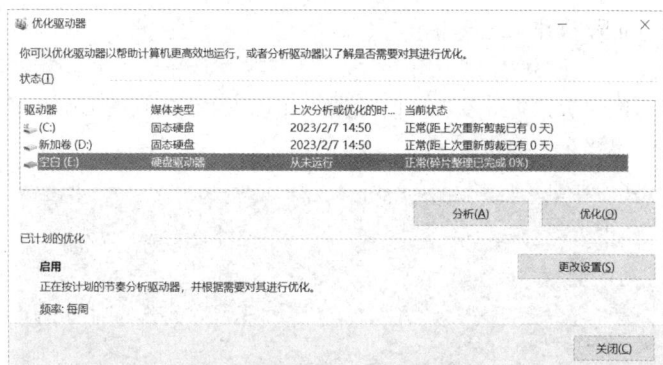

图 5-9　磁盘查错优化和磁盘碎片整理

5.2.4　设备管理

设备管理是指对计算机系统中所有外部设备的管理，包括为用户分配和回收外部设备、控制外部设备按用户程序的要求进行操作等。外部设备包括键盘、鼠标、显示器、硬盘、打印机等。

设备管理的首要任务是为这些设备提供驱动程序或控制程序，用户不必详细了解设备及接口的技术细节，就可以方便地操作这些设备。

操作系统在管理设备时通过指令告诉这些设备做什么，指令传递通过设备的驱动程序实现。设备的驱动程序是操作系统控制、管理设备的专有程序，它相当于硬件的接口。

原则上，每一个输入/输出设备都有对应的驱动程序，因此，驱动程序常被比作"硬件的灵魂""硬件和系统之间的桥梁"等。

如图 5-10 所示，在 Windows 10 中可以通过设备管理器查看设备状态、添加或删除设备，以及对设备进行其他处理。

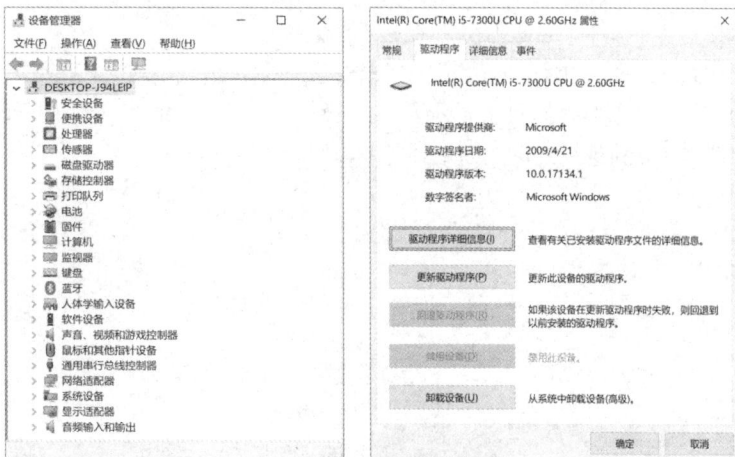

图 5-10　Windows 10 的设备管理器

5.3　Linux 和银河麒麟操作系统

5.3.1　Linux 操作系统

1. Linux 操作系统简介

1991 年，芬兰大学生林纳斯·托瓦兹（Linus Torvalds）萌生了开发一个自由的 UNIX 操作系统的想法，不久之后，Linux 操作系统诞生了。

Linux 操作系统是一个免费使用和自由传播的类 UNIX 操作系统，是一个支持多用户、多任务、多线程和多 CPU 的操作系统，其界面如图 5-11 所示。它能运行主要的 UNIX 工具软件、应用软件和网络协议，支持 32 位和 64 位硬件。

图 5-11　Linux 操作系统界面

Linux 操作系统可安装在多种硬件设备上，包括手机、平板电脑、路由器、视频游戏控制台、台式计算机、大型计算机和超级计算机。

2．Linux 操作系统的文件类型

Linux 操作系统的主体是文件系统，其文件类型主要有普通文件、目录文件、块设备文件、字符设备文件、套接字文件、管道文件、链接文件等。

5.3.2　银河麒麟操作系统

银河麒麟操作系统是基于 Linux 内核的国产操作系统。

银河麒麟操作系统的研发初衷在于提升国产操作系统的安全性、稳定性和适应性，以及解决不同国产操作系统应用软件不兼容的问题。目前，银河麒麟操作系统已经广泛应用于政府、企业和研究机构的信息化建设中，构成庞大的产品生态构架，如图 5-12 所示。

图 5-12　银河麒麟操作系统生态构架

1．银河麒麟操作系统产品分类

银河麒麟操作系统相关产品可以分为 4 类：银河麒麟桌面操作系统、银河麒麟服务器操作系统、银河麒麟嵌入式操作系统、银河麒麟云原生操作系统。

（1）银河麒麟桌面操作系统

2021 年 10 月，麒麟软件公司正式发布银河麒麟 V10 SP1，它属于图形化桌面操作系统，支持飞腾、鲲鹏、海思麒麟、龙芯、申威、海光、兆芯等国产 CPU。

其软件商店提供包括麒麟软件公司自主研发的应用软件和第三方商业软件在内的各类应用软件，同时提供 Android 兼容环境和 Windows 兼容环境。

（2）银河麒麟服务器操作系统

银河麒麟服务器操作系统针对企业级关键业务设计，支持虚拟化、云计算、大数据等企业级应用。相对于银河麒麟桌面操作系统，银河麒麟服务器操作系统在系统的可靠性、安全性、性能优化和可扩展性方面进行了全面提升。目前，银河麒麟服务器操作系统已应用于政府、金融、教育、财税、公安、审计、交通、医疗、制造等领域。

（3）银河麒麟嵌入式操作系统

银河麒麟嵌入式操作系统适用于嵌入式设备，面向物联网及工业互联网场景，如工业控制系统和物联网设备，研发时基于特定的硬件平台优化，具备信息安全、多域隔离、云边端协同、多样性算力支持等特点，可广泛应用于工业制造、公共交通、汽车电子、数字通信、医疗卫生、智慧城市等领域。

（4）银河麒麟云原生操作系统

银河麒麟云原生操作系统针对云原生场景设计，采用"内核+操作系统+Kubernetes"的联合设计思想，精简大量非云原生组件，相较于传统服务器操作系统，体积缩减超过 83%。

银河麒麟云原生操作系统的主要特点包括轻量化设计、原子升级回滚、自动更新、一键部署、高性能运行、NUMA（Non-Uniform Memory Access，非统一内存访问）感知、容器网络增强、Pod（最小部署单元）调度自适应等。

银河麒麟云原生操作系统适用于金融、通信等多个领域，在云存储、云计算应用日益普及的时代，它的出现加快了这些领域的数字化转型进程。

2．银河麒麟操作系统的主要参数

① 内核版本：基于 Linux 内核。

② 支持架构：支持 x86、ARM（Advanced RISC Machine，高级精简指令集机器）等多种架构。

③ 安全机制：强化的安全子系统，包括访问控制、加密和认证技术。

④ 网络支持：支持多种网络协议和安全接入技术。

3．银河麒麟操作系统的基本命令

银河麒麟操作系统提供了与标准 Linux 发行版类似的命令集，包括以下基本命令。

① 文件操作命令（如 ls、cd、cp、mv 等）。

② 系统管理命令（如 ps、top、kill 等）。

③ 网络管理命令（如 ifconfig、ping、netstat 等）。

4．银河麒麟操作系统的优点

（1）本土化特色

银河麒麟操作系统是基于我国国情，根据国内用户需求扩展和优化 Linux 内核，针对性和实用性极强的国产操作系统。

（2）开放性和灵活性

银河麒麟操作系统秉承 Linux 操作系统研发传统，提供开源代码和丰富的社区支持。

（3）低成本和高效益

银河麒麟桌面操作系统提供免费试用，并且维护成本低廉，适合大规模部署以及大范围推广。

5．银河麒麟桌面操作系统的安装

（1）进入银河麒麟官网，单击"申请试用"按钮，填写"产品试用申请"，通过后可以看到图 5-13 所示页面。

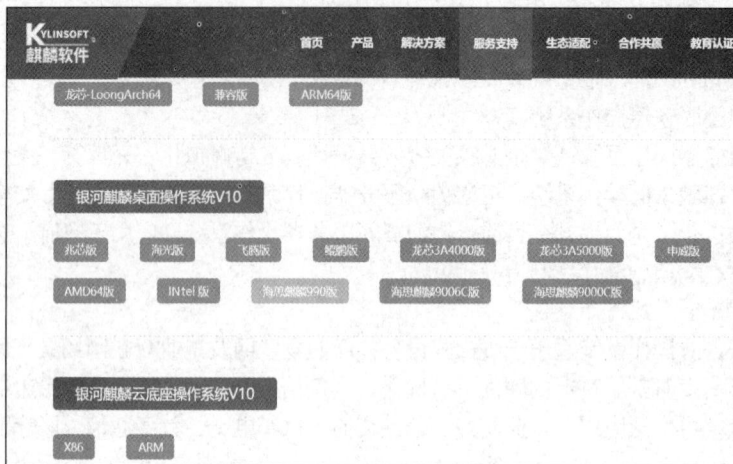

图 5-13　银河麒麟操作系统版本选择

选择某一版本，选择后复制提取码，通过下载链接下载 ISO 镜像文件。

（2）下载完成后，安装启动盘制作软件，如 UltraISO。打开 UltraISO，插入 U 盘，制作启动盘，如图 5-14 所示。

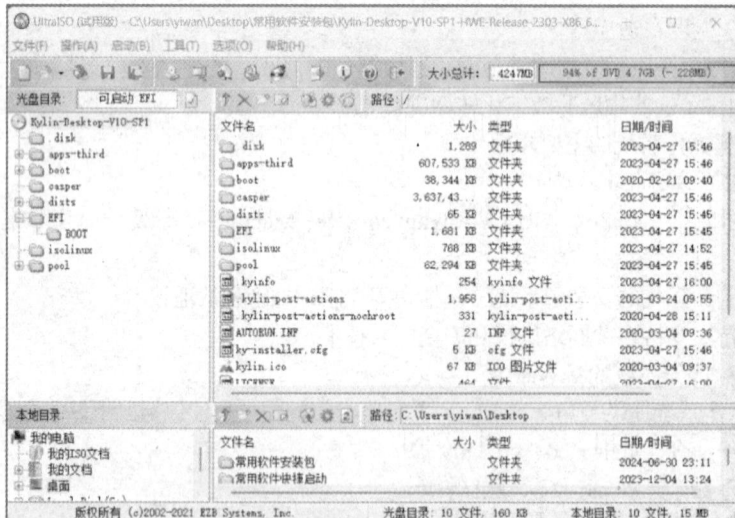

图 5-14　使用 UltraISO 制作启动盘

（3）重启计算机进入 BIOS 设置，找到"Boot"（启动）或"Boot Order"（启动顺序）选项，将"U 盘设备"移动到列表首位，保存并退出 BIOS。

（4）再次启动后，进入银河麒麟操作系统安装引导界面。如图 5-15 所示，可以选择"试用银河麒麟操作系统而不安装"或"安装银河麒麟操作系统"。

（5）根据安装引导，依次执行"选择语言""阅读许可协议""选择时区""选择安装途径""选择安装方式""创建用户""安装应用""开始安装"等步骤，直到"安装完成"。

（6）重启系统后，出现银河麒麟桌面操作系统主界面，如图 5-16 所示。

图 5-15　银河麒麟操作系统安装引导界面

图 5-16　银河麒麟桌面操作系统主界面

6. 体验银河麒麟桌面操作系统

（1）银河麒麟桌面操作系统属于图形化桌面操作系统，提供丰富的应用软件，操作简单，使用便捷。首次安装完成后，需要创建用户（或在上述安装过程中创建用户），如图 5-17 所示。创建用户后可以安装应用软件（或在上述安装过程中安装应用软件），如图 5-18 所示。

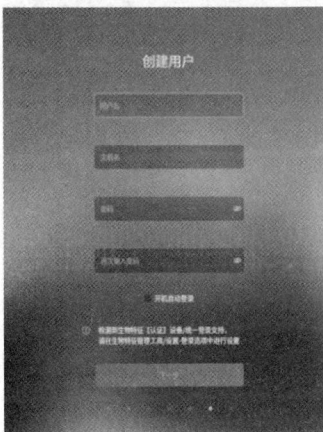

图 5-17　创建用户

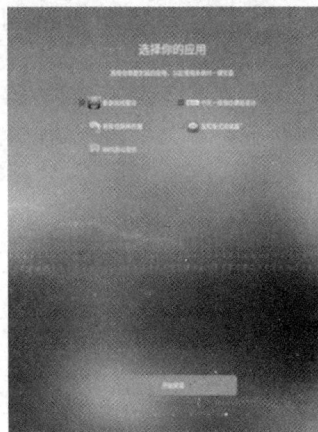

图 5-18　安装应用软件

（2）完成首次安装银河麒麟桌面操作系统后，默认会弹出激活对话框，此时需要单击"立即激活"按钮，在弹出的对话框中选择激活方式，从而激活操作系统，如图 5-19 所示，可以选择多种方式激活操作系统。此后，即可开始使用银河麒麟桌面操作系统，如图 5-20 所示。

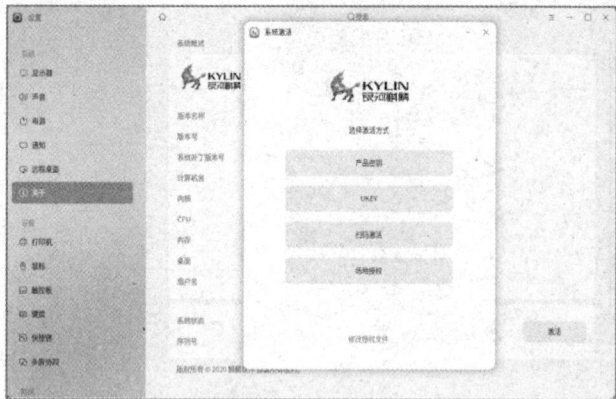

图 5-19　激活操作系统　　　　图 5-20　开始使用银河麒麟桌面操作系统

5.4　人工智能软件

5.4.1　人工智能软件的概念和现状

人工智能（AI）软件是基于人工智能技术开发的各类应用软件的统称，它们通过模拟人类思维和行为，实现自主学习、推理、决策等功能。AI 软件的核心是机器学习算法，它们确保 AI 软件能从海量数据中提取有价值的信息，并不断优化自身性能。

在人工智能领域，自从 OpenAI 公司推出 ChatGPT 智能聊天机器人程序后，AI 软件的发展呈现出功能大爆发、特征大综合、模型参数规模巨增等特点。国内外很多公司、组织、社会团体，已经允许员工和成员使用 ChatGPT 或同类工具辅助工作，通过 ChatGPT 解答、解决、验证现实中的问题。

2024 年 2 月，OpenAI 公司推出人工智能文生视频大模型 Sora，其能够实现"根据用户的文本描述创建最长 60s 的逼真视频"。OpenAI 公司称"该模型了解这些物体在物理世界中的存在方式，可以深度模拟真实物理世界，能生成具有多个角色、包含特定运动的复杂场景"。由于视频制作的复杂性，这项工作长期以来被认为是专业人员的特权和业务能力的体现，Sora 的出现正是 AI 软件在视频领域取代人工的尝试。

近年来，我国在 AI 软件方面也取得巨大进步，许多 IT 公司已经推出自己的 AI 软件，具有代表性的产品包括 Kimi（月之暗面公司）、文心一言（百度公司）、通义千问（阿里云公司）、智谱清言（清华大学）、豆包（字节跳动公司）等。

5.4.2　人工智能开发框架

人工智能（AI）开发框架支持开发人工智能应用软件的一系列库、工具和规范。它们为算法实现、数据处理、模型训练和推理提供便利性与高效性。

AI 开发框架的用途体现在几个关键方面：简化开发过程、加速算法的实验和迭代、提高模型性能与准确度、促进跨平台部署、强化应用的稳定性与可扩展性。

通过提供模块化的组件和预训练模型，AI 开发框架让开发者无须从零开始，能够立即着手解决具体的问题。

AI 开发框架主要包括 TensorFlow、PyTorch、Keras、Caffe 和 MXNet 等。下面简要介绍 TensorFlow 和 PyTorch。

1．TensorFlow

TensorFlow 是一个基于数据流编程的符号数学系统，广泛应用于各类机器学习算法的编程实现。TensorFlow 拥有多层级结构，可部署于各类服务器、PC 终端和网页，并支持 GPU 和 TPU（Tensor Processing Unit，张量处理单元）高性能数值计算。

TensorFlow 主要使用 Python 进行编程，它也支持 C、C++、Java 等语言。TensorFlow 广泛应用于计算机视觉、自然语言处理、语音识别、推荐系统、金融预测、医学图像分析等领域。

2．PyTorch

PyTorch 是一个用于机器学习和深度学习的开源框架，分为前端和后端两个部分，前端是与用户直接交互的 Python API，后端是框架内部的实现部分，PyTorch 基于已有的张量库 Torch 开发。如今，PyTorch 已经成为开源机器学习系统中使用率较高的框架。

PyTorch 的开发语言是 Python，它也可以通过 C++进行扩展。PyTorch 支持的主流操作系统包括 Linux、Windows、macOS。

PyTorch 以其灵活性和高效性，成为许多研究人员和开发人员的首选框架，主要用于深 度学习模型开发、自然语言处理、计算机视觉、强化学习、生成模型、分布式训练等。

5.4.3　人工智能操作系统

人工智能操作系统应具有通用操作系统的所有功能，并具有学习、推理等认知能力，具有语音识别能力、计算机视觉、执行器系统以及认知行为。

常见的人工智能操作系统有银河麒麟操作系统 AIPC 版、Windows Copilot。

1．银河麒麟操作系统 AIPC 版

银河麒麟操作系统 AIPC 版的核心功能包括与 AI 技术深度融合、提供统一的 AI 接口、无缝集成桌面环境。该版本内置 AI 助手、智能文生图、智能模糊搜索等一系列智能化功能，极大地提升了用户的办公效率和创作体验。

具体来说，银河麒麟操作系统 AIPC 版通过一系列技术创新，实现了 AI 与操作系统的深度融合。它填补了我国在操作系统端侧推理能力研发的空白，为国产操作系统的发展开辟了新的道路。它支持异构算力，构筑了 AI 算力底座，具备安全可靠、异构混训、性能高效和统一生态的技术特点。

此外，银河麒麟操作系统 AIPC 版在用户体验上也进行了优化。它内嵌智能体，通过预置 OS 相关知识与银河麒麟桌面操作系统原生对接，帮助用户通过更自然的人机互动高效地使用和管理网络设备。它还搭载了本地大模型，提供快速、精准的问题解决能力，并实现了端云无缝协同的全栈 AI 能力，进一步提升用户的 AI 体验。

2．Windows Copilot

在 Build 2023 开发者大会上，微软公司推出其首款集成了 AI 技术的操作系统 Windows Copilot。Windows Copilot 利用 Bing（必应）搜索引擎以及语言大模型 ChatGPT 的能力，为用户提供全新的 PC 操作体验。

Windows Copilot 的主要特点包括集成 Bing 搜索引擎和 ChatGPT 能力、具备 AI 助手功能、本地 AI 模型集成、AI 功能体验、跨版本支持等。其具备 AI 特色的功能包括创作者工具、画图、截图等，以及扩展的语音访问功能，这些功能提升了用户体验。

习题

一、单项选择题

1．以下关于硬件和软件关系的说法中，错误的是（　　　）。

  A. 硬件和软件互相依存   B. 软件和硬件无严格界限

  C. 硬件和软件协同发展   D. 没有硬件，软件也可以执行

2. 操作系统是（ ）。

  A. 应用软件   B. 系统软件   C. 支撑软件   D. 管理软件

3. 要使一台计算机能完成最基本的工作，则（ ）是必需的。

  A. 诊断程序   B. 操作系统   C. 图像处理程序   D. 编译系统

4. （ ）是操纵和管理数据库的系统软件，用于建立、使用和维护数据库资源。

  A. 诊断程序   B. 操作系统   C. 数据库管理系统   D. 编译系统

5. （ ）的功能是找到计算机存在的问题（如黑屏、蓝屏、死机、鸣叫等），判断计算机各部件能否正常工作。

  A. 诊断程序   B. 操作系统   C. 数据库管理系统   D. 编译系统

6. 以下 4 种软件中，（ ）属于系统软件。

  A. Excel   B. 财务软件

  C. 银河麒麟操作系统   D. 编写的绘图程序

7. 操作系统在存储管理中通过（ ）技术，使在内存不足时系统仍然能够正常运行。

  A. 文件管理   B. 虚拟内存   C. 分页存储管理   D. 分段存储管理

8. （ ）是对 CPU 进行调度、协调和分配，避免某一进程长期独占处理器。

  A. 进程管理   B. 存储管理

  C. 磁盘和文件管理   D. 设备管理

9. （ ）的服务对象是内存（主存），其主要功能包括分配和回收主存空间、提高主存利用率、扩充主存等。

  A. 进程管理   B. 存储管理   C. 磁盘和文件管理   D. 设备管理

10. （ ）是被赋予名字、代号等信息的集合体，它将数据存储在外存上（如磁盘、U 盘、光盘等介质），由操作系统负责管理。

  A. 磁盘   B. 文件   C. 文件夹   D. 内存

11. （ ）是指对计算机系统中所有外部设备的管理，包括为用户分配和回收外部设备、控制外部设备按用户程序的要求进行操作等。

  A. 进程管理   B. 存储管理   C. 磁盘和文件管理   D. 设备管理

12. （ ）将文件的不连续簇块整理为连续簇块存放。

  A. 磁盘碎片整理 B. 格式化   C. 分区   D. 搜索

13. 银河麒麟操作系统产品不包括（ ）。

  A. 银河麒麟桌面操作系统   B. 银河麒麟服务器操作系统

  C. 银河麒麟嵌入式操作系统   D. 银河麒麟"互联网+"操作系统

14. 以下关于银河麒麟操作系统的说法中，错误的是（ ）。

  A. 银河麒麟桌面操作系统可以申请试用

  B. 银河麒麟服务器操作系统广泛应用于政府、金融、教育、财税等领域

  C. 银河麒麟操作系统的内核是 Windows 11

  D. 银河麒麟云原生操作系统有轻量化设计、自动更新的特点

15. 国产 AI 软件不包括（ ）。

  A. 文心一言   B. ChatGPT   C. Kimi   D. 豆包

16. 以下关于 AI 的说法中，错误的是（ ）。

  A. Sora 是 AI 文生视频大模型

  B. PyTorch 的开发语言是 Python

C. TensorFlow 是主流的 AI 开发框架

D. AI 已经取代绝大多数人类智力工作

二、简答题

1. 简述计算机软件和硬件的关系。

2. 简述操作系统的定义。

3. 简述分时调度策略。

4. 简述多处理机调度策略。

5. 简述虚拟内存技术。

6. 简述银河麒麟桌面操作系统的优点。

7. 浏览银河麒麟官网，下载银河麒麟桌面操作系统安装手册，简述激活银河麒麟桌面操作系统的方式。

8. 列举常见的 AI 软件，举例说明 AI 软件的应用场景。

9. 简述 AI 开发框架的代表性产品及各自的特点。

10. 简述 AI 操作系统的代表性产品及各自的特点。

第 6 章 计算机网络技术

人类社会已经进入信息时代，信息存储离不开计算机，而信息的传输离不开计算机网络。计算机网络技术是计算机技术和通信技术相结合的产物，它的发展推动了信息技术革命。网络化的思维可以丰富社会科学和自然科学问题的求解手段。本章讲述计算机网络技术。

6.1 网络概述

6.1.1 网络的定义

利用通信设备和传输介质，将具有独立功能的计算机连接起来，在软件（操作系统、协议等）的支持下，实现计算机之间的资源共享、信息交换和分布式处理的系统，称为计算机网络（简称网络）。图 6-1 所示为简单的网络结构。

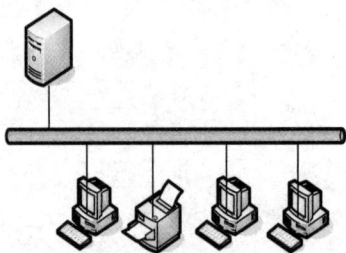

图 6-1   简单的网络结构示意

6.1.2 网络的主要功能

随着信息技术的发展和网络的普及，网络日益深入社会的各个领域。网络的功能包括 3 方面：资源共享、信息交换和分布式处理。

1. 资源共享

信息资源包括软件、硬件和数据资源。通过网络，人们可以共享网络中的各种软件资源，如应用软件、工具等；可以共享各种硬件设备，如打印机、存储设备（硬盘空间）等；还可以共享各种数据资源，如数据库、数据文件、图片、视频等。

2. 信息交换

信息交换是指网络节点之间的通信。通过计算机网络进行信息交流，已经成为信息交换的重要途径，如电子邮件、QQ、微信等。

3. 分布式处理

一台计算机的处理能力有限，往往不能按期完成大规模的处理任务。此时可以将一个规模大的任务分配给网络中的若干台计算机并行处理，均衡各计算机的负载，以便在规定的时间内完成任务。计算机网络的分布式处理功能可以处理军事、天文、气象等领域需要大量计算资源的任务。

6.1.3 网络的发展历史

网络的发展经历了终端联机系统、ARPAnet、标准化的网络和 Internet 4 个阶段。

1．终端联机系统

20 世纪 60 年代早期，计算机主机昂贵，而通信线路和通信设备的价格相对便宜。为了共享主机资源、进行信息处理，人们尝试以单主机为中心连接远程终端形成联机系统，如图 6-2 所示。一台主机中安装多用户分时操作系统，按照时间片将 CPU 分配给各个终端，执行各终端的程序。终端本身没有独立处理能力，它们共享远程主机的计算资源，所以这还不是真正意义上的计算机网络。终端联机系统的主要缺点：主机负荷重，既要承担通信工作，又要承担数据处理工作；通信线路的利用率低，各终端要独享一条线路；这种结构属于集中控制，可靠性差。

20 世纪 60 年代，由美国航空公司与 IBM 公司合作开发的航空订票处理系统 SABRE-1 投入使用，它由一台中央计算机与分散在全美范围的 2000 多个终端连接而成，后来，终端的分布范围还延伸至其他地区。

2．ARPAnet

现代意义上的计算机网络是从 1969 年美国国防部高级研究计划管理局（Advanced Research Projects Agency，ARPA）建立的一个名为 ARPAnet（阿帕网）的网络开始的。该网络把美国的几个军事及研究机构用计算机主机连接起来。起初，ARPAnet 只连接美国西海岸的 4 个节点，即加州大学洛杉矶分校、斯坦福研究院、加州大学圣巴巴拉分校、犹他大学的 4 台大型计算机，以电话线为主干网络，如图 6-3 所示。后来 ARPAnet 逐步发展到 60 个节点，每个节点都是具有独立功能的计算机，节点越来越多，地理范围越来越广。

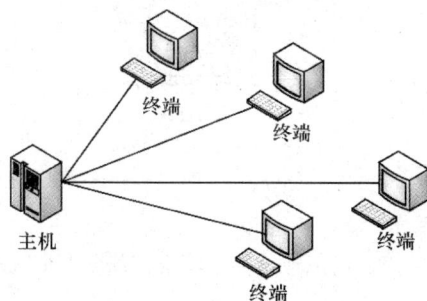

图 6-2 终端联机系统

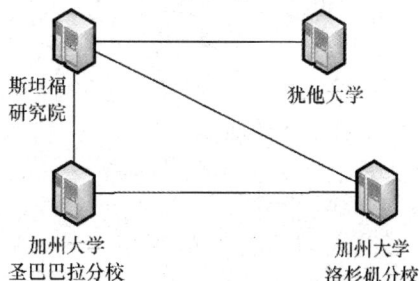

图 6-3 ARPAnet

3．标准化的网络

网络发展的初期，各厂商（如 IBM、DEC 等）纷纷制定自己的网络技术标准，这些标准只在各厂商自己的网络上有效，不同厂商的网络无法互联互通，这不利于网络的发展和推广。1977 年，国际标准化组织（International Organization for Standardization，ISO）在其下属的 TC97（计算机与信息处理标准化委员会）中设立了 SC16（开放系统互连分技术委员会）。SC16 在研究各厂商网络技术标准的基础上，制定了开放系统互连（Open System Interconnection，OSI）参考模型，旨在实现各种计算机网络的互连。如今，几乎所有计算机网络厂商的产品都遵循 OSI 参考模型，这种标准化促进了网络技术的繁荣和发展。

4．Internet

从 20 世纪 80 年代开始，Internet（互联网）将世界各地的各种类型的网络连接起来，形成了大规模的国际互联网络。Internet 实现了全球范围的跨越地域、时间的 WWW（World Wide Web，万维网）、电子邮件、文件传输等数据业务。

6.2 网络分类

计算机网络可以从网络地理范围、网络使用范围和网络拓扑结构等角度进行分类。

6.2.1 从网络地理范围分类

最常见的网络分类方法是以网络的地理范围进行分类,将网络分为局域网(Local Area Network,LAN)、城域网(Metropolitan Area Network,MAN)和广域网(Wide Area Network,WAN)。

1. 局域网

局域网一般是指地理范围在几百米到10千米的网络,如一栋建筑、一所学校、一个厂区内的网络。局域网的特点如下。

（1）覆盖范围较小,在相对独立的范围内组网。

（2）组网简单,灵活性高,使用方便。

2. 城域网

城域网一般是指地理范围在几十千米到上百千米的网络,可以覆盖一个城市或地区。城域网经常作为城市的骨干网,用于连接城市中不同地点的主机、局域网等,如图6-4所示。

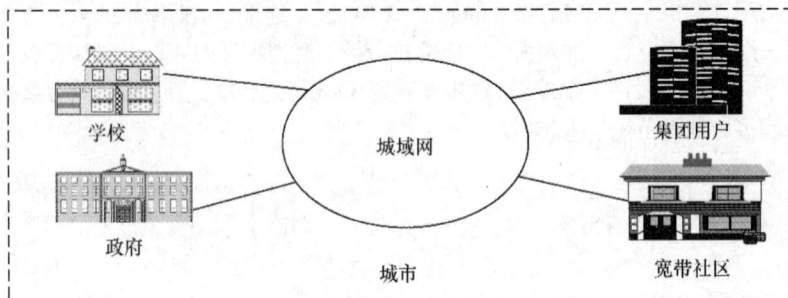

图6-4 城域网

3. 广域网

广域网一般是指地理范围在几百千米到几千千米的网络,可以覆盖多个城市,甚至多个国家,通信线路一般由电信运营商提供。广域网的特点如下。

（1）覆盖范围广,通信距离远。

（2）一般由电信部门或公司负责组建、管理和维护,向社会提供通信服务。

6.2.2 从网络使用范围分类

从网络使用范围的角度,可以把网络分为公用网络(Public Network)和专用网络(Private Network)。

1. 公用网络

公用网络是由网络服务提供商组建、管理,供公共用户使用的通信网络,如我国的移动、联通、广电等网络。

2. 专用网络

专用网络是由部门用户自己组建、管理的网络,这种网络不向本部门以外的部门和个人提供服务。例如,军队、铁路、银行等系统都拥有各自的专用网络。

用户也可以租用公用网络，使用虚拟专用网络（Virtual Private Network，VPN）技术，在 VPN 管道中进行加密通信，从而实现安全的远程通信，如图 6-5 所示。VPN 技术广泛应用于银行、企业、学校、政府等领域。

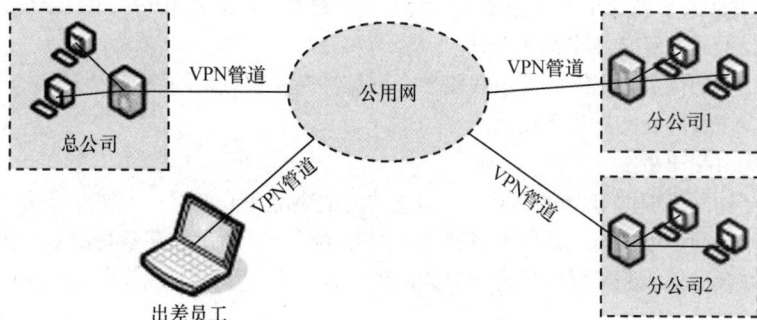

图 6-5　VPN 实现安全的远程通信

6.2.3　从网络拓扑结构分类

网络拓扑结构就是指将服务器、工作站等设备看成点，将通信线路看成线，将网络抽象成以点和线组成的几何图形。按照拓扑结构可以将网络分为星形结构网络、总线结构网络、树形结构网络、环形结构网络、全互连结构网络和不规则形结构网络。

1．星形结构网络

星形结构网络由一个中心节点 S 通过点对点链路连接所有从节点组成，如图 6-6（a）所示，任意两个节点之间的通信都必须通过中心节点 S 完成。例如，A 节点向 B 节点发送信息时，必须先将信息发送到中心节点 S，再由中心节点 S 转发到节点 B。

星形结构网络的优点是组网容易，控制相对简单，单个节点故障影响小，故障容易检测和隔离；缺点是对中心节点的依赖性强，如果中心节点出现故障，则整个网络会瘫痪。星形结构是目前建设局域网时最常用的拓扑结构。

2．总线结构网络

总线结构网络是以一条高速的公共传输介质连接若干节点组成的网络，如图 6-6（b）所示。总线结构网络结构简单、容易实现、易于扩展。

总线结构网络中所有节点都通过总线以"广播"的方式发送数据，由一个节点发出的信息可被网络上所有的节点接收。但是，当同时有两个以上的节点发送数据时，将发生冲突，造成传输失败。因此，必须采用某种介质访问控制规程来分配信道，保证同一时间只有一个节点传送信息。在总线结构网络中，节点越多冲突的概率越高，因此，总线的负载能力有限。当节点的个数超出总线的负载能力时，网络的传输速率会显著下降。

3．树形结构网络

树形结构网络采用分层结构将各个节点连接成树形，如图 6-6（c）所示。在树形结构网络中，只有上下节点间能进行数据交换。它的优点是布线简单，管理、维护方便；缺点是资源共享能力差，可靠性低。

树形结构网络经常用在具有分级行政机构的组织中。例如，在一所大学中形成以网络中心为根节点，各学院为下一级分支，各部门为再下一级分支的树形结构网络。

4．环形结构网络

环形结构网络中每个节点仅与两侧节点相连，由通信线路将各节点连接成一个闭合的环路，如图 6-6（d）所示。数据在环路中单向流通时，每个节点都要转发信息。环形结构网络一般采用光纤或同轴电缆作为传输介质,传输速率高、距离远。环形结构网络常用在城域网等高速骨干网络上。

5. 全互连结构网络

全互连结构网络中每个节点与网络中的其他节点都可通过通信线路连接,如图 6-6(e)所示。例如,5 个节点的网络,每个节点都需要 4 条线路,该网络总共需要 10 条(即 $n \times (n-1)/2$ 条)线路。当节点增加时,网络的复杂性将迅速上升。

这种网络结构的优点是网络的冗余线路多,可靠性高;缺点是网络连接复杂,建网成本高,只适合在节点数少、距离近的场景下使用。

6. 不规则形结构网络

不规则形结构网络根据节点间的距离、信息的流量决定在节点间是否建立连接,某些节点之间不必直接连接,其通信可以通过其他节点转发,如图 6-6(f)所示。在不规则形结构网络中,可以通过设置若干冗余通信线路来保证任意节点间的连通性。在广域网中,节点之间往往会形成不规则形结构网络。

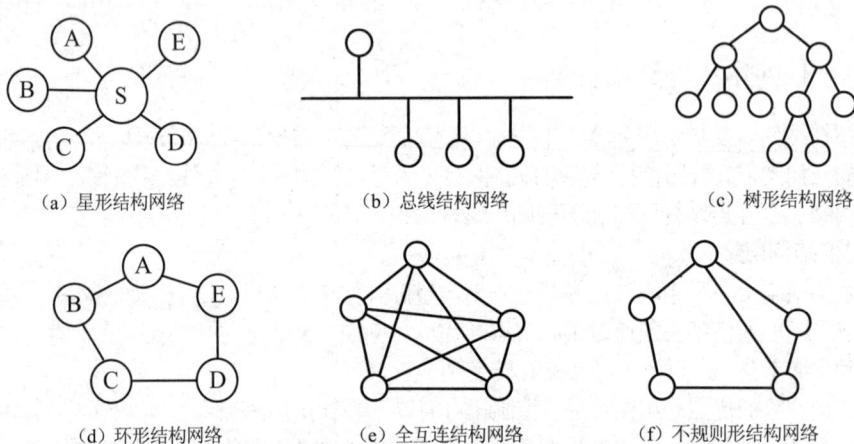

（a）星形结构网络　　　　　（b）总线结构网络　　　　　（c）树形结构网络

（d）环形结构网络　　　　　（e）全互连结构网络　　　　　（f）不规则形结构网络

图 6-6　网络按拓扑结构分类

【例 6.1】 某高校的网络结构如图 6-7 所示,分析该网络的拓扑结构。

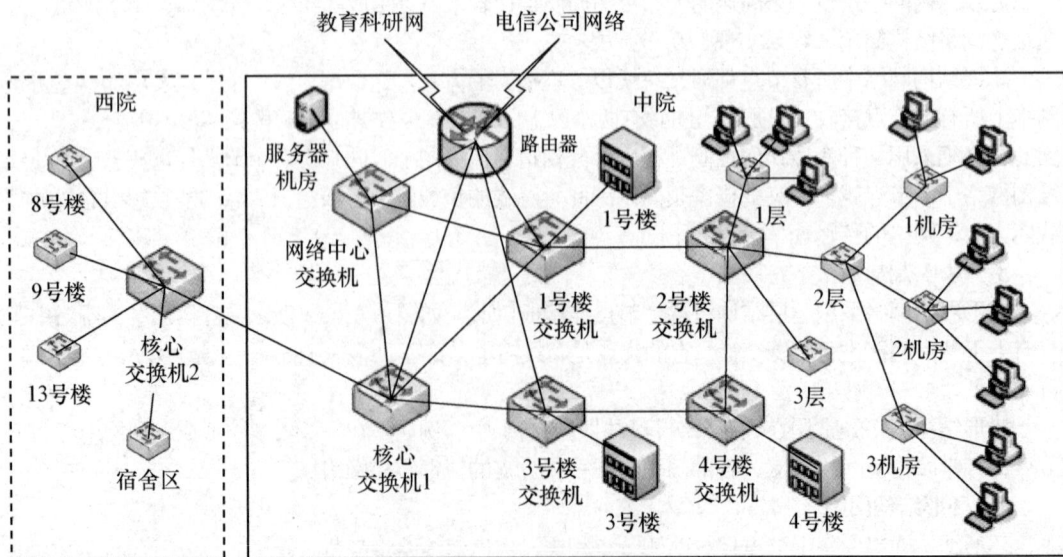

图 6-7　某高校网络结构

① 中院的 1 号楼交换机、2 号楼交换机、3 号楼交换机、4 号楼交换机和核心交换机 1 组成了一个环形结构的高速骨干网络。

② 中院的各个楼宇中的各楼层组成多个树形结构网络。例如，2 号楼交换机的下一级为各楼层的交换机，2 层的下一级为 3 个机房，机房的交换机组成了星形结构网络。

③ 中院的路由器、核心交换机 1、网络中心交换机和 1 号楼交换机组成了全互连结构网络。

④ 西院的核心交换机 2 和各个楼宇及楼宇的楼层组成了树形结构网络。

6.3 网络体系结构和协议

6.3.1 网络体系结构

网络协议是指为了使网络中的计算机之间能够正确传输信息而制定的关于信息传输的规则、约定与标准。通信双方按照同样的协议发送和接收信息才能正确地进行数据通信，就像对话的双方必须使用同一种语言才能正常交流。

网络协议的设计相当复杂，人们在设计协议时普遍采用层次结构模型，把复杂问题分解为若干简单、易于处理的问题。在协议层次结构中，每层都以前一层为基础，相邻层之间有通信约束接口。下一层为上一层提供服务，上一层是下一层的用户。

网络层次结构模型与各层协议的集合称为网络体系结构。网络体系结构是抽象的概念，由能够运行的一些硬件和软件来实现。国际标准化组织制定了 OSI 参考模型，只要遵循 OSI 参考模型，一个系统就可以与世界上任何地方同样遵循 OSI 参考模型的其他系统进行通信。这里所说的系统是计算机、外设、终端、传输设备、人员以及相应软件的集合。

OSI 参考模型是 7 层结构的模型，OSI 网络体系结构如图 6-8 所示。网络中各节点（如主机 A 和主机 B）具有相同的层次结构；不同节点的同一层功能相同；同一节点内相邻层之间通过接口通信；每一层均可使用下层提供的服务，并向其上层提供服务；不同节点的对等层之间通过协议来实现通信。

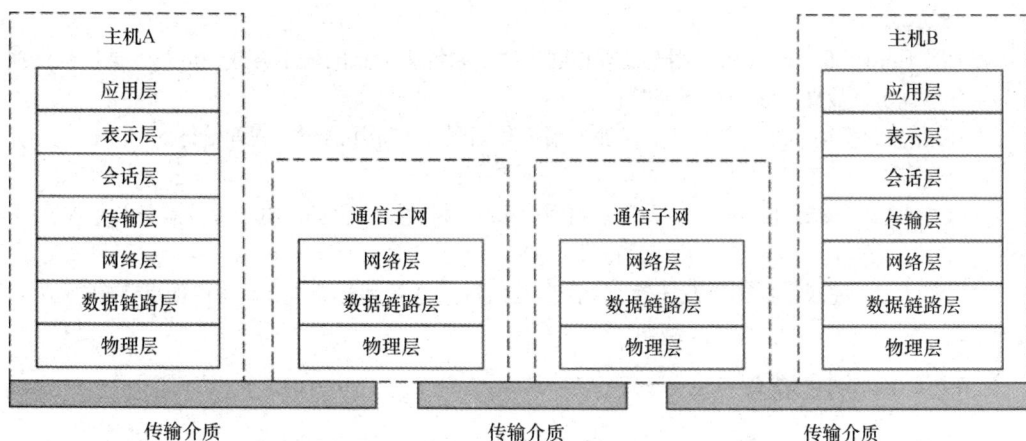

图 6-8 OSI 网络体系结构

例如，主机 A 的进程 P1 向主机 B 的进程 P2 发送数据。应用层为数据加上控制信息交到表示层，表示层再为数据加上本层控制信息交到会话层，以此类推，直到物理层将数据发送到传输介质上传输。数据经过复杂的通信子网的转发，最后到达主机 B。主机 B 从物理层开始，逐层剥去控制信息，直到应用层，主机 B 的进程 P2 获得原始数据。

这个过程就像为了完成某项工作或任务，甲地的 A 给乙地的 B 写信传输信息 X。

1. 物理层

物理层（Physical Layer）利用传输介质在通信节点之间建立、管理和释放物理连接，将信号在两点间透明传输，为数据链路层提供数据传输服务。

这就如同邮车通过公路将信件转发到下一个邮局。

2. 数据链路层

数据链路层（Data Link Layer）在物理层服务的基础上，在通信实体之间建立数据链路连接，传输以帧（Frame）为单位的数据包，采用差错控制与流量控制方法，使有差错的物理线路变成无差错的数据链路。

这就如同信件在邮局间转发时，由管理员负责安排邮车、管理线路。

3. 网络层

网络层（Network Layer）通过路由选择算法为数据包在通信子网中选择适当的路径，为数据在节点之间传输创建逻辑链路，实现拥塞控制、网络互连等功能。

这就如同邮局根据距离、路况选择将信件转寄到下一个邮局，直到信件到达目的地的邮局。

4. 传输层

传输层（Transport Layer）向用户提供可靠的端到端（End-to-End）服务；处理数据包错误、数据包次序，以及一些关键性传输问题。传输层向高层屏蔽下层数据通信的细节，是计算机通信体系结构中关键的一层。

这就如同信件被 A 投入邮筒后，信件收集员检查信封书写是否规范，将信件交给甲地邮局；乙地邮局的邮递员根据信封的收件人地址和姓名将信件投递到 B 手中。

5. 会话层

会话层（Session Layer）负责维护两个节点之间的传输连接，确保点到点传输不中断；管理数据交换。

这就如同 A 将信纸放入信封，写上收件人地址、姓名和发件人地址、姓名；B 收到信件后，检查信封，看信件是不是寄给本人的。

6. 表示层

表示层（Presentation Layer）用于处理在两个通信系统中信息的表示方式，进行数据格式变换、数据加密与解密、数据压缩与解压缩等。

这就如同 A 将信息 X 写在信纸上，加上抬头和结尾；B 打开信封，阅读信件。

7. 应用层

应用层（Application Layer）为应用软件提供服务，如数据库服务、电子邮件服务及其他网络软件服务。

这就如同为了完成某项工作或任务，A 需要写信将信息 X 传输给 B；B 获得信息 X 并完成工作或任务。

6.3.2 TCP/IP 简介

TCP/IP 是 Internet 的基本协议集，它的两个核心协议是传输控制协议（Transmission Control Protocol，TCP）和网际协议（Internet Protocol，IP）。TCP/IP 参考模型有 4 层，分别是应用层（对应 OSI 参考模型的应用层、表示层和会话层）、传输层、网络层和网络访问层（对应 OSI 参考模型的数据链路层和物理层）。TCP/IP 参考模型和 OSI 参考模型的对比如图 6-9 所示。

应用层	应用层	HTTP、SMTP、FTP、DNS、Telnet 等
	表示层	
	会话层	
传输层	传输层	TCP、UDP
网络层	网络层	IP
网络访问层	数据链路层	以太网、令牌环网、帧中继网、X.25 等
	物理层	
TCP/IP 参考模型	OSI 参考模型	TCP/IP

图 6-9　TCP/IP 参考模型与 OSI 参考模型的对比

6.4 TCP/IP 的网络访问层

TCP/IP 的网络访问层（Network Access Layer）负责通过网络传输介质发送和接收数据。该层没有定义任何协议，只定义了与不同网络进行连接的接口，可以连接的网络包括以太网、令牌环网、帧中继网和 X.25 等。本节的主要内容包括网络传输介质和硬件设备等。

6.4.1　网络传输介质

网络传输介质是指在通信中数据传输的载体，是网络中数据发送者和接收者之间的物理路径。网络传输介质分为有线传输介质和无线传输介质两类。常见的有线传输介质包括双绞线、同轴电缆和光纤等，无线传输介质包括无线电波、红外线和激光等。

1．传输速率

传输速率是指在计算机网络中，数据在信道上传输的速度大小。传输速率的单位为 bit/s，即线路中每秒传输的有效二进制位数。一般网络的传输速率可以用 kbit/s、Mbit/s、Gbit/s 来计量。

人们经常看到的下载文件的速率单位 MB/s 指的是每秒下载的字节数，1MB/s=8Mbit/s。例如，某家庭安装 1000M 宽带，这里 1000M 指的是 1000Mbit/s，该宽带最大下载速率约为 125MB/s。

2．有线传输介质

（1）双绞线

双绞线是综合布线工程中常用的传输介质之一，由两根具有绝缘保护层的铜导线按一定绞合密度互相绞在一起而形成，每一根导线在传输中辐射出来的电波会被另一根导线上的电波抵消，这样可以有效降低信号干扰。实际使用时，一般将多对双绞线一起包在一个绝缘电缆套管里，如图 6-10 所示。

双绞线主要分为 4 类线、5 类线、超 5 类线及 6 类线，正常的最大传输速率分别为 16Mbit/s、100Mbit/s、1000Mbit/s、10000Mbit/s。

我们经常使用双绞线连接交换设备，组建星形结构网络，如图 6-11 所示。

图 6-10　实际使用中的双绞线

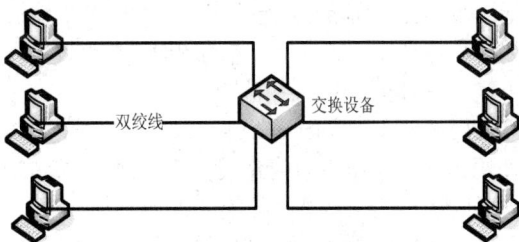

图 6-11　使用双绞线组建星形结构网络

（2）同轴电缆

同轴电缆的内芯是单股实心铜线（内导体），外包一层绝缘材料（绝缘层），再外层是金属屏蔽线组成的网状导体（外导体），具有屏蔽作用，最外层是外部保护层，如图 6-12 所示。其中内导体和外导体构成一对同轴导体。

常见的同轴电缆有两类：基带同轴电缆（屏蔽层通常用铜做成，阻抗为 50Ω，用于传输数字信号）和宽带同轴电缆（屏蔽层通常用铝冲压而成，阻抗为 75Ω，用于传输模拟信号）。

同轴电缆具有高速率、抗干扰能力强等优点，但价格比双绞线贵得多，在网络发展的早期它被广泛用于组建总线结构局域网，如图 6-13 所示。

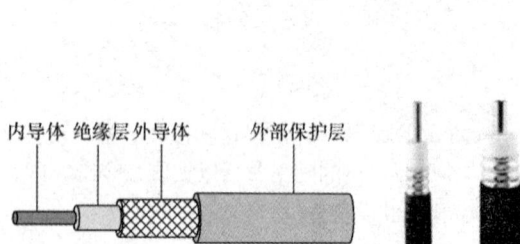

图 6-12　同轴电缆

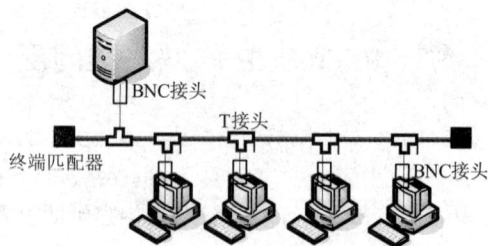

图 6-13　使用同轴电缆组建总线结构局域网

（3）光纤

光纤的纤芯为一根用玻璃或透明塑料制成的光导纤维，周围包裹保护材料，如图 6-14 和图 6-15 所示。根据需要可以将多根光纤合并在一根光缆中。光纤以光脉冲的形式传输信号，具有频带宽、电磁干扰小、传输距离远、损耗低、重量轻、抗干扰能力强、保真度高、性能可靠等优点。家用的普通光纤的传输速率可达 10Gbit/s，而在实验室环境中单条光纤的极限传输速率可达 26Tbit/s。随着技术的进步，光纤的成本在逐步下降。

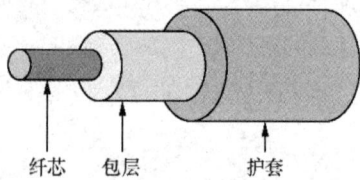

图 6-14　光纤结构

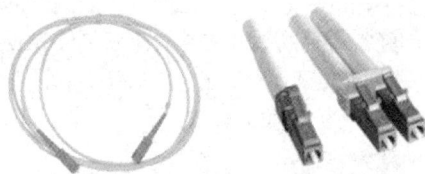

图 6-15　光纤与接口

3. 无线传输介质

无线传输不受地理位置限制，可以用于实现移动通信和无线网络。无线传输介质包括无线电波、红外线和激光等。

（1）无线电波

无线电波是指在自由空间（包括空气和真空）中传播的电磁波，它有两种传播方式：一是无线电波沿着地表面向四周直接传播，如图 6-16 所示；二是靠大气层中的电离层折射进行传播，如图 6-17 所示。通过将信息调制加载在无线电波上，可以传输电报、蜂窝电话和广播信号等。

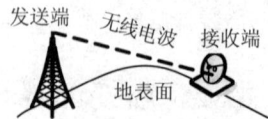

图 6-16　无线电波沿地面直接传播

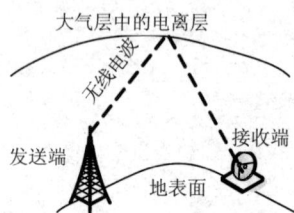

图 6-17　无线电波靠电离层折射传播

无线局域网（Wireless LAN，WLAN）在室内或室外空间中使用无线电波作为通信介质，使各种可移动的计算机和设备能随时随地接入网络，不需要连接有线介质，从而满足人们移动上网的需要，如图 6-18 所示。WLAN 工作在 2.4GHz 频段和 5GHz 频段。常用的 2.4GHz 的 WLAN 理论最高带宽为 300Mbit/s，而 5GHz 的 WLAN

的入门速率是 433Mbit/s，高性能时可以达到 1Gbit/s 以上。5GHz 信号频率较高，在空气或障碍物中传播时衰减较大，覆盖距离一般比 2.4GHz 信号小。

蓝牙是一种支持设备间短距离通信（一般在 10m 内）的无线电通信技术，它工作在 2.4GHz 频段，数据传输的最高速率为 24Mbit/s，主要用于汽车、移动电话、无线耳机、计算机之间的短距离通信。蓝牙技术能够简化设备间的通信，使数据传输更加高效。如图 6-19 所示，汽车和手机、手机和手机之间可通过蓝牙连接进行通信。

图 6-18　无线局域网

图 6-19　蓝牙连接

通过蓝牙实现手机 A 和手机 B 之间的连接，一般分为以下几步。

① 手机 A 开启蓝牙功能，设定为"对其他蓝牙设备可见"。

② 手机 B 开启蓝牙功能，设定为"对其他蓝牙设备可见"，搜索到手机 A。

③ 手机 A 和手机 B 确认配对的密钥，选择配对对方。

④ 手机 A 和手机 B 通过蓝牙连接传输文件、照片、音频、视频、电话簿等数据。

（2）红外线

红外线是波长介于微波与可见光之间的电磁波，它不能穿透障碍物（如墙壁）。红外线通信使用不可见的红外线传输数据，被广泛用于室内短距离通信。例如，家家户户使用的电视机、空调等设备的遥控器就是通过红外线进行遥控的，手机、计算机之间也可以通过红外线连接传输数据，如图 6-20 所示。

红外线通信是一种廉价、近距离、无线、低功耗、保密性强的通信方案，主要用于近距离的无线数据传输，也可以用于近距离的无线网络接入。

常用的红外线数据传输标准有两种：SIR（Slow Infrared，慢红外）和 FIR（Fast Infrared，快红外）。SIR 最大的传输速率为 115.2kbit/s，而 FIR 的传输速率可达 4Mbit/s。

（3）激光

除了可以在光纤中使用光传输数据，还可以在空气或真空中使用激光传输数据。激光是一种新型光源，具有亮度高、方向性强、单色性好、相干性强等特征。激光通信系统的两端都需要发送端和接收端，如图 6-21 所示。

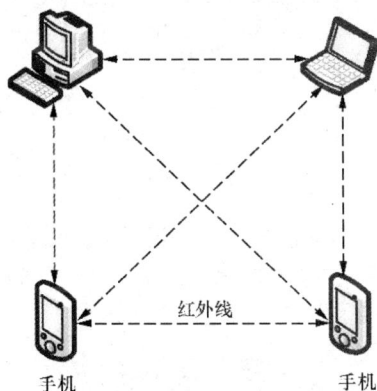

图 6-20　红外线连接

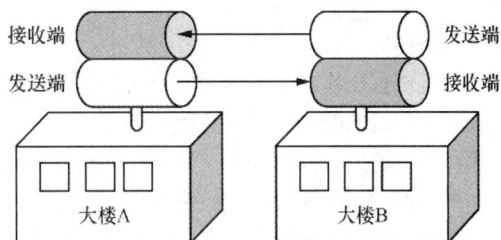

图 6-21　激光通信

激光通信带宽高、容量大、不受电磁干扰、不怕窃听，设备结构轻便、价格经济。但是激光在空气中传播衰减快，受天气影响大；激光束有极高的方向性，瞄准困难。

激光通信主要用于地面短距离高速率通信，如短距离内传送高清视频；也可用于导弹引导数据传输、地面多路通信；还可通过卫星进行全球通信和星际通信等。

6.4.2 硬件设备

在 TCP/IP 的网络访问层工作的常用硬件设备有网络适配器（Network Interface Card，NIC）和交换机。

1．网络适配器

网络适配器也叫网卡，承担在计算机与网络之间交换数据的任务。要把计算机接入网络，必须在计算机的插槽中插入网卡。网卡包括有线网卡和无线网卡。

图 6-22 所示为有线网卡，有线网卡上一般有 RJ45 接口（注册插孔 45 接口）、BNC（Bayonet Neill-Concelman，一种卡口式同轴连接器）、AUI（Attachment Unit Interface，附件单元接口）和光纤接口。RJ45 接口连接双绞线，BNC 连接细同轴电缆，AUI 连接粗同轴电缆，光纤接口用于连接光纤。

图 6-22　有线网卡

无线网卡用于连接无线局域网。计算机、手机、平板电脑等通常内置无线网卡。此外，还有 USB 接口的无线网卡，如图 6-23 所示。

网卡的物理地址（也叫 MAC 地址）是保存在网卡中的全球唯一地址，通常由网卡生产厂商写入网卡的 ROM。物理地址由 48bit（6

图 6-23　USB 接口的无线网卡

字节）的十六进制数组成，如 E8-9A-8F-F3-20-2D。每个厂商申请唯一的厂商代码（第 0 位～第 23 位），并自行分派第 24 位～第 47 位，这样保证各厂商所制造的网卡的物理地址的唯一性。在局域网中，可以使用广播方式发送数据，通过物理地址来识别主机。

如图 6-24 所示，在局域网中，3 台计算机网卡的物理地址不同。PC1 发送数据帧给 PC3 时，数据帧封装了源地址和目的地址。数据帧广播到局域网后，局域网中的所有网卡都可以接收到。只有 PC3 的网卡在接收到数据帧后，检测发现目的地址与本网卡的物理地址相同，随后接收处理这个数据帧，并且知道这个数据帧是 PC1 发送的。其他计算机则抛弃该数据帧。

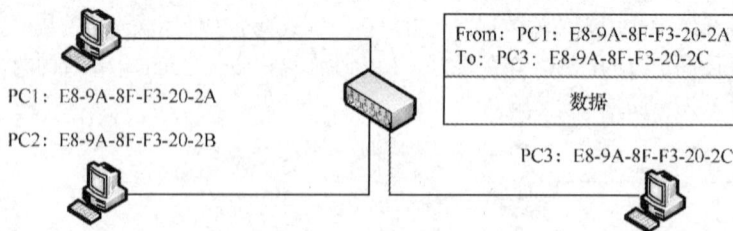

```
From: PC1: E8-9A-8F-F3-20-2A
To:  PC3: E8-9A-8F-F3-20-2C

数据
```

PC1: E8-9A-8F-F3-20-2A

PC2: E8-9A-8F-F3-20-2B

PC3: E8-9A-8F-F3-20-2C

图 6-24　网卡的物理地址

2．交换机

交换机也称交换式集线器，如图 6-25 所示，它能根据发送数据包的源地址和目的地址，接通源端口与目的端口电路，为接入交换机的任意两个网络节点提供独享的数据传输通路。交换机中可以同时存在多条通路，彼此独立，即使交换机工作繁忙时每一条通路也可以获得较高速率。

如图 6-26 所示，8 接口交换机的每个接口均包括一对输入和输出线路，接口 1 和接口 6 连接、接口 2 和接口 4 连接、接口 3 和接口 5 连接，共有 3 对独享的数据传输通路，传输完毕后连接将断开。交换机常见的传输速率有 10Mbit/s、100Mbit/s、

图 6-25　交换机

自适应 10/100Mbit/s、1000Mbit/s 等。

图 6-27 所示为使用交换机组建的星形结构网络。

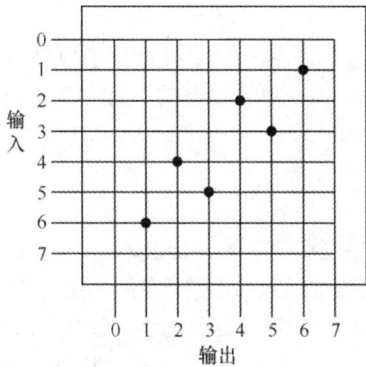

图 6-26 交换机原理

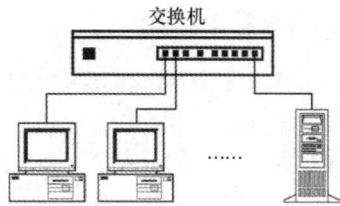

图 6-27 使用交换机组建的星形结构网络

6.5 TCP/IP 的网络层

TCP/IP 的网络层的主要功能是寻址、路由选择和重组，它的核心协议是 IP，以及一些辅助协议（ICMP、ARP、RARP 等）。

IP 是一个无连接协议，IP 数据包中有目的地址，IP 负责将数据包从源主机转发到目的主机，主要功能包括寻址、路由选择及重组。IP 可以运行在主机上，也可以运行在路由器等转发设备上。

6.5.1 IP 地址

IP 地址是标识计算机在 Internet 中位置的唯一地址。在 Internet 中，不允许有两台计算机的 IP 地址相同。

IP 地址长 32bit，分为 4 字节，每字节均对应 0～255 的十进制整数，数字间用 "." 隔开。例如，210.31.133.209 就是一个正确的 IP 地址。采用这种编址方法，总共有 43 亿多个 IP 地址。

6.5.2 IP 地址的分层结构

IP 地址采用分层结构管理，包含网络地址和主机地址两部分。网络地址表明主机所在网络的 Internet 位置；主机地址表明主机在网络中的编号。

网络地址不为空而主机地址为 0 的是网络地址，如 210.31.133.0。

【例 6.2】 根据图 6-28 描述主机 1 向主机 4 发送数据包的传输过程。

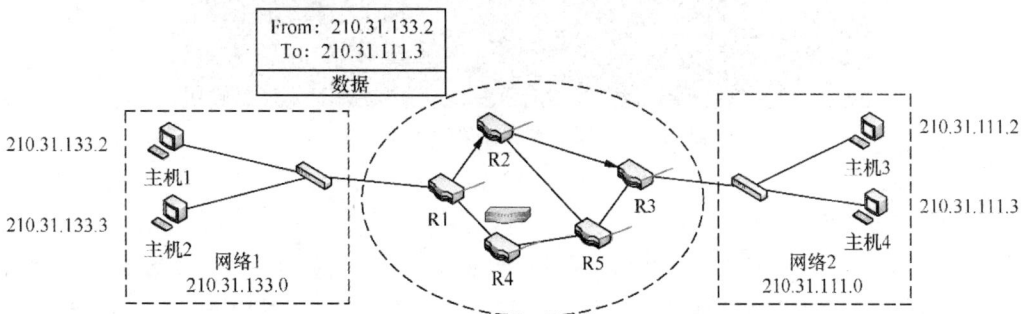

图 6-28 IP 地址示例

主机 1 的网络地址为 210.31.133.0，主机地址为 2；主机 4 的网络地址为 210.31.111.0，主机地址为 3。主机 1 向主机 4 发送数据包时，路由器根据网络地址可知网络的位置，从而决定网络的路由。

一台计算机可以同时拥有多个 IP 地址。例如，一台计算机连接在校园网中，配置的 IP 地址为 210.31.133.209。如果该计算机同时还通过拨号接入 Internet，则互联网服务提供商还将为其分配一个动态 IP 地址。此时，该计算机处于两个网络中，拥有两个 IP 地址。

6.5.3　特殊 IP 地址

127.0.0.1 是本机地址，主要用于测试本机的网络连接是否正常。在 Windows 中，这个地址有一个别名是"Localhost"。主机向该地址发送数据，数据会立即返回，不进行任何网络传输。

因为可用的 IP 地址数量有限，所以不可能给企业、单位、家庭内部的每台计算机都分配一个公网的 IP 地址。此时可以采用私有 IP 地址，如 10.x.x.x、172.16.x.x～172.31.x.x、192.168.x.x 等。

例如，在使用无线路由器组建的局域网中，路由器经常使用 192.168.1.1 作为默认地址，其他主机的地址为 192.168.1.x。

私有网络独立于外部网络，因此可以随意使用私有 IP 地址，私有 IP 地址不会与外部公共 IP 地址冲突。使用私有 IP 地址的私有网络在接入 Internet 时，要使用网络地址转换（Network Address Translation，NAT）将私有地址翻译成公用合法地址。

6.5.4　ping 命令

ping 命令用于检测本机与目的 IP 地址主机之间的网络是否连通。ping 命令的格式如下。

ping 目的主机 IP 地址或域名

ping 命令向目的主机发送 32 字节的消息，并计算目的主机的响应时间。默认情况下，重复 4 次，响应时间低于 400ms 为正常，否则说明网络速度较慢。如果返回"Request Time out"信息，则说明连接不到目的主机。

【例 6.3】　使用 ping 命令，测试本机网络连接的 TCP/IP 配置是否正常。

打开 Windows 的 MS-DOS 窗口，输入命令"ping 127.0.0.1"，如图 6-29 所示。如果响应时间和字节数都正常，则说明本机网络连接的 TCP/IP 配置正常。

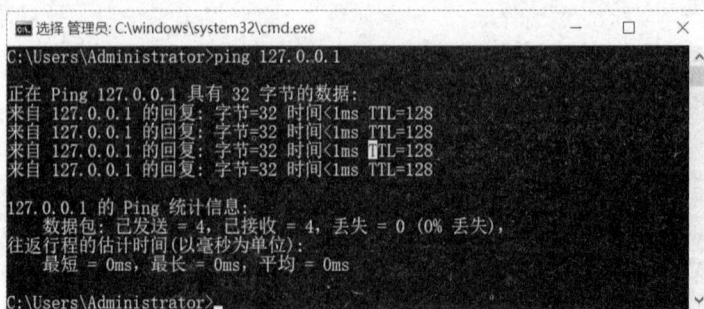

图 6-29　测试网络连接的 TCP/IP 配置

6.5.5　路由器

路由器（Router）是在广域网中进行数据包转发的设备。在广域网中，路由器接收并存储数据包，根据信道速率、拥塞等情况自动选择路由，以最佳路径将数据包从源 IP 地址向目的 IP 地址转发。如图 6-30 所示，数据包从计算机 192.168.61.1 发送到计算机 192.168.62.2，数据包转发的路径为子网 1→R1→R2→R3→子网 2，也可以走其他路径，如子网 1→R1→R2→R5→R3→子网 2、子网 1→R1→R4→R5→R3→子网 2。

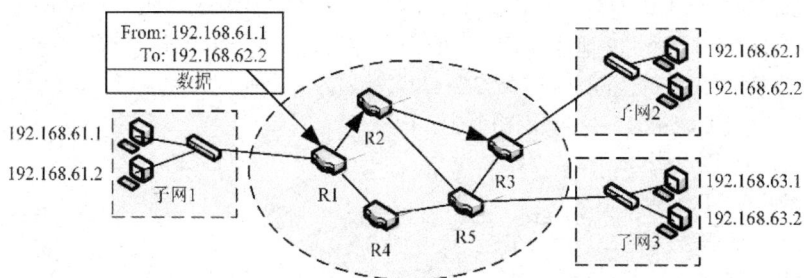

图 6-30　路由器转发数据包

6.6　TCP/IP 的传输层

　　TCP/IP 的传输层提供源节点和目的节点的应用软件之间端到端的数据传输服务。传输层在每个数据包中增加用于识别应用软件的标记，用于区分应用软件。TCP/IP 的传输层包括两个协议：传输控制协议和用户数据报协议。

　　1．传输控制协议

　　传输控制协议（TCP）是一个可靠的、面向连接的传输层协议，它将源主机的数据以字节流的形式无差错地传送到目的主机。TCP 在发送方和接收方之间建立可靠的连接，发送方的 TCP 将用户的字节流分成多个独立报文交由网络层传输，接收方的 TCP 将接收的报文装配并交给用户。TCP 采用差错和超时重传机制，还进行流量控制，以免接收方来不及处理发送方的数据，造成缓冲区溢出。

　　TCP 常用于要求准确、可靠数据传输的场景，如网页访问（应用层协议 HTTP）、邮件传输（应用层协议 SMTP）、文件传输（应用层协议 FTP）和远程登录（应用层协议 Telnet）等。

　　2．用户数据报协议

　　用户数据报协议（User Datagram Protocol，UDP）是一个不可靠的、面向无连接的传输层协议。UDP 不建立连接，不提供端到端的确认重传，不保证数据包能够到达目的端，它将可靠性交由应用层解决。

　　UDP 常用于计算机之间高速的数据传输，此类场景一般对可靠性要求不高，但要求网络延迟较小，如视频会议、视频直播、流媒体、IP 电话等。UDP 也常用于请求/应答式的应用，如网络管理、域名解析、QQ 聊天等。

6.7　TCP/IP 的应用层

　　TCP/IP 的应用层直接为应用软件提供服务，包括很多应用层协议，且不断有新协议加入。常见的应用层协议如下。

　　（1）HTTP：超文本传输协议，用于传输 WWW 网页。

　　（2）SMTP：简单邮件传输协议，用于邮件服务器之间传输电子邮件。

　　（3）FTP：文件传输协议，用于交互式的文件传输。

　　（4）DNS：域名系统，用于将域名解析为 IP 地址。

　　（5）Telnet：终端仿真协议，用于远程登录网络主机。

6.7.1　端口号

在 Internet 中，一台主机拥有一个 IP 地址。主机可以提供许多服务，如 WWW 服务、FTP 服务、SMTP 服务等。TCP/IP 通过"IP 地址+端口号"区分不同服务，每个端口号一般固定分配给特定服务。

TCP/IP 的服务端口号的范围是 0～65535。知名端口号（众所周知的端口号）范围是 0～1023；注册端口号范围为 1024～49151。常用端口号如下。

（1）80：HTTP 网页服务端口。

（2）20、21：FTP 服务端口。

（3）23：Telnet 服务端口。

（4）25：SMTP 服务端口。

（5）4000：QQ 端口（UDP）。

一个服务在使用默认端口号时可以省略端口号；当服务使用其他端口号时，必须指定端口号。指定端口号的方法是在统一资源定位符（Uniform Resource Locator，URL）中域名或 IP 地址后加上冒号"："，再加上端口号。举例如下。

URL "http://210.31.141.2:80/ccbs" 指定 WWW 服务的端口号为 80。

URL "http://csie.tust.edu.cn/ccbs" 省略 WWW 服务的端口号，默认端口号为 80。

URL "ftp://210.31.141.2" 省略 FTP 服务的端口号，默认端口号为 21。

URL "http://csie.tust.edu.cn:8080" 指定服务器端使用 8080 作为 WWW 服务的端口号。

6.7.2　域名及域名解析

1．域名

数字形式的 IP 地址难以记忆和识别，人们从 1985 年开始采用域名系统（Domain Name System，DNS），使用域名来指向 IP 地址。

域名采用层次型树状结构，如图 6-31 所示。域名分为多个层次，每个层次都可管理其下级内容。一台主机的域名以圆点"."分隔，从右到左指示范围逐渐缩小。顶级域名为国际通用域名或地理域名，表示类型、国家或地区；二级域名为机构域名，表示组织或部门；三级以下域名为网络名、主机名等。举例如下。

www.tust.edu.cn 为中国域名，cn 表示中国，edu 表示教育机构，tust 表示天津科技大学，主机名为 www。

www.cctv.com 为国际域名，com 表示商业类，cctv 表示中央电视台，主机名为 www。

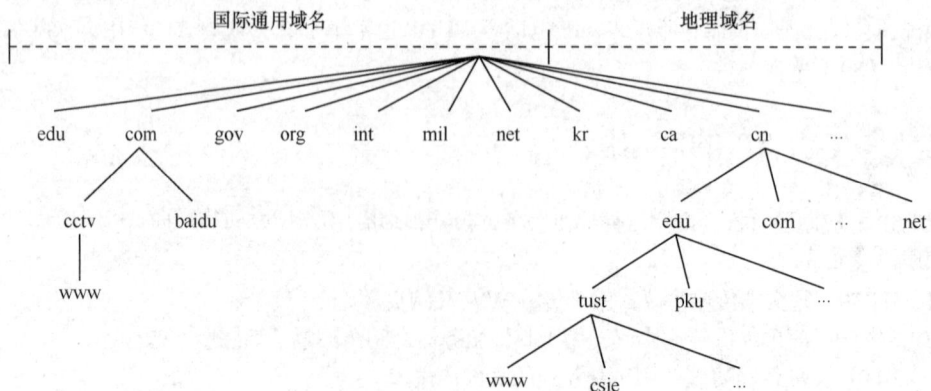

图 6-31　域名的层次型树状结构

表 6-1 所示为部分顶级域名及其含义。

表 6-1   部分顶级域名及其含义

域名	含义	域名	含义
com	商业类	org	非商业类
net	网络服务商等	int	国际组织类
gov	美国联邦政府	cn	中国
edu	教育类	ca	加拿大
mil	美国军方机构	au	澳大利亚

2．域名解析

一个域名指向一个 IP 地址，域名系统（DNS）负责管理域名与 IP 地址之间的对应关系。每一级域名都有对应的 DNS 服务器，保存域名与 IP 地址的映射表。

域名解析过程如图 6-32 所示，具体过程如下。

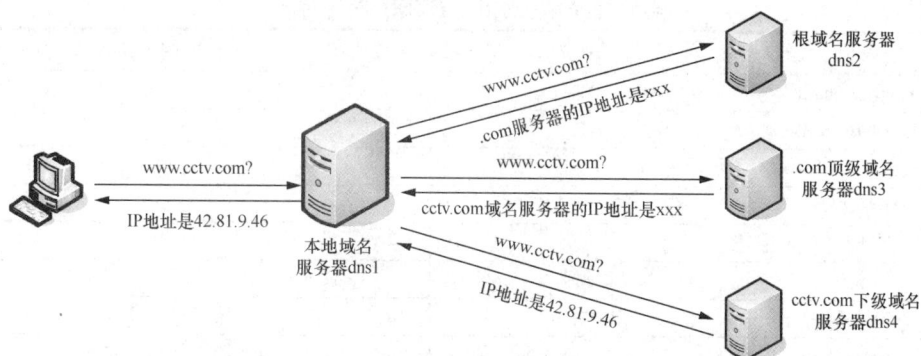

图 6-32   域名解析过程

（1）客户机将解析域名 "www.cctv.com" 的请求发送给本地域名服务器 dns1。

（2）dns1 收到请求后，先查询本地存储的映射表。如果找到该域名的记录，则 dns1 直接将查询到的 IP 地址返回给客户机，域名解析过程结束。

（3）如果没有找到记录，那么 dns1 将请求发送给根域名服务器 dns2。dns2 将所查询域名的顶级域名服务器（.com）dns3 的 IP 地址返回给 dns1。

（4）dns1 再向 dns3 发送请求，dns3 将下级域名服务器（cctv.com）dns4 的 IP 地址返回给 dns1。

（5）dns1 再向 dns4 发送请求，dns4 查询映射表，如果没找到记录，则将 "未找到" 信息返回给 dns1；如果找到记录，则将找到的 IP 地址返回给 dns1。

（6）dns1 把返回的结果保存到映射表中，以备下一次使用，同时将结果返回给客户机。

【例6.4】 使用 ping 命令，测试域名 www.cctv.com 对应的 IP 地址。

打开 Windows 的命令提示行窗口，输入命令 "ping www.cctv.com"，如图 6-33 所示，域名 www.cctv.com 对应的 IP 地址为 111.31.114.14。

图 6-33   测试域名的 IP 地址

6.7.3　WWW 服务

WWW 是 Internet 的一种信息服务方式，它的工作基础是超文本传输协议（Hypertext Transfer Protocol，HTTP），通过客户机和服务器彼此发送消息的方式工作。WWW 服务的信息资源由许多 Web 页面构成。

1．HTML

超文本文件是指在文本文件中加入图片、声音等多媒体信息，通过超级链接指向其他资源。在 Internet 中，Web 页面就是超文本文件，用户可以通过超级链接在 Web 页面之间切换。

超文本标记语言（Hypertext Markup Language，HTML）通过标记来标识网页的各个部分，常用标记的含义如表 6-2 所示。HTML 文档被称为网页，文件的扩展名一般为 htm 或 html。

表 6-2　常用的 HTML 标记

标记	意义	举例
\<html\>…\</html\>	定义 HTML 文档	
\<head\>…\</head\>	定义 HTML 头部	
\<body\>…\</body\>	HTML 主体标记	
\<p\>…\</p\>	分段	
\<br\>	换行	
\<hr\>	画水平线	
\<b\>…\</b\>	粗体字显示	\<b\>第一个网页\</b\>
\<hn\>…\</hn\>	n 级标题显示	\<h2\>第一个网页\</h2\>
\<font\>…\</font\>	字体	\<font face="楷体_GB2312" size=6 color="red"\>
\<img src="…"\>	加载图片	\<img src="ABC.jpeg"\>
\<a href="…"\>	超级链接	\<a href="http://www.ryjiaoyu.com"\>
\<table\>…\</table\>	用于定义表格	
\<tr\>…\</tr\>	定义表格行	
\<td\>…\</td\>	定义单元格	

我们可以使用记事本编写 HTML 代码，也可以使用 Dreamweaver 等可视化设计工具设计网页。

【例 6.5】 使用文本编辑器将以下代码保存为 1.html，显示结果如图 6-34 所示。

```html
<html>
  <head>
    <title>例子网页</title>
  </head>
  <body>
    <h2>第一个网页</h2>
    <hr>
    <p><font face="楷体_GB2312" size=4 color="red">第一个例子</font></p>
    <table border="1" width="100%">
      <tr><td>链接</td><td>内容</td></tr>
      <tr><td>文字</td><td><a href="02.htm">超级链接</a></td></tr>
      <tr><td>图片</td>
        <td><img border="0" src="ding.jpg" width="84" height="84"></td></tr>
    </table>
  </body>
</html>
```

2. URL

URL 是 Internet 上所有资源统一且唯一的地址定位方法。一个完整的 URL 由资源类型、存放资源的主机域名或 IP 地址和资源文件名 3 部分组成，如图 6-35 所示，以 "/" 作为域名、路径、文件名之间的分隔符号。这里的资源不一定是 Web 页面，也可能是图片、声音、电影、程序等文件。

图 6-34　网页效果

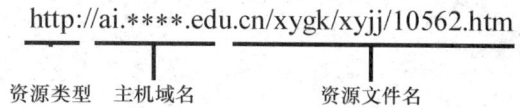

图 6-35　URL 的组成

除 HTTP 外，URL 还支持其他资源类型，包括 FTP、Telnet、mailto 等。

6.7.4　电子邮件

电子邮件（E-mail）是一种快捷、简单、廉价的通信手段，它是应用广泛的 Internet 基本服务之一。发信人将电子邮件发送到邮件服务器，放在收信人的邮箱中，收信人可以随时上网读取电子邮件。电子邮件不仅可以传输文字，还可以将图像、声音、程序等文件作为附件。

电子信箱就是在邮件服务器中申请的账号，它是电子邮件地址的唯一标识。电子邮件的地址格式为 "用户名@邮件服务器域名"。使用电子信箱还需要拥有密码。

例如，ccbs@****.edu.cn、ccbs2011@****.com 都是有效的电子邮件地址。

电子邮件的发送过程如图 6-36 所示。

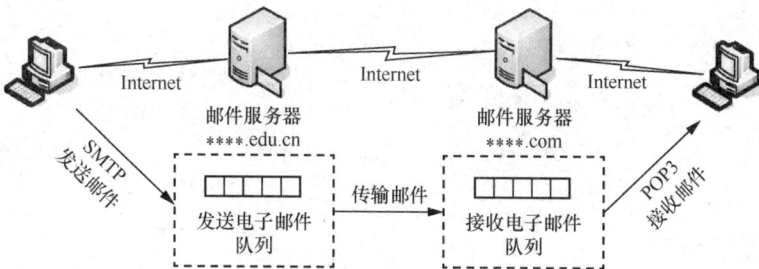

图 6-36　电子邮件的发送过程

首先，发件人通过 Web 浏览器或邮件客户端编写电子邮件，包含收件人的电子邮件地址。带有附件的电子邮件会显示一个别针图标 📎 。使用简单邮件传输协议（Simple Mail Transfer Protocol, SMTP）将邮件发送到 SMTP 服务器。

然后，SMTP 服务器检查收件人地址，将邮件传送到收件人信箱的邮件服务器。

最后，收件人的邮件服务器将邮件保存在该收件人的信箱内，等待该收件人查阅。

收件人可以通过两种方式查看自己的邮件。

（1）通过 Web 浏览器，输入邮箱的域名，通过账号和密码登录进入邮箱，查看邮件。

（2）通过邮件客户端，以自己的信箱账号和密码连接邮件服务器，请求接收邮件。收件人通过邮局协议（如 POP3）或因特网信息访问协议（Internet Message Access Protocol, IMAP）读取邮件或将邮件保存到自己的计算机。

6.7.5　文件传输

文件传输协议（File Transfer Protocol，FTP）用于在 Internet 中进行文件传输。FTP 服务器提供文件上传和下载服务。

用户可以使用命令行方式、Web 浏览器或 FTP 客户端连接 FTP 服务器，通过账号和密码登录服务器（如果服务器允许匿名登录，则不需要账号和密码）。登录服务器后，就可以上传和下载文件。

1. FTP 的工作过程

FTP 的工作原理如图 6-37 所示，其工作过程如下。

（1）用户启动 FTP 客户端与 FTP 服务器的会话，建立客户端与服务器之间的控制连接（端口号 21）。

（2）客户端通过控制连接（端口号 21）发送用户账号、密码、操作目录、上传和下载文件的命令等。

（3）当用户需要上传或下载文件时，此时会建立数据连接（端口号 20），客户端通过该数据连接上传送数据文件，在文件传送完毕后关闭数据连接。

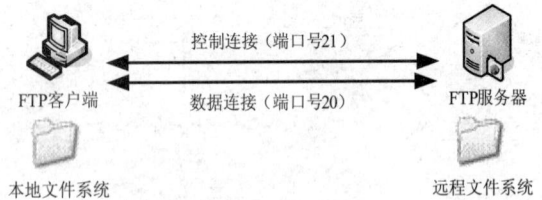

图 6-37　FTP 的工作原理

2. FTP 客户端软件

FTP 客户端可以上传和下载文件。在网络连接意外中断时，它能通过断点续传功能继续传输剩余部分，从而节省时间和费用。FTP 客户端软件如图 6-38 所示，操作过程如下。

（1）创建站点。在站点管理器中添加站点，设定地址、用户名、密码、默认的本地路径。

（2）选择需要连接的 FTP 站点，连接到远程 FTP 服务器。图 6-38 中左侧为本地文件，右侧为远程 FTP 文件。把文件或文件夹从左侧拖到右侧，就可以实现上传；把文件或文件夹从右侧拖到左侧，就可以实现下载。此外，还可以创建、删除和移动 FTP 服务器上的文件和文件夹。

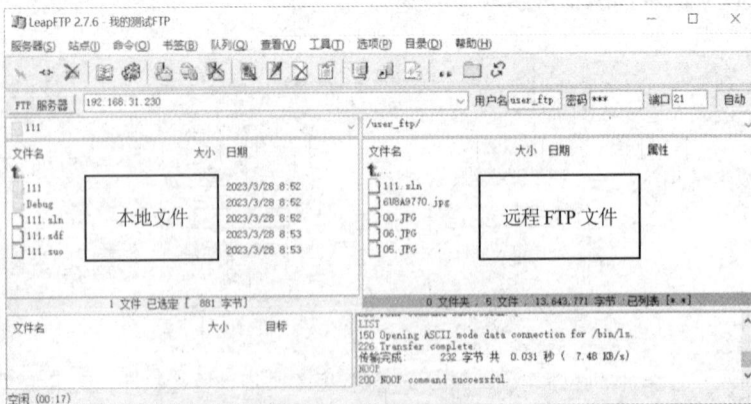

图 6-38　FTP 客户端软件

6.7.6　远程登录与远程桌面

远程登录和远程桌面是指客户机登录到远程服务器，成为服务器的远程终端，远程管理和操作服务器。

1. Telnet 远程登录

Telnet 是 TCP/IP 的应用层协议，默认端口号为 23。用户建立本机与远程 Telnet 服务器的连接，登录远程服务器；本机操作或发出的命令将在远程服务器上执行。Telnet 工作过程如下。

（1）在 Windows 的 MS-DOS 窗口执行命令"Telnet 192.168.31.230"，连接 Telnet 服务器，进入操作窗口，如图 6-39 所示。

（2）输入用户名、密码，登录 Telenet 服务器。此后在该窗口中输入的命令将会在远程服务器上执行。

图 6-39　Telnet 操作

2．Windows 远程桌面

Windows 的远程桌面连接功能也是一种类似 Telnet 的远程登录服务。为安全起见，一般服务器默认关闭远程桌面连接服务。当需要提供远程桌面连接时，可以开启远程桌面连接服务。

远程桌面连接的过程如下。

（1）在 Windows 中，执行"附件"→"远程桌面连接"命令，将打开"远程桌面连接"对话框，如图 6-40 所示。

（2）输入一台远程服务器的 IP 地址，单击"连接"按钮，在弹出的对话框中输入用户名和密码，如图 6-41 所示。

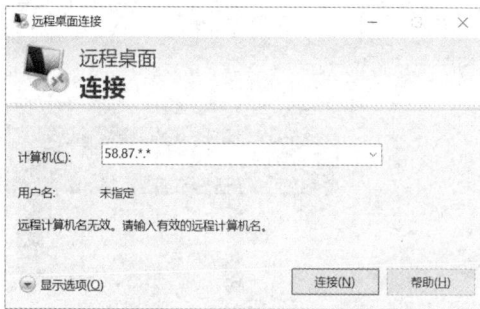

图 6-40　"远程桌面连接"对话框

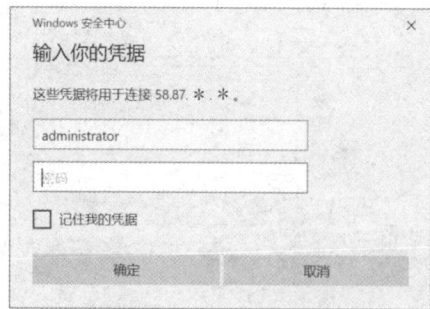

图 6-41　输入用户名和密码

（3）单击"确定"按钮，在图 6-42 所示的窗口中登录远程服务器。此时，在该窗口中进行的所有操作都在远程服务器中执行。

图 6-42　远程桌面操作

6.8　局域网接入 Internet

本节以组建局域网并接入 Internet 为例来说明局域网组网的方法，以及网络连接出错时查错的方法。

【例 6.6】　组建一个通过无线路由器连接 3 台台式计算机、多台笔记本电脑等移动设备的办公室网络。该网络通过宽带访问互联网，台式计算机采用双绞线连接，笔记本电脑等移动设备可以采用无线网连接，网络结构如图 6-43 所示。

1．选购硬件设备

无线路由器是带有无线覆盖功能的路由器，它能将宽带网络信号分发给局域网中的有线或无线网络设备。无线路由器一般提供多个 RJ45 接口，如图 6-44 所示，RJ45 接口可以通过双绞线连接有线网络设备。

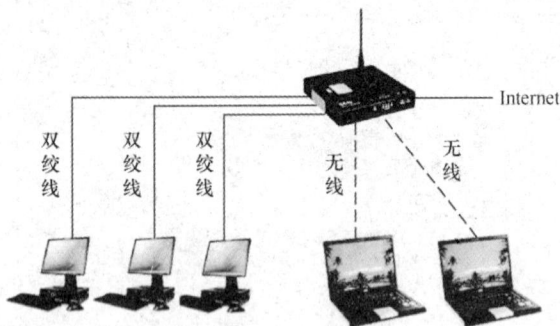

图 6-43　网络结构示意

图 6-44　无线路由器接口

2．无线路由器的设置

无线路由器可以使用浏览器进行管理，一般访问管理页面的地址是 http://192.168.1.1。

输入管理页面的地址，显示登录页面，如图 6-45 所示。输入用户名和登录密码，打开管理页面，如图 6-46 所示，该页面显示路由器的连接状态。

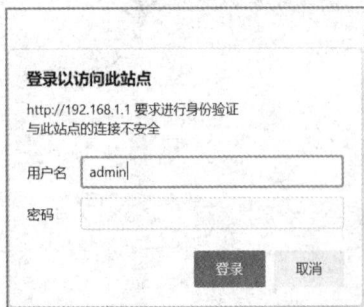

图 6-45　路由器登录页面

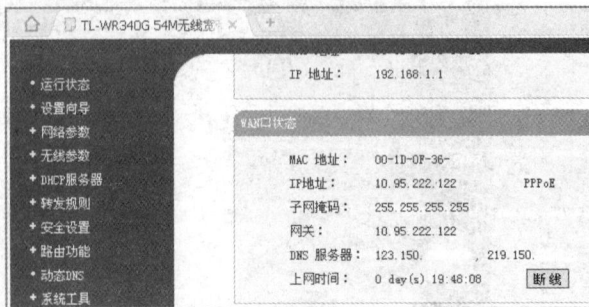

图 6-46　路由器管理页面

（1）设置互联网连接方式。单击"设置向导"，开始设置向导。

①　选择上网方式，如"ADSL 虚拟拨号（PPPoE）"，如图 6-47 所示。

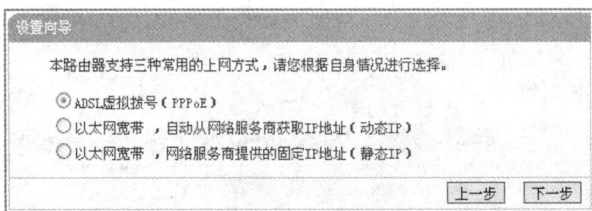

图 6-47　选择上网方式

② 设置上网账号和上网口令。输入电信运营商提供的上网账号和上网口令，如图 6-48 所示。单击"下一步"按钮后，再单击"完成"按钮，完成向导设置。

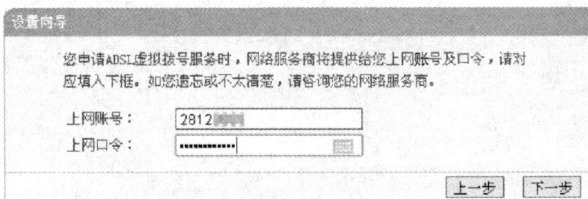

图 6-48　设置上网账号和上网口令

（2）无线网络的基本设置。单击"无线参数"→"基本设置"，在图 6-49 所示的对话框中设置客户端设备接入无线网络的密码，以保证无线网络的安全。

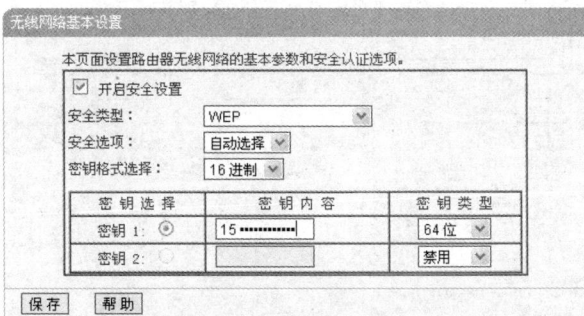

图 6-49　无线网络基本设置

（3）MAC 地址过滤。MAC 地址是网卡的物理地址，可以通过设置允许或禁止某些 MAC 地址的设备接入无线网络。单击"无线参数"→"MAC 地址过滤"，在图 6-50 所示的对话框中设定接入设备的 MAC 地址及其密码。

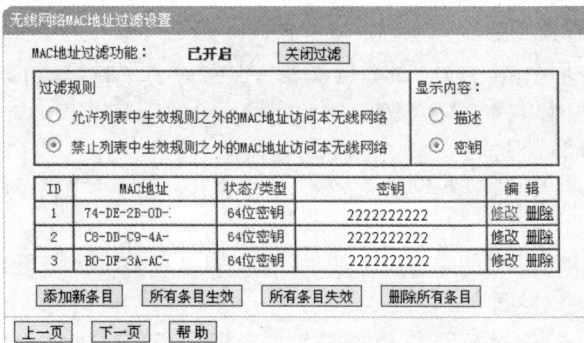

图 6-50　MAC 地址过滤设置

计算机网络技术　第6章

（4）IP 地址过滤。IP 地址过滤是指在某些时间段局域网的某些 IP 地址允许或禁止访问广域网的某些 IP 地址。单击"安全设置"→"IP 地址过滤"，在图 6-51 所示的对话框中设置时间段、局域网 IP 地址和广域网 IP 地址。

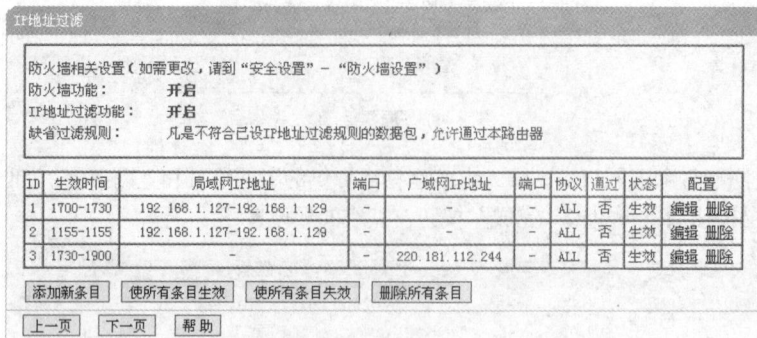

图 6-51　IP 地址过滤设置

（5）域名过滤。域名过滤是指在某些时间段允许或禁止访问某些域名。单击"安全设置"→"域名过滤"，在图 6-52 所示的对话框中设置时间段和外网的域名。

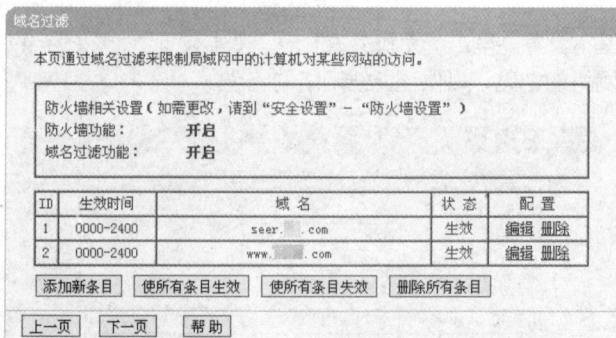

图 6-52　域名过滤设置

6.9 计算机网络与人工智能

人工智能的发展受到了网络的支持，而网络的发展也受益于智能技术的不断进步。智能系统通过网络获取大量数据和信息，从而进行学习和优化；网络也可以通过智能算法来提高效率和安全性。计算机网络与人工智能彼此相辅相成，相互促进。

1．网络促进人工智能发展

互联网和社交媒体等网络平台提供的海量数据，是训练人工智能算法的基础。通过对用户的搜索行为进行分析和学习，以及对网络大数据进行处理和分析，搜索引擎可以实现智能化，如百度搜索引擎的智能回答，如图 6-53 所示。

网络的云计算技术为人工智能提供了强大的计算能力和存储能力支持，使人工智能可以处理更加复杂和庞大的任务。

网络为人工智能提供了丰富的应用场景，如智能推荐、智能客服、智能家居等。

2．人工智能促进网络发展

人工智能推动了网络的智能化发展。智能路由器和智能交换机等网络设备通过机器学习算法来优化网络流量管理、安全防护等，提高了网络的智能化水平。

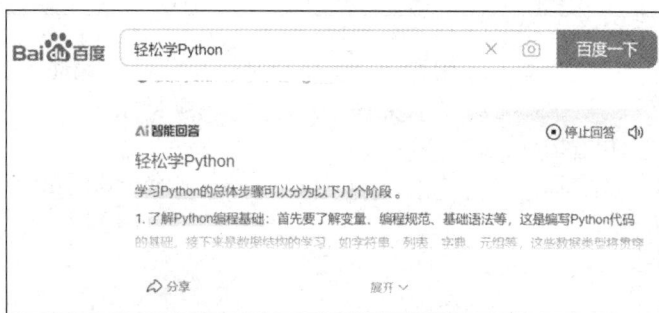

图 6-53　百度搜索引擎的智能回答

　　人工智能技术可应用在网络安全领域，如使用人工智能技术来检测网络攻击和异常流量。智能化的安全系统可以自动识别潜在威胁，采取相应安全措施，提高网络的安全性。

实验

一、实验目的

（1）掌握 ping 命令、ipconfig 命令的用法。

（2）掌握 FTP、远程桌面的使用方法。

二、实验内容

1．常用网络测试工具

（1）在 Windows 的"运行"对话框中输入"cmd"后，单击"确定"按钮，打开 MS-DOS 窗口。

（2）输入"ipconfig /all"命令后按"Enter"键，查看本机的网络配置参数，获取本机的物理地址、IP 地址、默认网关地址、DNS 服务器地址。

（3）用 ping 命令测试能否连接本地回环地址 127.0.0.1。

（4）用 ping 命令测试能否连接默认网关地址。

（5）用 ping 命令测试能否连接本机指定的域名服务器。

（6）用 ping 命令测试能否连接某个网站。

2．网页设计

按照图 6-54 所示样式设计网页，或者自行设计网页。

图 6-54　网页设计

3．FTP 的使用

打开文件资源管理器，连接教师指定的 FTP 地址或自己搜索到的 FTP 地址，上传或下载文件。

4．远程登录和远程桌面

在计算机 A 上，右击"计算机"图标，在弹出的快捷菜单中执行"属性"命令，在"系统"窗口中单击"远程设置"，在"系统属性"对话框的"远程"选项卡中，选中"允许运行任意版本远程桌面的计算机连接"单选按钮。

在计算机 B 上，执行"附件"→"远程桌面连接"命令，连接计算机 B 后，进行远程操作。

习题

一、单项选择题

1. 以下选项中，（　　）不是计算机网络的主要功能。
   A．资源共享　　　　　B．信息交换　　　　　C．分布式处理　　　D．普及应用
2. 在一幢教学楼中建设的网络，可以称为（　　）。
   A．广域网　　　　　　B．局域网　　　　　　C．城域网　　　　　D．资源子网
3. 地理范围在几百千米到几千千米，通信线路一般由电信运营商提供的网络是（　　）。
   A．局域网　　　　　　B．城域网　　　　　　C．广域网　　　　　D．资源共享
4. 由部门用户自己组建、管理，不向本部门以外的部门和个人提供服务的网络是（　　）。
   A．广域网　　　　　　B．局域网　　　　　　C．专用网络　　　　D．公用网络
5. 网络服务提供商组建、管理，供公共用户使用的通信网络是（　　）。
   A．广域网　　　　　　B．局域网　　　　　　C．专用网络　　　　D．公用网络
6. 以一条高速的公共传输介质连接若干节点组成的网络拓扑结构是（　　）。
   A．总线结构　　　　　B．星形结构　　　　　C．环形结构　　　　D．树形结构
7. 由一个中心节点 S 通过点对点链路连接所有从节点组成的网络拓扑结构是（　　）。
   A．总线结构　　　　　B．星形结构　　　　　C．环形结构　　　　D．树形结构
8. 为了使计算机之间能够正确传输信息而制定的关于信息传输的规则、约定与标准称为（　　）。
   A．协议　　　　　　　B．程序　　　　　　　C．体系结构　　　　D．参考模型
9. OSI 参考模型将网络的层次结构划分为（　　）。
   A．4 层　　　　　　　B．5 层　　　　　　　C．6 层　　　　　　D．7 层
10. TCP/IP 参考模型将网络的层次结构划分为（　　）。
    A．4 层　　　　　　　B．5 层　　　　　　　C．6 层　　　　　　D．7 层
11. 网络的下载速率为 1MB/s，该下载速率相当于（　　）。
    A．2Mbit/s　　　　　B．4Mbit/s　　　　　C．8Mbit/s　　　　D．16Mbit/s
12. 常用来组建星形结构网络的有线传输介质是（　　）。
    A．双绞线　　　　　　B．同轴电缆　　　　　C．激光　　　　　　D．光纤
13. 网络发展的早期广泛用于组建总线结构局域网的有线传输介质是（　　）。
    A．双绞线　　　　　　B．同轴电缆　　　　　C．激光　　　　　　D．光纤
14. 芯线为光导纤维，可以传输光信号的传输介质是（　　）。
    A．双绞线　　　　　　B．同轴电缆　　　　　C．激光　　　　　　D．光纤
15. 以下选项中，用于无线局域网的是（　　）。
    A．无线电波　　　　　B．红外线　　　　　　C．激光　　　　　　D．蓝牙
16. 在局域网中，可使用（　　）来识别主机。
    A．物理地址　　　　　B．IP 地址　　　　　C．地理位置　　　　D．距离
17. （　　）是 Internet 中标识计算机位置的唯一地址。

A. 物理地址　　　　　B. IP 地址　　　　　C. URL　　　　　D. DNS 地址

18. 以下选项中，（　　）是正确的 IP 地址。
A. 210.31.132.132　　B. 210.258.1.1　　C. 210.-1.-1.1　　D. 258.1.1.1

19. 经常用来表示本机地址的 IP 地址是（　　）。
A. 192.168.1.1　　B. 10.1.1.1　　C. 172.16.1.1　　D. 127.0.0.1

20. 在广域网中，（　　）根据信道速率、拥塞等情况自动选择路由，以最佳路径将数据包从源 IP 地址向目的 IP 地址转发。
A. 路由器　　　　　B. 交换机　　　　　C. 网卡　　　　　D. 服务器

21. ping 命令的主要作用是（　　）。
A. 检测网络是否连通
B. 监控 TCP/IP 网络
C. 检测 IP 具体配置信息
D. 查看计算机内存

22. ipconfig 命令的主要功能是（　　）。
A. 进行网络设置
B. 进行 IP 设置
C. 检查网络连接的配置信息
D. 管理账号

23. TCP/IP 的传输层包括（　　）和 UDP 两个协议。
A. HTTP　　　　　B. SMTP　　　　　C. IP　　　　　D. TCP

24. 一台主机提供的多个服务可以通过（　　）来区分。
A. IP 地址　　　　　B. 端口号　　　　　C. DNS　　　　　D. 物理地址

25. DNS 的作用是（　　）。
A. 将域名与 IP 地址进行转换
B. 保存主机地址
C. 保存 IP 地址
D. 保存电子邮件

26. 域名与 IP 地址的关系是（　　）。
A. 一个域名可以对应多个 IP 地址
B. 一个 IP 地址可以对应多个域名
C. 域名和 IP 地址没有关系
D. 域名与 IP 地址一一对应

27. DNS 域名后缀中的 cn 表示（　　）。
A. 国际域名　　　　B. 中国　　　　　C. 商业组织　　　　D. 教育组织

28. 域名 www.****.edu.cn 是中国的一个（　　）域名。
A. 军事组织　　　　B. 政府组织　　　　C. 商业组织　　　　D. 教育组织

29. WWW 服务的作用是（　　）。
A. 文件传输　　　　B. 收发电子邮件　　C. 远程登录　　　　D. 信息浏览

30. WWW 服务基于（　　）。
A. SMTP　　　　　B. HTTP　　　　　C. Telnet　　　　　D. FTP

31. WWW 的众多资源采用（　　）进行组织。
A. 菜单　　　　　B. 命令　　　　　C. 超级链接　　　　D. 地址

32. URL 的作用是（　　）。
A. 定位主机的地址
B. 定位网络资源的地址
C. 进行域名与 IP 地址的转换
D. 电子邮件的地址

33. 以下选项中，（　　）是正确的 URL 格式。
A. http://csie.****.edu.cn/ccbs
B. http://csie.****.edu.cn\ccbs
C. http://csie.****.edu.cn/ccbs
D. http:\\csie.****.edu.cn\ccbs

34. 以下 E-mail 地址格式中，正确的是（　　）。
A. 服务器域名@用户名
B. 用户名@服务器域名
C. 用户名@密码
D. 密码@用户名

35. 电子邮件的别针图标表示（　　　）。

    A. 带有病毒　　　　B. 带有附件　　　　C. 转发的邮件　　　　D. 新邮件

36. 发送电子邮件的传输协议是（　　　）。

    A. SMTP　　　　　B. HTTP　　　　　C. Telnet　　　　　D. FTP

37. FTP 服务的作用是（　　　）。

    A. 信息浏览　　　　B. 收发电子邮件　　　C. 文件传输　　　　D. 远程登录

38. 远程登录中服务器和客户机的关系是（　　　）。

    A. 服务器远程控制客户机　　　　　　　B. 客户机远程控制服务器

    C. 客户机属于服务器的一部分　　　　　D. 服务器比客户机功能简单

39. 以下选项中，（　　　）不是无线路由器的安全功能。

    A. MAC 地址过滤　　B. IP 地址过滤　　　C. 域名过滤　　　　D. 网络浏览

二、简答题

1. 简述计算机网络的含义与功能。

2. 简述 VPN 的工作原理。

3. 简述图 6-55 所示的网络的拓扑结构。

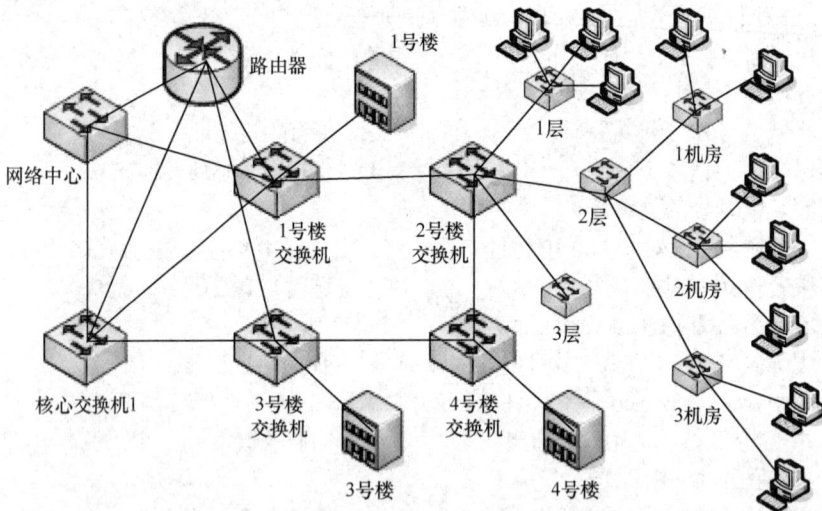

图 6-55　网络拓扑结构

4. 简述常用的有线和无线传输介质分别有哪些。

5. 简述在局域网中传输数据时，通过网卡的物理地址识别主机的过程。

6. 简述交换机的主要工作过程。

7. 简述在 Internet 中，主机 1 向主机 2 发送数据包的过程。

8. 简述路由器的功能。

9. 简述电子邮件发送和接收的过程。

10. 简述计算机网络与人工智能的关系。

11. 简述使用一台无线路由器连接 3 台台式机、2 台笔记本电脑和多台手机组成局域网，以及共享 Internet 带宽的操作过程。

12. 简述当计算机不能正常访问 Internet 时的查错过程。

第7章 信息安全技术

随着计算机和网络技术的发展，信息技术的应用深入人类生活的各个领域。保证信息的保密性、真实性和完整性，保证信息系统的安全运行，对于政府、企业和个人等都极其重要。本章主要介绍信息安全的含义、信息安全的防护措施等。

7.1 信息安全概述

7.1.1 信息安全的含义

信息安全包括信息的安全和信息系统的安全两方面。

1. 信息的安全

信息的安全包括保证数据的保密性、真实性和完整性，避免意外损坏或丢失，以及防止非法用户的窃听、冒充、欺骗等行为；保证信息传播的安全，防止和控制非法、有害信息传播，维护社会道德、法规和国家利益。信息安全涉及以下 3 类信息。

（1）需要保密的信息。此类信息可能被窃取者非法窃取、利用，从而造成各种损失，如图 7-1 所示。常见的需要保密的信息有以下 3 类。

① 个人信息如姓名、身份证号码、个人住址、电话号码、照片等需要对外保密。个人账号和密码，如银行卡号、支付宝账号等信息也应该对外保密。

② 各种企业、事业、机关单位等需要保密的信息，如商业机密、技术发明、财务状况等。

图 7-1　信息泄露

③ 各种有关国家安全的信息，如政府、科研、经济、军事等部门需要保密的信息。

（2）需要防止丢失或损坏的信息。有些数据一旦损坏或丢失，将会造成损失，如手机中的电话号码簿、照片和其他重要数据，计算机中的数据文档，数据库中的重要数据等。

（3）需要防止冒充和欺骗的信息。此类信息包括个人身份、QQ 号、微信号、银行卡信息、电话号码等。

【例 7.1】 信息安全案例 1。

2005 年，某网站发生信息泄露，造成 9000 多万注册用户的资料泄露，包括用户的姓名、电话号码、单位、单位地址、家庭地址、照片等。

【例 7.2】 信息安全案例 2。

如图 7-2 所示，犯罪分子建立了域名和网页内容与真正的网上银行系统、网上证券交易平台极为相似的网站，引诱用户输入账号、

图 7-2　网络诈骗

密码等信息，进而通过网上银行、网上证券交易平台，或者伪造银行卡、证券交易卡盗窃资金。

2．信息系统的安全

信息系统的安全是指保证信息处理和传输系统的安全，它重在保证系统正常运行，避免因系统故障而对系统存储、处理和传输的信息造成破坏和损失，避免信息泄露、干扰他人。

信息系统的安全主要包括计算机机房的安全、硬件系统的可靠运行和安全、网络的安全、操作系统的安全、应用软件的安全以及数据库系统的安全等。

7.1.2 信息安全的风险来源

信息安全的主要风险来源于信息系统自身的缺陷、人为的威胁与攻击，以及物理环境的安全问题。

1．信息系统自身的缺陷

信息系统自身的缺陷包括硬件系统、软件系统、网络和通信协议的缺陷等。

（1）信息系统的安全隐患主要来源于设计上的缺陷和漏洞。

① 硬件系统，包括计算机硬件系统和网络硬件系统的缺陷。

例如，硬盘故障、电源故障或主板芯片的故障等，可能引发数据丢失、系统崩溃等严重的安全问题。

② 软件系统，包括操作系统、应用软件、数据库管理系统等存在的缺陷和漏洞。

在一些操作系统或应用软件中，黑客不断发现和利用各种安全漏洞，造成系统瘫痪或数据的丢失。

（2）信息系统的安全隐患还可能来自生产者主观故意。

个别厂商可能会在计算机的 CPU、主板、网卡、其他控制芯片以及网络中的交换机、路由器等设备中内置陷阱指令、病毒指令，并设有激活办法和无线接收指令机构，一旦其通过有线网络或无线方式激活指令，就会造成用户的信息外泄，或造成计算机系统崩溃、网络瘫痪等严重后果。

【例7.3】 信息安全案例3。

A 国情报部门在 B 国购买的一种用于防空系统的打印机中偷偷换装了一套带有病毒的同类芯片，从而使病毒侵入 B 国军事指挥中心的主机。A 国军队空袭 B 国时，使用无线遥控装置激活了隐藏的病毒，致使 B 国的防空系统陷入瘫痪。

2．人为的威胁与攻击

人为的威胁与攻击主要包括内部攻击和外部攻击两大类。

（1）内部攻击指系统内合法用户故意或非故意操作造成的隐患或破坏。

例如，内部人员与外部人员勾结犯罪，泄露数据等；口令管理混乱，因口令泄露造成的安全隐患等；内部人员违规操作，造成网络或站点拥塞，甚至系统瘫痪等；内部人员误操作，造成硬盘分区格式化、文件或数据丢失等；内部人员盗取设备，如笔记本电脑、存储设备等，获取重要信息。

（2）外部攻击指来自系统外部的非法用户的攻击。

例如，冒充授权用户、冒充系统组成部分；利用系统漏洞侵入系统，窃取数据、破坏系统安全；通过植入木马或病毒程序窃取或篡改数据。

3．物理环境的安全问题

物理环境的安全问题，主要包括自然灾害、辐射、电力系统故障等造成的安全问题。

例如，地震、水灾、火灾、雷击、有害气体、静电等对计算机系统的损害；电力系统停电、电压突变，导致系统损坏或死机，从而造成数据丢失；人为偷盗或破坏计算机系统设备。

7.2 信息安全防护措施

为了消除信息系统的安全隐患，降低损失，可以采取多种信息安全防护措施，主要包括数据备份、双机热备份、数据加密、数字签名、身份认证、安装防火墙、安装补丁程序、提高物理安全性等。

7.2.1 数据备份

目前，政府机关、金融、证券以及其他企业都广泛依赖信息系统处理业务，一旦数据丢失，将会造成巨大损失。

数据备份是为了预防操作失误或系统故障导致数据丢失，而将数据从主机的硬盘复制到其他存储介质的过程，如图7-3所示。当原始数据被误删除、破坏，硬盘损坏，计算机系统崩溃，甚至整个机房或建筑遭到毁灭时，人们可以通过备份数据尽可能地恢复数据，从而降低数据损失。

对于数据备份，需要考虑备份的时机、备份数据的存储介质和备份数据的安全存放3个要素。

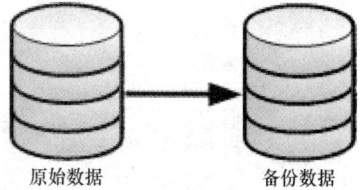

图7-3 数据备份

1．备份的时机

每次备份都要花费一定的时间和成本，所以需要考虑备份的时机。在实际应用中，可以根据数据的重要程度决定备份的时机，一般越重要的数据备份的间隔越短。

例如，个人手机上的电话簿、照片等数据每周或每月备份即可；小公司的数据每天备份即可；金融、证券等部门的每一笔数据都不允许丢失，在系统中可以设置每次数据发生变化时随时自动备份。

2．备份数据的存储介质

在进行数据备份的时候，可以将备份数据存储在本地的硬盘、光盘、磁带以及其他移动存储介质中。

此外，还可以将数据备份到网络存储介质中。例如，可以将计算机中的数据以及手机中的电话簿、照片等文件备份到网络云盘中。

3．备份数据的安全存放

备份数据主要用于在意外损害发生时恢复数据，以降低损失，所以必须保证备份数据的安全存放。在实际应用中，可以根据数据的重要程度决定备份数据的存放方式。

（1）将备份数据保存在本地硬盘中，以防备硬盘中原始数据被误删除等。

（2）将备份数据保存在同一建筑的文件柜中，以防备计算机系统损坏。

（3）将备份数据保存在另一个建筑中，以防备火灾等灾害造成建筑毁灭。

（4）将备份数据保存在银行的保险柜中，以防备一定范围内建筑物的毁灭等。

（5）通过网络将备份数据保存在其他城市的数据中心，以防备地区性的灾难或战争等。

数据备份的具体操作方式如下。

（1）将数据从本地硬盘中复制到本地硬盘、光盘或移动存储设备中，妥善保存。

（2）将数据通过Internet上传到远程的存储空间中，如各种云盘，如图7-4所示。

（3）使用Ghost工具，将某个磁盘分区备份为一个文件，如图7-5所示。

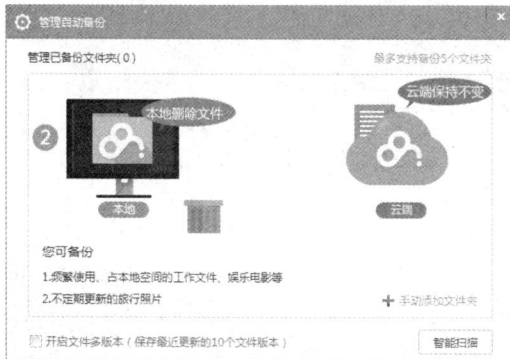

图7-4 百度云备份

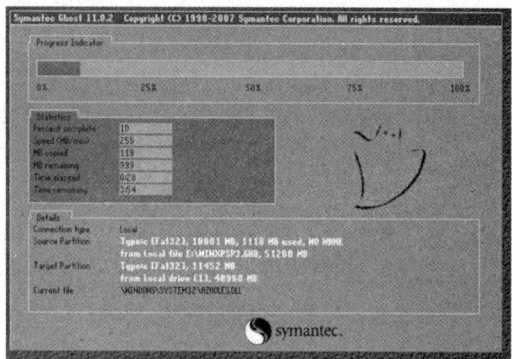

图7-5 使用Ghost工具备份磁盘分区

（4）使用 Windows 自带的备份和还原工具进行数据的备份和还原。可以选择将备份数据保存在本地硬盘的某个分区、网络或其他移动存储设备上，如图 7-6 所示；可以选择备份的内容，如某个分区或文件夹，如图 7-7 所示。

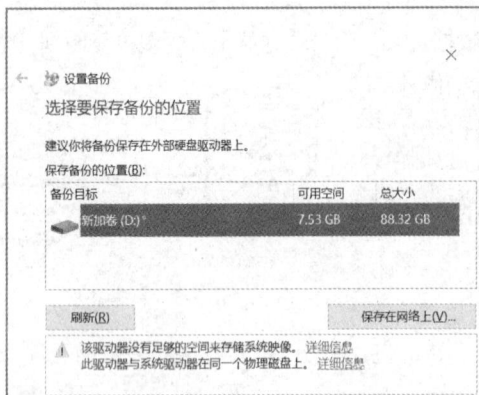

图 7-6　选择备份数据的保存位置

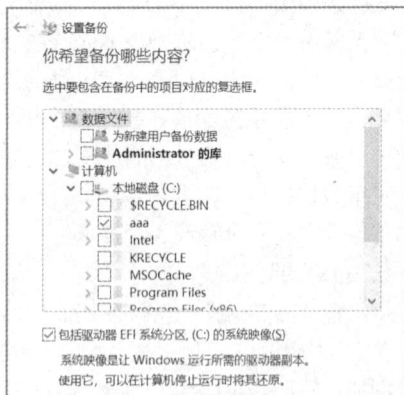

图 7-7　选择备份的内容

当需要恢复数据时，可以使用 Windows 自带的备份和还原工具，将备份数据还原到原始位置。

7.2.2　双机热备份

在金融、保险等行业中，如果系统出现故障导致业务长期中断，那么将造成巨大损失。为了确保系统在出现故障时仍然能够连续工作，可以采用双机热备份。

双机热备份是一种软硬件结合的容错应用方案，由两台服务器和一个共享的磁盘阵列及相应的双机热备份软件组成，如图 7-8 所示；或主服务器和备份服务器（从服务器）各自采用磁盘阵列，如图 7-9 所示。主服务器和从服务器同步进行相同的操作，在主服务器出现故障时，从服务器接管主服务器的服务，从而在不需要人工干预的情况下，保证系统能连续提供服务。

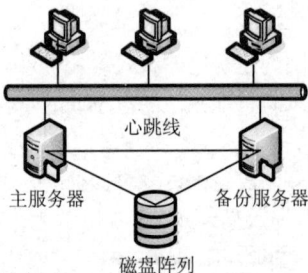

图 7-8　双机热备份方案 1

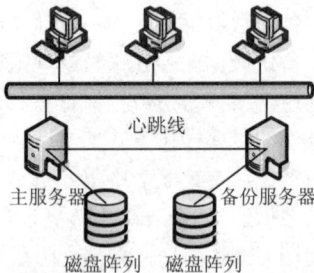

图 7-9　双机热备份方案 2

双机热备份系统采用"心跳"方法保证主、从服务器之间的联系。主、从服务器相互以一定的时间间隔发送信号，表明各自的运行状态。一旦"心跳"信号表明主服务器发生故障或从服务器无法收到主服务器的"心跳"信号，则系统的管理软件认为主服务器发生故障，此时从服务器接管主服务器的服务。

7.2.3　数据加密

数据加密是将明文加密成密文后进行传输和存储，它主要用于防止信息在传输和存储过程中被非法阅读。加密技术包括对称密钥体系、非对称密钥体系、数字证书、超文本传输安全协议（Hypertext Transfer Protocol Secure，HTTPS）等。

【例7.4】 凯撒大帝的加密术。

在古罗马战争中，为了避免信件在传输中被敌方截获，凯撒大帝设计了一套加密方法，将26个字母与后边的第 n 个字母对应。如表7-1所示，每个字母与后边的第3个字母对应。如果加密前的明文是"GOOD MORNING"，那么加密后的密文就是"JRRG PRUQLQJ"。

表7-1　凯撒大帝加密字母对照表

加密前	A	B	C	D	E	F	G	H	I	J	K	L	M	N	O	P	Q	R	S	T	U	V	W	X	Y	Z
加密后	D	E	F	G	H	I	J	K	L	M	N	O	P	Q	R	S	T	U	V	W	X	Y	Z	A	B	C

凯撒大帝的加密算法复杂程度较低，其密码去掉错位数为0的特例，只剩下25种可能。敌方一旦知道算法，就很容易破解密文。

1．对称密钥体系

传统加密技术的工作模式是对称密钥体系，加密和解密使用相同的密钥。如图7-10所示，在数据发送端使用密钥和加密算法，将原始明文加密成密文；密文传送到目的地，接收方使用同一密钥和解密算法将密文还原成原始明文。如果密文在传输过程中被攻击者截获，但是攻击者没有密钥，那么攻击者仍然不能阅读文件。

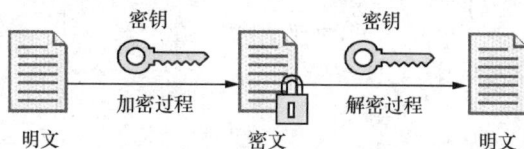

图7-10　对称加密和解密

在这种工作方式下，密码需要由发送者传送给接收者。密码在传输的过程中，有可能被攻击者截获。

攻击者也可以通过各种破解密码的算法算出密码。密码的长度决定了破解密码的困难程度。密码位数越多，破解密码的难度越大。

常用的加密方法如下。

（1）使用WinRAR在压缩时加密，加密和解密的密码相同。

【例7.5】 使用WinRAR压缩文件或文件夹，并设置解压缩密码。

如图7-11所示，在使用WinRAR压缩文件或文件夹时，单击"设置密码"按钮，打开"输入密码"对话框，如图7-12所示，为压缩包设置解压缩密码。在打开压缩包时，只有输入正确密码才可以解压缩。

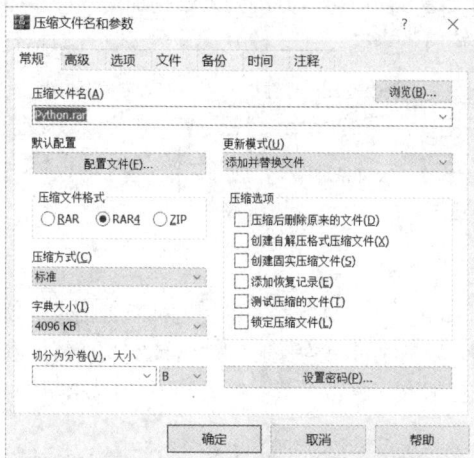

图7-11　"压缩文件名和参数"对话框

图7-12　"输入密码"对话框

（2）使用Windows的新技术文件系统（New Technology File System，NTFS）进行加密。

用户以Windows账号User1登录，加密NTFS磁盘分区中的文件夹后，只有User1能读写和解密该文件夹，其他账号不能读写和解密该文件夹。如果重新安装 Windows 操作系统，用户即使设置相同的账号也不能读写该文件夹。

【例7.6】 使用 Windows 的 NTFS 加密文件夹。

操作过程如下。

① 右击文件夹，在弹出的快捷菜单中执行"属性"命令，打开文件夹的"属性"对话框，如图 7-13 所示。单击"高级"按钮，打开"高级属性"对话框，如图 7-14 所示。

图 7-13　文件夹的"属性"对话框　　　　　　图 7-14　"高级属性"对话框

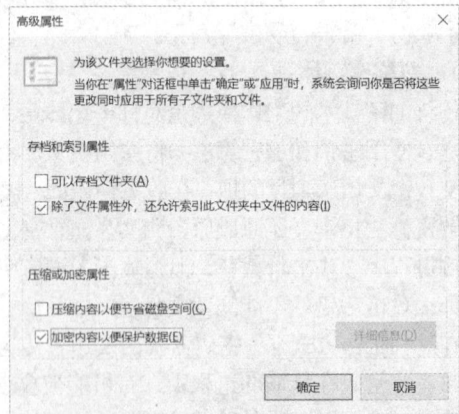

② 选中"加密内容以便保护数据"复选框，单击"确定"按钮。在"确认属性更改"对话框中，选中"将更改应用于该文件夹、子文件夹和文件"单选按钮，单击"确定"按钮开始加密。

③ 加密后的文件夹名称显示为绿色。此时只有进行加密操作的用户账号能读写和解密该文件夹。

2．非对称密钥体系

非对称密钥体系的加密和解密使用不同的密钥，如图 7-15 所示。接收方有一对密钥，即公开密钥（简称公钥）和私有密钥（简称私钥）。信息的发送方使用接收方的公开密钥加密明文，而接收方使用自己的私有密钥解密，且任何人不能使用公钥解密密文。在这种方式下，接收方的私有密钥不需要传输，攻击者很难获得接收方的私钥，因此安全性更高。

常见的非对称加密算法有 RSA 算法（以 3 位发明者的姓氏缩写命名）、数字签名算法（Digital Signature Algorithm，DSA）。

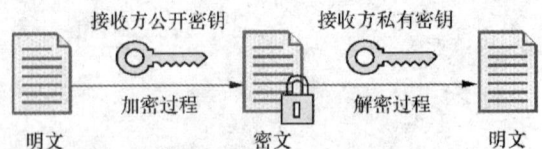

图 7-15　非对称加密和解密

3．数字证书

数字证书是一个由证书授权中心（Certification Authority，CA）签发的包含拥有者信息、公开密钥、私有密钥的文件，其中私有密钥由持有者掌握。以数字证书为核心的加密技术（加密传输、数字签名、数字信封等）可以对网络上传输的信息进行加密和解密、数字签名和签名验证，从而确保信息的保密性、完整性及不可抵赖性。

CA 一般可以提供个人身份证书、企业或机构身份证书、服务器证书、安全电子邮件证书、代码签名证书等，个人、企业、单位等都可以申请并获取数字证书。

4．HTTPS

HTTPS 是以安全为目标的 HTTP 通道，其中加入安全套接字层（Secure Socket Layer，SSL），在 HTTP 的基础上通过传输加密和身份认证保证传输过程的安全性。

　　HTTPS 广泛用于网络中对安全性要求较高的场合，如电子商务、交易支付等，如图 7-16 所示。用户在线购物时，若购物网站使用了扩展验证 SSL 证书，则浏览器地址栏会显示网站所有者的名称和颁发证书的 CA 的名称，用户可以据此确认该网站身份可信。用户在向服务器上传数据时，数据将使用证书中的公钥加密；服务器收到加密数据后可以使用私钥解密数据。HTTPS 信息传递安全可靠，既可以防止被钓鱼网站欺骗，又可以防止数据在传输过程中被窃取。

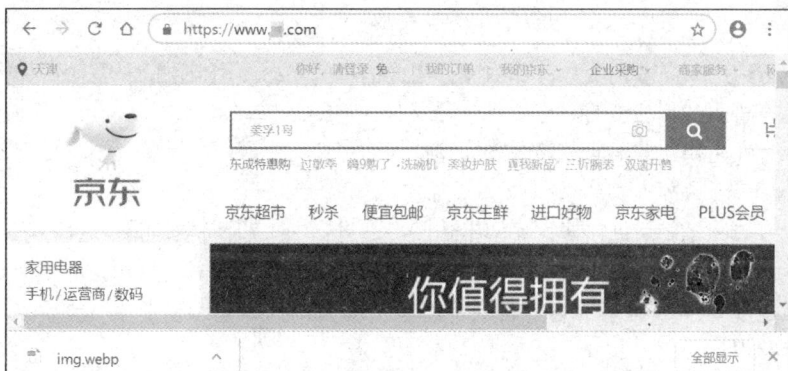

图 7-16　HTTPS 应用场合示例

　　右击地址栏中的锁图标，打开"连接是安全的"对话框，如图 7-17 所示。单击"证书（有效）"按钮，打开"证书"对话框，如图 7-18 所示，可以查看证书的常规信息、详细信息和证书路径，还可以选择导出证书等。

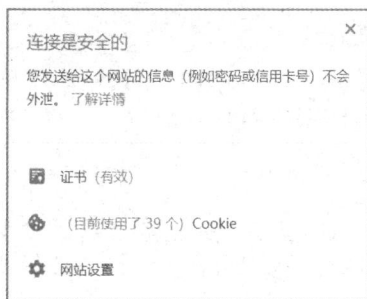

图 7-17　"连接是安全的"对话框

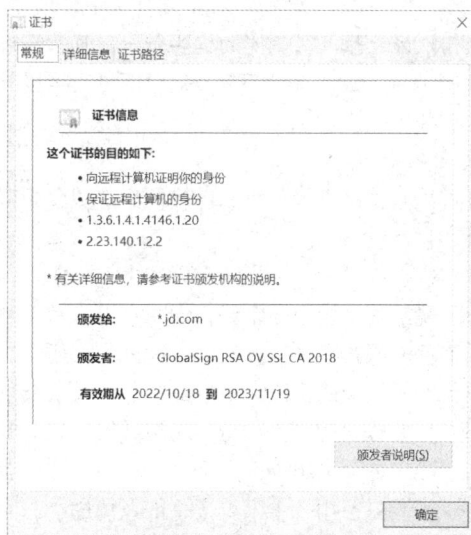

图 7-18　"证书"对话框

7.2.4　数字签名

　　数字签名采用 CA 颁发的数字证书，针对法律文件或商业文件等保证信息传输的完整性、发送者的身份认证，防止交易中的抵赖发生。数字签名工作模式如图 7-19 所示，其工作过程如下。

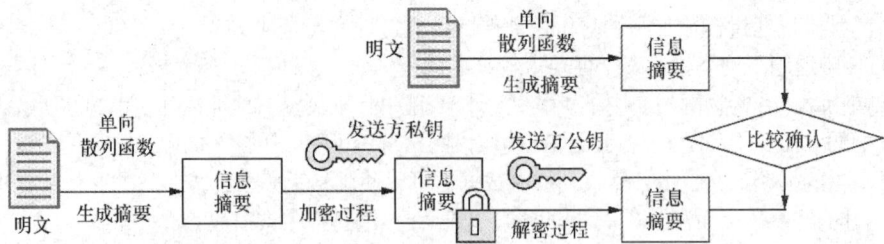

图 7-19　数字签名工作模式

（1）发送方使用单向散列函数计算明文，生成信息摘要；使用自己的私有密钥加密信息摘要。

（2）发送方将明文和加密的信息摘要一起发送。

（3）接收方使用相同的单向散列函数计算收到的明文，生成信息摘要；用发送方公钥解密信息摘要。

（4）接收方将两个摘要进行比较，如果相同，则可以确定明文就是发送方发出的。

《中华人民共和国电子签名法》明确指出，电子签名是指数据电文中以电子形式所含、所附用于识别签名人身份并表明签名人认可其内容的数据。该法律规定可靠的电子签名与手写签名或盖章具有同等的法律效力。

例如，使用数字签名发送加密的电子邮件，可以确保邮件信息的保密性、完整性，以及确认发送方身份的真实性。数字签名可供接收方验证邮件发送方的身份，并确认邮件在传输过程中没有被篡改；加密使邮件在传输过程中不会被接收方以外的其他人阅读。Outlook、Foxmail 等电子邮件系统支持电子邮件的数字签名和加密。

7.2.5　身份认证

身份认证是指证实主体的真实身份与其所声称的身份是否相符的过程。身份认证是访问控制的前提，用于防止假冒身份的行为，对信息安全极为重要。身份认证的常用方法有口令认证、持证认证、U 盾和生物识别等。

1．口令认证

在进出门禁，进入手机、计算机系统，登录网站、软件系统等场合，我们经常需要通过口令认证来证实自己的身份。

在口令认证中，什么样的密码才是安全的呢？安全密码应该与本人的身份信息内容无关，基本无规律，足够长，由小写字母、大写字母、数字和标点符号组合而成。这样的密码的穷举空间足够大，从而使密码难以被穷举破解。此外，密码还需要不定期修改，以确保安全性。

常见的不安全的密码如下。

（1）位数较少的密码比较容易被破解，如 123、abc 等。

（2）简单的英文单词或汉字拼音音节，比较容易被破解，如 hello、tianjin 等。

（3）密码只使用一个字符集，如只使用小写字母、大写字母、数字字符集之一。

（4）以下密码都不安全：本人或亲友的生日、用户名与密码相同、规律性太强的密码（如 111111、123456、aaaaaa），以及在所有场合使用同一个密码、长时间使用同一个密码。

2．持证认证

通过个人持有的证明身份的物品，如身份证、军官证、电话的 SIM（Subscriber Identify Module，用户识别模块）卡、银行 IC（Integrated Circuit，集成电路）卡、门禁卡等，进行身份认证。图 7-20 所示为身份证认证系统，图 7-21 所示为门禁卡认证系统。

持证认证时，如果证件丢失，则不能证明本人身份。若某人获取他人的证件，则有可能假冒身份。

3. U 盾

U 盾（USB Key）是一种 USB 接口的硬件设备，内置单片机或智能卡芯片，采用高强度信息加密，使用数字认证和数字签名技术，具有不可复制性，可以有效防范支付风险，确保客户网上支付资金安全，使用方便，如图 7-22 所示。

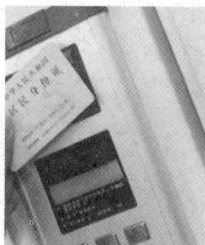

图 7-20　身份证认证系统　　　　图 7-21　门禁卡认证系统　　　　图 7-22　U 盾

在办理网上银行业务时，用户需要将 U 盾插入本人计算机中认证身份，开展操作，从而有效避免他人假冒身份盗取资金。

4. 生物识别

生物识别依据人类自身固有的生物和行为特征进行身份认证。生物特征与生俱来，多为先天性的，如指纹、视网膜、面部等。行为特征是习惯使然，多为后天形成，如笔迹、步态等。

生物识别的优点是无法仿冒，缺点是较昂贵、不够稳定，存在一定的误识别率。

（1）指纹识别

指纹是人的手指末端的正面皮肤凹凸不平所产生的纹线，它具有终身不变性和唯一性。每个人的指纹不同，就是同一人的十指，指纹也有明显区别，因此指纹可用于身份认证，如图 7-23 所示。指纹识别通过比较不同指纹的细节特征点来进行身份认证。

（2）手掌几何识别

手掌几何识别是通过测量使用者的手掌和手指的物理特征来进行识别，不仅性能好，而且使用方便，其准确性非常高，如图 7-24 所示。手形读取器的使用范围很广，且很容易集成到其他系统中，因此手掌几何识别成为许多生物识别项目中的重要技术。

（3）视网膜识别

视网膜是眼睛底部的血液细胞层，视网膜识别技术使用激光照射眼球背面以获得视网膜特征，如图 7-25 所示。

图 7-23　指纹识别　　　　图 7-24　手掌几何识别　　　　图 7-25　视网膜识别

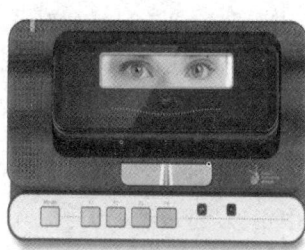

（4）面部识别

面部识别使用摄像头等装置，以非接触的方式获取识别对象的面部图像。计算机系统在获取图像后与数据库图像进行比对以完成识别过程，如图 7-26 所示。面部识别是基于生物特征的识别方式，与指纹识别等传统的识别方式相比，具有实时、准确、高精度、易于使用、稳定性高、难仿冒、性价比高和非侵扰等特性。

（5）静脉识别

静脉识别系统实时获取静脉图像，运用先进的滤波、图像二值化及细化技术提取数字图像特征，再采用复杂的匹配算法同存储在主机中的静脉特征值进行匹配，最终实现对个人身份的精准鉴定，如图 7-27 所示。

图 7-26　面部识别

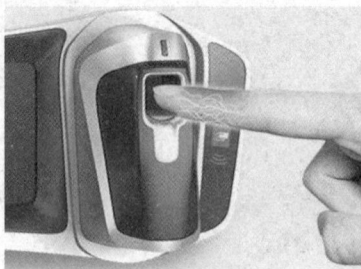

图 7-27　静脉识别

（6）签名识别

签名识别根据每个人独特的笔迹进行身份识别，分为在线签名鉴定和离线签名鉴定。在线签名鉴定通过手写板采集书写人的签名样本，除了采集书写点的坐标，有的系统还采集压力、握笔的角度等数据。离线签名鉴定通过扫描仪输入签名样本。离线签名比较容易伪造，识别的难度也比较大。在线签名由于有动态信息，不容易伪造，目前识别率也可以达到令人满意的程度。

7.2.6　防火墙

防火墙指的是一个由软件和硬件设备组合而成，位于内部网络和外部网络、专用网络与公用网络、计算机和它所连接的网络之间的保护屏障，如图 7-28 所示。

防火墙的本质是允许合法数据往来而禁止非法数据往来的安全机制，防止非法入侵者侵入网络、盗窃信息或破坏系统安全。防火墙是

图 7-28　防火墙

在两个网络通信时执行的一种访问控制尺度，它允许用户"同意"的人和数据进入网络，同时将"不同意"的人和数据拒之门外，最大限度地阻止网络中的黑客来访问用户的网络。

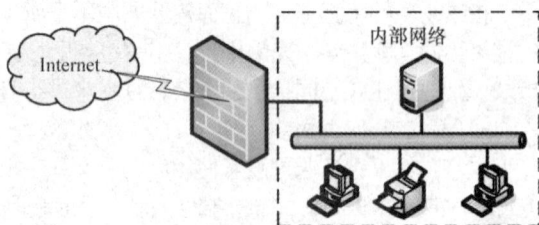

1．防火墙的功能

防火墙的主要功能如下。

① 网络安全的屏障：防火墙能极大地提高一个内部网络的安全性，通过过滤不安全的行为来降低风险。

② 强化网络安全策略：通过以防火墙为中心的安全方案配置，可以将所有安全软件（如口令、加密、身份认证、审计等）配置在防火墙上。相较于将网络安全问题分散到各个主机上，防火墙的集中安全管理更经济、更有效。

③ 监控网络存取和访问：如果所有的访问都经过防火墙，那么防火墙就能记录下这些访问并进行日志记录，同时也能提供网络使用情况的统计数据。

④ 防止内部信息外泄：通过防火墙对内部网络的划分，可以实现内部网络重点网段隔离，从而限制局部重点或敏感网络安全问题对全局网络造成影响，还可以隐蔽那些内部网络服务细节，如 DNS 服务等，避免引起外部攻击者的兴趣。

2．防火墙的不足

防火墙并不能解决所有的安全问题，它存在以下局限性。

（1）防火墙不能防范全部威胁。防火墙只能防范已知威胁，不能自动防范最新的威胁。

（2）防火墙不能防范内部主动发起的攻击。防火墙对外部具有严格的访问控制，但是对内部发起的攻击无能为力。

（3）防火墙只能防护通过它的连接。例如，在内部网络中，计算机通过其他网络接入 Internet，对于此种情况，防火墙不能防护。

（4）防火墙自身可能出现安全漏洞或受到攻击。防火墙自身的硬件和软件也可能存在漏洞，所以也有可能遭受攻击。

（5）防火墙不能防止感染了病毒的软件和文件传输。防火墙一般不具备杀毒功能，通常无法阻止病毒的传播和入侵。

（6）防火墙规则设定复杂，必须由专业的安全人员来管理。过滤数据的规则是防火墙的核心，若规则配置不合理，则防火墙防护效果差、运行效率低，甚至成为网络瓶颈。

3. 硬件防火墙和软件防火墙

防火墙包括硬件防火墙和软件防火墙。

（1）硬件防火墙：硬件防火墙是指把防火墙程序做到芯片里，由硬件执行这些功能，以减少计算机 CPU 的负担，如图 7-29 所示。硬件防火墙是保障内部网络安全的一道重要屏障，它的安全和稳定直接关系到整个内部网络的安全。

（2）软件防火墙：软件防火墙使用软件系统来完成防火墙功能，它通常部署在系统主机上，其安全性较硬件防火墙差，同时占用系统资源，在一定程度上影响系统性能。软件防火墙一般用于个人计算机。图 7-30 所示为瑞星个人防火墙，它可以拦截钓鱼欺诈网站、拦截木马网页、拦截网络入侵、拦截恶意下载等。

图 7-29　硬件防火墙

图 7-30　瑞星个人防火墙

【例 7.7】　Windows 自带的防火墙。

（1）在控制面板中双击"Windows 防火墙"图标，打开 Windows 防火墙窗口，如图 7-31 所示。

（2）单击左侧的"启用或关闭 Windows Defender 防火墙"选项，打开"自定义设置"窗口，如图 7-32 所示，可以启用或关闭公用网络（即 Internet）和专用网络的防火墙。

▶注意

当启用 Windows 防火墙时，如果选中"阻止所有传入连接，包括位于允许应用列表中的应用"复选框，则 Windows 将不能访问网络。

（3）单击 Windows 防火墙窗口左侧的"允许应用或功能通过 Windows Defender 防火墙"选项，

打开"允许的应用"窗口，如图7-33所示，可以设定某些程序或功能是否允许访问网络。

图7-31　Windows防火墙窗口

图7-32　"自定义设置"窗口

图7-33　"允许的应用"窗口

7.2.7　漏洞、后门、补丁程序和安全软件

1．漏洞

漏洞是在硬件、软件、协议或系统安全策略中存在的缺陷，使攻击者能够在未被授权的情况下访问或破坏系统。漏洞可能来自软件设计的缺陷或编码错误，如操作系统的漏洞、手机的二维码漏洞、手机应用软件的漏洞等。

漏洞容易造成信息系统被攻击或控制，重要资料被窃取，用户数据被篡改，系统被作为入侵其他主机系统的跳板等。例如，网站因漏洞被入侵，可能造成用户数据泄露、功能遭到破坏、中止服务，甚至服务器本身被攻击者控制等。

2．后门

后门一般是指那些绕过安全控制而获取对软件或系统访问权限的程序。在软件的开发阶段，开发者会在软件中创建后门以便于修改和维护软件。如果软件在发布之后仍然存在后门，那么就很容易被黑客利用进行攻击。

3．补丁程序

补丁程序是开发者为提高安全性编制并发布的专门修补软件系统的漏洞的小程序。

例如，Windows、Office 等软件提供补丁程序下载和更新。

4．安全软件

漏洞、补丁程序经常发布和更新，用户可能没有足够的时间和精力来管理。此时，用户可以利用各种安全软件来帮助自己管理。

例如，金山卫士就是一款功能强大的安全软件，如图 7-34 所示，它具有计算机全面体检、系统优化、垃圾清理、查杀木马、修复漏洞、软件管理等功能。

图 7-34　金山卫士

7.2.8　提高物理安全性

除了采取前述防护措施，还需要注意提高计算机和网络系统的物理安全性，包括使用门禁系统、监控系统、消防系统、空调系统、不间断电源（Uninterruptible Power Supply，UPS）、防静电地板等，如图 7-35 所示。

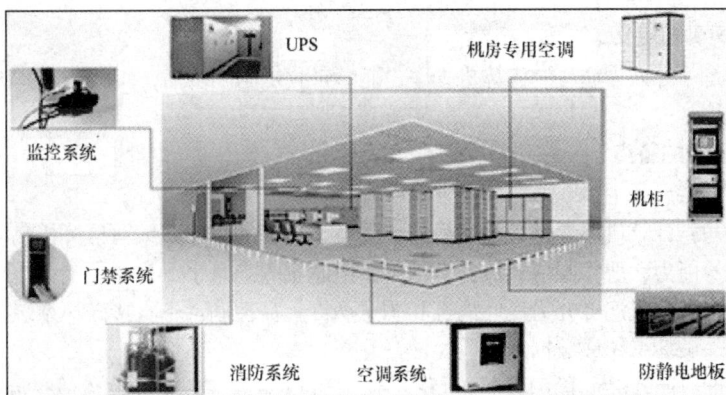

图 7-35　提高物理安全性

1．加强环境的安全保卫

加强环境的安全保卫，可以防止攻击者直接毁坏或盗窃计算机及存储设备，包括安装门禁系统、钢铁栅栏、红外线报警装置、摄像头，以及设立保安等。

2．加强防灾抗灾能力

地震、火灾、爆炸、水灾、辐射等可能造成网络、计算机系统的安全问题，用户必须注意防范。

（1）提高楼宇防震级别，固定各种设备防止倾倒，减少地震造成的损失。

（2）选择好机房的地理位置、高度，防范洪水等灾害，加强机房的屋顶防水、地面渗水等预防措施，保持室内的温度、湿度在一定范围内。

（3）使用阻燃、隔热材料，预防火灾。

（4）进行机房灭火时，一旦使用干粉或其他灭火介质，存放的精密设备可能会被毁坏和污染；如果使用二氧化碳灭火，"冷击"效应也会严重破坏设备。对于机房灭火，可以使用七氟丙烷气体灭火器。七氟丙烷气体不含水分，不会残留在设备的表面或内部，在规定的灭火浓度下对人体完全无害，也不会造成"冷击"效应。

3．使用 UPS 和防静电地板

为了防止电力系统突然停电、电压突变，导致系统损坏、数据丢失，可以安装 UPS。当正常的交流供电突然中断时，UPS 可继续供电，保证系统正常工作。

由于种种原因而产生的静电，可能造成计算机在运行时出现随机故障、误动作或运算错误，甚至击穿和毁坏某些元器件。防静电地板在接地或连接到任何较低电位点时，能够使电荷耗散。

4．物理隔离

虽然有很多信息安全防护措施，但由于技术的复杂性与有限性，仍然无法满足某些机构（如军事、政府、金融等）的高度安全要求，此时可以使用物理隔离技术来保证被隔离的计算机资源不能被访问。

物理隔离是指内部网络不直接连接公用网络，其目的是保护路由器、工作站、网络服务器等硬件实体和通信链路免受人为破坏及搭线窃听等攻击。内部网络和公用网络使用物理隔离，能绝对保证内部网络不受来自互联网的黑客攻击。物理隔离为重要机构划定了明确的安全边界，使网络的可控性增强，便于内部管理。例如，政府机关、军事部门建立不与公用网络产生物理连接的内部专用网络。

7.3 计算机病毒和木马

7.3.1 计算机病毒概述

1．计算机病毒的定义

计算机病毒是一种人为编写的计算机程序，能够自我复制和传播，能破坏计算机系统、网络和数据。

2．计算机病毒的特点

计算机病毒的特点如下。

（1）人为编写：计算机病毒是人为编写的、具有破坏性的程序。编写计算机病毒的目的主要包括表现或证明自身能力，恶作剧或发泄不满情绪，纪念某人或某事，出于政治、军事需要等。

（2）破坏性：计算机病毒分为良性病毒和恶意病毒。良性病毒不直接破坏系统或数据，恶意病毒则会故意损害、破坏系统或数据。

（3）可传播性：计算机病毒可以进行自我复制，通过某种渠道从一个文件或一台计算机传播到另一个文件或另一台计算机，进行大量的传播和扩散。计算机病毒的传播渠道包括光盘、硬盘、网络等。

（4）潜伏性：计算机病毒的体积一般很小，约几百字节到几千字节，不易被发现，植入的计算机病毒可能并不会立刻发作，而是经过一段时间后进行大量传播。一般当计算机病毒发作的条件满足时，才会触发计算机病毒程序模块，导致系统和数据被破坏。计算机病毒发作的条件包括系统时

钟到达某个特定时间、计算机病毒自带的计数器到达某个数值、用户进行特定操作等。

（5）顽固性：有的计算机病毒很难一次性清除，使被计算机病毒破坏的系统、文件和数据很难被恢复。

（6）变异性：很多计算机病毒能在短时间内发展出多个变种，这使计算机病毒的发现和清除难度加大。

3．计算机病毒的危害

计算机病毒不但会造成计算机资源的损失和破坏，还会造成资源和财富的巨大浪费，甚至可能造成社会性灾难。计算机病毒的主要危害如下。

（1）计算机病毒直接破坏计算机数据信息：大部分计算机病毒在发作时直接破坏计算机的数据，主要手段有格式化磁盘、改写文件分配表和目录区、删除文件或改写文件、破坏 CMOS（Complementary Metal-Oxide-Semiconductor，互补金属氧化物半导体）芯片参数设置等。

例如，磁盘杀手（Disk Killer）病毒在磁盘染毒后累计开机 48 小时的时候触发，在屏幕上显示警告信息并改写磁盘数据。

（2）占用磁盘空间：寄生在磁盘上的计算机病毒会非法占用一部分磁盘空间。

引导型计算机病毒占据磁盘引导扇区，把原来的引导扇区转移到其他扇区，被覆盖的扇区数据永久性丢失，无法恢复。

一些文件型计算机病毒传播速度很快，在短时间内感染大量文件，每个文件都不同程度地变大，造成磁盘空间严重浪费。

（3）抢占系统资源：大多数计算机病毒都常驻内存，导致可用内存减少，一部分软件不能运行。计算机病毒还会抢占中断，干扰系统运行。

（4）影响计算机运行速度：计算机病毒进驻内存后不但干扰系统运行，还影响计算机速度，主要表现在以下几方面。

① 计算机病毒为了判断触发条件，总要监视计算机的工作状态。

② 有些计算机病毒为了保护自己，会进行加密，导致系统额外执行很多指令。

③ 计算机病毒在进行传染时要插入非法的额外操作。

（5）计算机病毒错误与不可预见的危害：计算机病毒在编写或修改时存在不同程度的错误，可能造成不可预见的后果。

（6）计算机病毒给用户造成严重的心理压力：用户往往将一些"异常"当成病毒，进而采取各种措施防治计算机病毒。计算机病毒给人们造成巨大的心理压力，极大地影响了计算机的使用效率，由此带来的无形的损失是难以估量的。

4．计算机病毒的分类

按照计算机病毒感染对象的不同，可以将其分为网络型计算机病毒、文件型计算机病毒、引导型计算机病毒和混合型计算机病毒。

（1）网络型计算机病毒：通过计算机网络传播，感染网络中的可执行文件。

（2）文件型计算机病毒：感染计算机中的文件（如 COM、EXE、DOC 等格式的文件）。

（3）引导型计算机病毒：感染引导扇区（Boot）和硬盘的主引导记录（Master Boot Record，MBR）。

（4）混合型计算机病毒：上述 3 种情况的混合型，如感染文件和引导扇区。这样的计算机病毒通常具有复杂的算法，它们使用非常规的办法侵入系统，同时使用加密和变形算法。

7.3.2　计算机病毒的传播途径

目前，计算机病毒的主要传播途径有以下几种。

（1）硬盘、光盘等存储介质在相互借用、复制文件时传播病毒。

（2）网络传输和资源共享已经成为计算机病毒的重要传播途径，如服务器、E-mail、Web网站、FTP文件下载、共享网络文件和文件夹。

（3）盗版软件、计算机机房和其他共享设备也是主要的计算机病毒传播途径。

7.3.3　计算机病毒防治

计算机病毒防治主要包括预防计算机病毒感染、检查和清除计算机病毒两个基本途径。

1．预防计算机病毒感染

预防计算机病毒感染的主要方法是切断计算机病毒的感染途径。

（1）对新购置的计算机系统、软件使用杀毒软件检查已知计算机病毒。

（2）在其他计算机上使用U盘等移动存储设备时，务必注意写保护。如果要复制别人的数据，则必须先使用杀毒软件进行查毒。

（3）在计算机上安装杀毒软件并定期更新，经常全面查杀计算机病毒。

（4）经常更新系统软件和应用软件，使用补丁程序消除操作系统的漏洞和缺陷。

（5）了解最新的计算机病毒预警信息，以便尽早采取措施。

（6）注意查看电子邮件的标题，不随便打开来历不明的电子邮件。

2．检查和清除计算机病毒

杀毒软件能根据计算机病毒的特征码检查和清除已知计算机病毒。对于新出现的、未知的计算机病毒，杀毒软件则无能为力。

开发者通过向计算机病毒库中不断添加新的计算机病毒特征码，使杀毒软件可以查杀新的计算机病毒。因此，用户必须经常更新杀毒软件的计算机病毒库。

常见的杀毒软件有金山毒霸、360杀毒软件、瑞星杀毒软件等。图7-36所示为金山毒霸的工作界面。

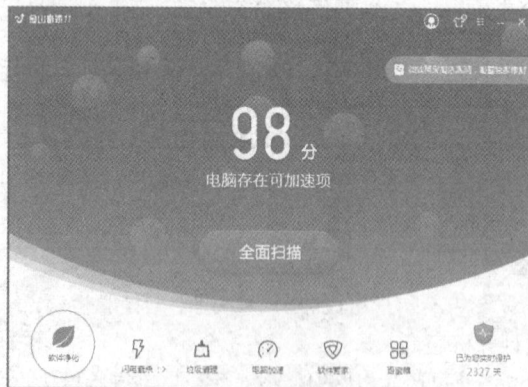

图7-36　金山毒霸的工作界面

目前的杀毒软件一般具有以下功能。

（1）扫描和清除文件、文件夹或整个驱动器中的计算机病毒。

（2）在系统启动时，自动检查系统文件和引导记录中是否存在计算机病毒。

（3）实时监控打开的程序，以及计算机系统中任何可能的计算机病毒活动。

（4）实时扫描从Internet下载的文件。

（5）通过Internet自动更新计算机病毒库，并升级程序。

（6）提供防火墙功能。

7.3.4 木马

　　木马一般是隐藏在被控计算机系统的正常程序中的一段具有特殊功能的恶意代码，黑客可以远程控制感染木马的计算机。一般的木马主要是寻找计算机后门，伺机窃取被控计算机中的密码和重要文件等，还可以对被控计算机实施监控、资料修改等非法操作。

　　一个完整的木马程序包括服务器端和客户端两部分。如图 7-37 所示，被植入木马的计算机是服务器端，而黑客利用客户端侵入运行了木马程序的计算机。木马对自身进行伪装以吸引用户下载运行，向施种者提供打开被种者计算机的门户，使施种者可以任意毁坏、窃取被种者的文件，甚至远程操控被种者的计算机。

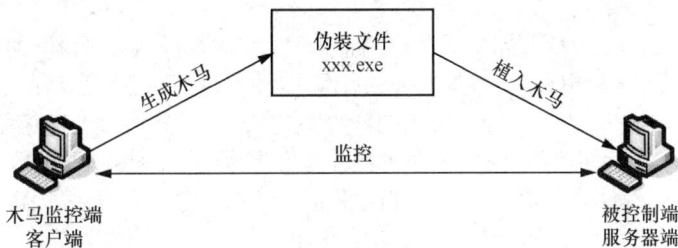

图 7-37　木马

1．常见的木马

　　（1）网络游戏木马：网络游戏木马通常采用记录用户键盘输入等方法获取用户的密码和账号，并发送给木马的作者。

　　（2）网银木马：网银木马是针对网上交易系统编写的木马，其目的是盗取用户的卡号、密码，甚至安全证书。此类木马危害大，受害用户往往损失惨重。随着我国网上交易的普及，受到外来网银木马威胁的用户数量在不断增加。

　　（3）下载类木马：这种木马程序的体积一般很小，其功能是从网络上下载其他计算机病毒程序或安装广告软件。由于其体积很小，因此其更容易传播，传播速度也更快。

　　（4）代理类木马：用户计算机感染代理类木马后，会在本机开启 HTTP、SOCKS 等代理服务功能。黑客把受感染的计算机作为跳板，以该用户的身份进行黑客活动，达到隐藏自己的目的。

　　（5）FTP 木马：FTP 木马打开被控计算机的 21 号端口（FTP 的默认端口），使每一个人都可以用一个 FTP 客户端程序免密连接被控制端计算机，进行最高权限的上传和下载，窃取受害者的机密文件。

　　（6）通信软件类木马：即时通信软件如 QQ、微信等的用户群十分庞大，常见的通信软件类木马一般有以下 3 种。

　　① 发送消息型：通过即时通信软件自动发送含有恶意网址的消息。

　　② 盗号型：主要目标是盗取即时通信软件的登录账号和密码。

　　③ 传播自身型：通过 QQ、微信等聊天软件发送自身进行传播。

　　（7）网页单击类木马：网页单击类木马会恶意模拟用户单击广告等动作，在短时间内产生数以万计的单击量。

2．木马防治

　　木马的防治措施主要有以下几种。

　　（1）安装杀毒软件，定期扫描、查杀木马，实时检查文档、程序、移动存储设备。

　　（2）通过正规渠道下载软件，不下载、安装来历不明的软件。

（3）不随意扫描来历不明的二维码。

（4）不下载、打开来历不明的文档。

（5）不随意打开来历不明的链接、邮件等。

7.4 人工智能与信息安全

人工智能在信息安全领域的广泛应用，能够帮助人们提升信息安全防护能力；人工智能自身存在安全缺陷，其应用又可能带来信息安全问题。

1．人工智能在信息安全领域的应用

人工智能在信息安全领域应用广泛，包括生物特征识别、漏洞检测、恶意代码分析等，能够提升信息安全水平。

目前，面部、语音、指纹等生物特征的识别准确率大大提升。例如，面部识别的准确率已经达到99%以上。在信息安全领域中，基于生物特征的身份认证和访问控制是目前应用人工智能最成功的。

信息安全的漏洞检测领域缺乏高效准确的自动化技术，很多安全威胁和风险需要专业人员通过经验做分析和判断。使用机器学习和深度学习技术的漏洞检测工具利用大量的数据与算法，通过学习和训练来发现、预测漏洞。这些工具可以自动分析代码和系统配置文件，提高潜在漏洞检测的准确性和效率。

在网络上，恶意代码的迭代进化速度快，传统的安全技术难以及时响应。人工智能通过强大的自主学习和数据分析能力，能够加快响应的流程，提升自动化程度和响应效率，缩短响应时间，提前预知危险，及时预警并处理，从而大大提高网络安全性。

2．人工智能的推广应用也会带来安全问题

在人工智能领域，开发框架、算法、代码、模型等方面往往存在安全问题。以代码漏洞为例，根据公开报道，国内外安全技术团队曾发现数十个深度学习的软件漏洞，包括内存访问越界、空指针引用、整数溢出、除零异常等。人工智能技术自身的安全性和稳健性问题也会导致人工智能系统出现错误甚至崩溃，或被攻击者利用、侵入乃至劫持。随着人工智能的推广应用，其自身的安全问题也应引起人们关注。

例如，无人驾驶汽车和智能交通系统可以极大地提高交通运行效率，降低交通事故率。无人驾驶汽车、智能交通系统由复杂的自动化机器和信息系统组成，其信息采集、传输、处理各个重要环节都面临安全风险。人工智能也会带来新风险：黑客可能侵入智能汽车终端或后台信息控制系统，从而接管无人驾驶汽车甚至智能交通系统的控制权；破坏无人驾驶系统的信息采集和传输途径，进而诱导终端和后台的智能算法做出错误判断。实际上，在工业智能制造、智能城市、智能医疗、智能家居等相关领域，人工智能控制大量生产和生活设备、数字化资产乃至社会运转，一旦黑客入侵后台信息控制系统，将严重威胁相关用户的人身安全和社会安全。

实验

一、实验目的

（1）掌握备份和还原的方法。

（2）掌握加密的方法。

（3）掌握防火墙的使用和配置方法。

（4）掌握安全软件的使用方法。

（5）掌握杀毒软件的使用方法。

二、实验内容

1．备份和还原

（1）下载安装"一键 Ghost"软件，将 Windows 的系统盘备份，并尝试使用备份数据来还原系统分区。

（2）使用 Windows 自带的备份和还原工具，将 Windows 下的某个文件夹备份，并尝试使用备份数据进行还原。

（3）注册某云盘账号，在手机上下载云盘软件，备份手机上的电话号码簿和照片。

2．文件夹加密

（1）使用 WinRAR 压缩软件，将计算机上的某个文件夹压缩，并设定压缩密码。

（2）使用 Windows 的 NTFS 加密方法，将某个文件夹加密，以保护该文件夹中的数据。

（3）访问电子商务网站，查看其数字证书情况。

3．防火墙

（1）下载并安装瑞星个人防火墙，检查计算机的安全性，进行防火墙规则的设定，拦截钓鱼欺诈网站、木马网页、网络入侵及恶意下载等。

（2）启用 Windows 自带的防火墙，设定允许通过防火墙的程序和功能。

4．使用安全软件

下载并安装某个安全软件，扫描、修复计算机漏洞，并清理垃圾、升级软件、优化开机速度等。

5．使用杀毒软件

下载并安装某杀毒软件，升级病毒库，查杀计算机中的病毒和木马。

习题

一、单项选择题

1. 以下选项中，（　　）是不需要保密的信息。
   A．身份证号码　　　　　　　　　　B．银行卡密码
   C．电话号码　　　　　　　　　　　D．网站地址

2. 以下选项中，（　　）不属于信息系统的安全。
   A．硬件系统的安全　　　　　　　　B．个人信息的安全
   C．通信系统的安全　　　　　　　　D．软件系统的安全

3. 以下选项中，（　　）不属于硬件系统的缺陷。
   A．操作系统的漏洞　　　　　　　　B．硬盘故障
   C．电路设计问题　　　　　　　　　D．电池缺陷

4. 以下说法中，（　　）不是信息安全的主要风险来源。
   A．信息系统自身的缺陷　　　　　　B．物理环境的安全问题
   C．天气因素　　　　　　　　　　　D．人为的威胁与攻击

5. 为了能在数据损坏时恢复数据，可以使用（　　）方法。
   A．数据备份　　B．数据加密　　C．数字签名　　D．防火墙

6. 以下选项中，（　　）不是数据备份需要考虑的要素。
   A．备份的时机　　　　　　　　　　B．备份的存储介质
   C．备份的安全存放　　　　　　　　D．备份加密

7. 金融、证券等部门的每一笔交易记录都不允许丢失，对数据要（　　）。
   A．随时备份　　B．每天备份　　C．每月备份　　D．每年备份

8. Windows 自带的备份和还原工具，可以进行（　　）。

    A. 数据加密　　　　　　　　　　　　B. 数据的备份和还原

    C. 双机热备份　　　　　　　　　　　D. 防病毒

9. 使用（　　）工具，可将 Windows 的某个磁盘分区备份为一个文件。

    A. Ghost　　　　　B. Format　　　　　C. Office　　　　　D. Copy

10. 要保证系统连续工作，可以采用（　　）。

    A. 备份　　　　　B. 双机热备份　　　　　C. 加密　　　　　D. 防火墙

11. 双机热备份系统采用（　　）方法保证主、从服务器之间的联系。

    A. 心跳　　　　　B. 网络　　　　　C. 软件　　　　　D. 硬件

12. 防止文件在存储或传输过程中被非法阅读的方法是（　　）。

    A. 数据备份　　　　　B. 数据加密　　　　　C. 数字签名　　　　　D. 防火墙

13. 使用凯撒大帝加密字母对照表（见表 7-1）对 "GOODMORNING" 字符串进行加密，密文是（　　）。

    A. KRRFPRUQLQK　　　　　　　　　B. GOODMORNING

    C. ABBFPRUQLQK　　　　　　　　　D. KBBRPRUALKA

14. 加密技术包括对称密钥体系和（　　）两个体系。

    A. NTFS　　　　　B. 非对称密钥体系　　　　　C. WinRAR　　　　　D. 凯撒大帝

15. 利用 Windows 系统中的 NTFS 加密文件夹时，使用的是（　　）。

    A. Windows 账号　　　B. 加密口令　　　C. 电子邮件　　　D. 微信账号

16. 在非对称密钥体系中，加密者使用接收方的（　　）加密明文，而接收方使用自己的私有密钥解密，且任何人不能使用公钥解密文。

    A. 公开密钥　　　　　B. 用户账号　　　　　C. 口令　　　　　D. 用户证书

17. （　　）是以安全为目标的 HTTP 通道，其中加入 SSL，在 HTTP 的基础上通过传输加密和身份认证保证传输过程的安全性。

    A. FTP　　　　　B. HTTP　　　　　C. HTTPS　　　　　D. SMTP

18. （　　）是证书授权机构签发的包含拥有者信息、公开密钥、私有密钥的文件，其中私有密钥由持有者掌握。

    A. 数字证书　　　　　B. 密码　　　　　C. 数字签名　　　　　D. HTTPS

19. （　　）采用证书授权机构颁发的数字证书，针对法律文件或商业文件等，保证信息传输的完整性、发送者的身份认证，防止交易中的抵赖发生。

    A. 数据备份　　　　　B. 数据加密　　　　　C. 数字签名　　　　　D. 身份认证

20. 以下选项中，（　　）用于设置密码最安全。

    A. 生日　　　　　　　　　　　　　　B. 姓名

    C. 电话号码　　　　　　　　　　　　D. 足够长度的各种符号搭配

21. （　　）依据人类自身固有的生理和行为特征进行身份认证。

    A. 口令认证　　　　　B. 持证认证　　　　　C. 生物识别　　　　　D. USB Key

22. （　　）是指通过比较不同指纹的细节特征点来进行鉴别。

    A. 指纹识别　　　　　B. 手掌几何识别　　　　　C. 视网膜识别　　　　　D. 签名识别

23. （　　）使用摄像头等装置，以非接触的方式获取识别对象的面部图像，计算机系统在获取图像后与数据库图像进行比对完成识别过程。

    A. 指纹识别　　　　　B. 手掌几何识别　　　　　C. 视网膜识别　　　　　D. 面部识别

24. （　　）根据每个人独特的书写风格进行鉴别。

    A. 指纹识别　　　　　B. 手掌几何识别　　　　　C. 视网膜识别　　　　　D. 签名识别

25. 保护网络不被非法入侵，并过滤非法信息的方法是（　　　）。
    A. 数据备份　　　　　B. 防火墙　　　　　C. 数据加密　　　　　D. 数字签名

26. 以下说法中，错误的是（　　　）。
    A. 防火墙能防范所有恶意代码　　　　　B. 防火墙不能防范全部威胁
    C. 防火墙不能防护不通过它的连接　　　D. 应该正确地设定防火墙规则

27. 以下选项中，（　　　）不是防火墙的功能。
    A. 网络安全的屏障　　　　　　　　　　B. 强化网络安全策略
    C. 防范病毒　　　　　　　　　　　　　D. 监控网络存取和访问

28. （　　　）是在硬件、软件、协议的具体实现或系统安全策略上存在的缺陷。
    A. 漏洞　　　　　B. 后门　　　　　C. 补丁　　　　　D. 安全软件

29. （　　　）是为了提高系统的安全性，由软件开发者编制并发布的、专门修补软件系统在使用过程中暴露的漏洞的小程序。
    A. 漏洞　　　　　B. 后门　　　　　C. 补丁　　　　　D. 安全软件

30. 以下选项中，（　　　）可以用于扑灭机房火灾。
    A. 水　　　　　　　　　　　　　　　　B. 干粉灭火器
    C. 二氧化碳灭火器　　　　　　　　　　D. 七氟丙烷气体灭火器

31. （　　　）是一种人为设计的计算机程序，能够自我复制和传播，能破坏计算机系统、网络和数据。
    A. 病毒　　　　　B. 木马　　　　　C. 黑客　　　　　D. 密码

32. 计算机病毒产生的原因是（　　　）。
    A. 用户程序有错误　　　　　　　　　　B. 人为编写
    C. 计算机系统软件有错误　　　　　　　D. 计算机硬件故障

33. 以下选项中，（　　　）不属于计算机病毒的特点。
    A. 潜伏性　　　　　B. 破坏性　　　　　C. 免疫性　　　　　D. 变异性

34. 计算机病毒不能通过（　　　）途径传播。
    A. 打开来历不明的电子邮件　　　　　　B. 使用别人的U盘
    C. 复制别人的文件　　　　　　　　　　D. 从键盘输入数据

35. 目前使用的杀毒软件的作用是（　　　）。
    A. 查出任何已感染的计算机病毒
    B. 查出并消除任何已感染的计算机病毒
    C. 消除任何已感染的计算机病毒
    D. 查出和清除已知的计算机病毒

36. 以下关于计算机病毒的叙述中，正确的是（　　　）。
    A. 杀毒软件可以查杀任何计算机病毒
    B. 计算机病毒是一种被破坏了的程序
    C. 杀毒软件必须随着新计算机病毒的出现而升级，以提高查杀计算机病毒的能力
    D. 感染过计算机病毒的计算机具有对该计算机病毒的免疫性

37. 一个完整的木马程序包含服务器端和（　　　）两部分。
    A. 传输端　　　　　B. 发送端　　　　　C. 接收端　　　　　D. 客户端

38. 被植入木马的计算机是（　　　），而黑客利用客户端侵入运行了木马的计算机。
    A. 服务器端　　　　　B. 发送端　　　　　C. 接收端　　　　　D. 传输端

二、简答题

1. 简述信息安全的含义。
2. 简述信息安全风险的主要来源。
3. 简述数据备份的作用，以及需要考虑的因素。
4. 简述双机热备份的主要原理。
5. 简述加密的主要作用。
6. 简述非对称密钥体系的加密和解密过程。
7. 简述数字签名的工作过程。
8. 简述防火墙的主要功能。
9. 简述漏洞和后门的含义。
10. 简述杀毒软件的主要功能。
11. 简述木马防治的主要措施。
12. 简述信息安全与人工智能的关系。

三、论述题

1. 综述信息安全的含义、信息安全的风险来源、信息安全的主要防范措施。
2. 综述为预防在硬盘损坏时丢失重要数据而采取的措施及具体做法。
3. 综述为防止计算机中的重要数据被他人非法阅读可以采取的措施及具体做法。
4. 综述为防止黑客攻击计算机和网络可以采取的措施及具体做法。
5. 综述为提高物理环境的安全可以采取的措施及具体做法。
6. 综述计算机病毒的含义、特点、危害、传播途径，以及计算机病毒的防治方法。

第8章 Python 程序设计

本章介绍 Python 程序设计的理论和操作，目的是帮助读者理解 Python 编程的原理和思想，了解分析问题、设计算法和设计程序的过程，能够通过 Python 编程解决实际问题。

8.1 Python 编程环境

Python 编程环境可以在 Windows、macOS 等操作系统中搭建，下面简要进行介绍。

1. 下载并安装 Python

读者可以从 Python 官网下载安装程序，安装 Python 编程环境。

在 Windows 中双击下载的 Python 安装程序（.msi 文件），按照提示逐步安装，注意选中"Install for All Users"选项。在 macOS 中则下载适合 macOS 的 .dmg 文件，按照提示逐步安装 Python。

2. 使用 Python IDLE 执行命令

在 Windows 中安装 Python 后，可以使用 IDLE（Integrated Development and Learning Environment，集成开发与学习环境）交互式窗口运行 Python 语句。执行"开始"→"IDLE……"菜单命令，启动 IDLE 交互式窗口，如图 8-1 所示，在命令行中逐条输入并运行 Python 语句。

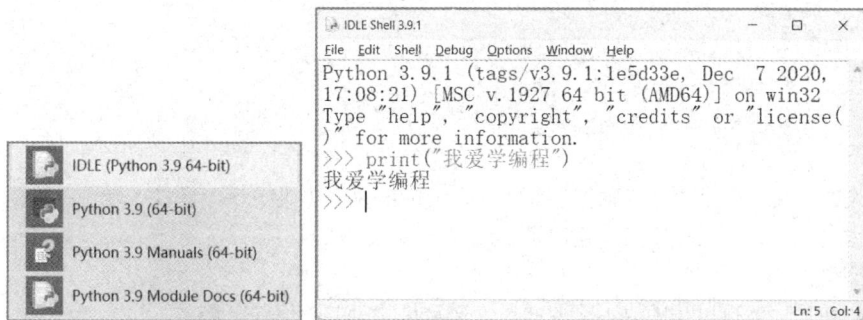

图 8-1 "开始"→"IDLE……"菜单命令及 IDLE 交互式窗口

8.2 Python 编程基础

本节介绍 Python 编程的基础知识。

1. 程序设计的本质

程序设计受计算机软硬件配置的影响，但程序设计的本质是设计使用冯·诺依曼计算机的运算器、控制器、存储器、输入设备和输出设备来完成特定任务的指令序列。

【例8.1】 某班级参加公益劳动时，班长负责为每位学生团购2瓶水。请设计程序，实现输入瓶装水价格和人数后，程序计算出总价。

编写程序和运行程序的过程如下。

① 在IDLE交互式窗口中，执行"File"→"New File"菜单命令，打开程序编辑器，编写程序；然后执行"File"→"Save"菜单命令，将文件保存为"eg0801.py"，如图8-2所示。

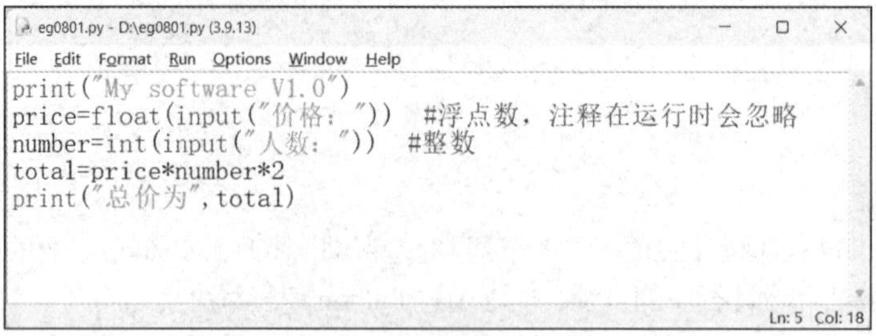

```
eg0801.py - D:\eg0801.py (3.9.13)                    —    □    ×
File  Edit  Format  Run  Options  Window  Help
print("My software V1.0")
price=float(input("价格："))    #浮点数，注释在运行时会忽略
number=int(input("人数："))    #整数
total=price*number*2
print("总价为",total)

                                                        Ln: 5  Col: 18
```

图8-2　编写并保存程序

② 运行程序

执行"Run"→"Run Module"菜单命令，运行程序，在IDLE交互式窗口中使用键盘输入价格"1.8"，输入人数"32"，程序计算并输出总价为"115.2"。程序的运行结果如下。

```
My software V1.0
价格：1.8
人数：32
总价为 115.2
```

▶说明

（1）整个程序保存在计算机的存储器中。

（2）数据存储在存储器中。3个变量price、number和total分别占用一块存储空间，用于存放价格、人数和总价。

（3）可以通过键盘输入价格与人数。

（4）由运算器来执行乘法，求出总价。

（5）通过输出设备显示程序运行的结果。

通过本例可见，一个程序（软件）离不开冯·诺依曼计算机中5个部件（硬件）的配合。一个程序可以没有输入，但是一定要有输出来呈现程序的运行结果。

2. 常量

常量指在程序运行过程中值不能变的量，通常是固定的数值或字符。

（1）数值型常量：如123、–123、3.14159、–273.15、666.888等。

（2）字符型常量：如"Good Morning! "、"我喜欢练毛笔字 ~(^○^)~"等。

3. 变量

在程序运行过程中值可以变的量称为变量。变量占据内存中一定的存储空间，用来存放数据，存储空间中的数据可以改变。给该存储空间起的名字，就是变量名。在存储空间中存放的数据就是变量值。

如图8-3所示，内存中变量price的值为1.8，变量number的值为32，变量total的值为115.2。

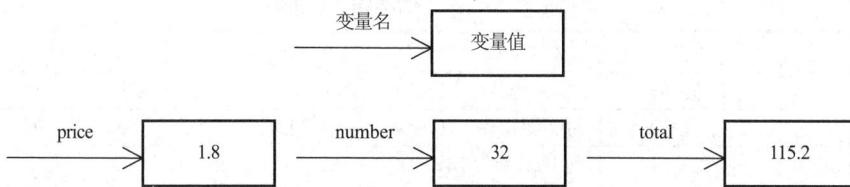

图 8-3 变量名与变量值

4．算术运算符

算术运算符的作用是进行算术运算，用算术运算符将运算对象连接起来的表达式称为算术表达式。表 8-1 列出了 Python 的基本算术运算符。

表 8-1　Python 的基本算术运算符

运算符	含义	举例（a=3,b=4）
+	加法	a+b　值为 7
-	减法	a-b　值为 -1
*	乘法	a*b　值为 12
/	除法	a/b　值为 0.75
//	整除，返回商的整数部分	b//a　值为 1；a//b　值为 0
%	求余数（模）	a%b　值为 3
**	幂，a**b 表示 a 的 b 次方	a**b　值为 81

例如，数学表达式 $Ax + By + Cz + D$ 的 Python 算术表达为 A*x+B*y+C*z+D；数学表达式 $G\dfrac{m_1 m_2}{r^2}$ 的 Python 算术表达式为 G*m1*m2/r/r 或 G*m1*m2/(r**2)。

5．关系运算符

关系运算符用于比较两个操作数的关系，用关系运算符连接运算对象的表达式称为关系表达式，如 a>b。如果关系成立，则表达式的值为 True（真）；否则为 False（假）。

关系运算符的操作数可以是数值、字符串等数据。表 8-2 列出了 Python 的关系运算符。

表 8-2　Python 的关系运算符

运算符	含义	举例（a=3,b=4）
==	当左数与右数相等时，值为 True；否则为 False	a==b　值为 False
!=	当左数与右数不相等时，值为 True；否则为 False	a!=b　值为 True
>	当左数大于右数时，值为 True；否则为 False	a>b　值为 False
<	当左数小于右数时，值为 True；否则为 False	a<b　值为 True
>=	当左数大于或等于右数时，值为 True；否则为 False	a>=b　值为 False
<=	当左数小于或等于右数时，值为 True；否则为 False	a<=b　值为 True

例如，某天气 App（应用软件）判断气温 t 在 35℃以上（即 t >= 35）为高温，若某一天 t=37，则 37>= 35 为 True，该 App 显示这一天是高温天气。

6．逻辑运算符

逻辑运算符用于对操作数进行逻辑运算，用逻辑运算符连接关系表达式或逻辑值的表达式称为逻辑表达式。逻辑表达式的值为 True 或 False。Python 的逻辑运算符如表 8-3 所示。与运算类似于串联电路，或运算类似于并联电路，非运算类似于电灯开关。

表 8-3　Python 的逻辑运算符

运算符	含义	说明	举例（a=10）
and	与（并且）	两个操作数都为 True 时，结果才为 True	1<=a and a<15　值为 True
or	或（或者）	两个操作数都为 False 时，结果才为 False	a<=1 or a>=20　值为 False
not	非（取反）	操作数为 True，结果为 False； 操作数为 False，结果为 True	not (a<4)　值为 True

例如，某天气 App 在气温低于-20℃并且风力大于 3 级时发出警报，Python 逻辑表达式如下。

```
t < -20 and wind > 3
```

如果某天的气温为-10℃，风力为 4 级，则上述逻辑表达式的值为 False，无警报。

7. 标准输入

Python 内置函数 input()用于接收用户通过键盘输入的字符串。其语法格式如下。

```
input([prompt])
```

▶说明

（1）prompt 是可选参数，用于提示用户输入什么样的信息。

（2）input()函数返回用户通过键盘输入的字符串。如果要获得整型、浮点型等其他类型的数据，则需要进行数据类型转换。int()函数能将字符串转换为整数，float()函数能将字符串转换为浮点数。

【例 8.2】 标准输入函数。

```
a=input("请输入字符串：")
b=int(input("请输入整数："))
c=float(input("请输入浮点数："))
print(a,b,c)
```

程序的运行结果如下。其中变量 a 中存储字符串，b 中存储整数，c 中存储浮点数。

```
请输入字符串：hello
请输入整数：123
请输入浮点数：3.14
hello 123 3.14
```

8. 标准输出

在 Python 中，标准输出函数 print()用于向屏幕输出数据。其语法格式如下。

```
print(value1,value2,…)
```

▶说明

标准输出函数可以有 1 个或多个输出项，输出项之间用","隔开。输出项可以是常量、变量或表达式。

【例 8.3】 标准输出函数。

```
print("《为人民服务》 1944.9.8 毛泽东")
a=1944
b,c = 9,8
print("《为人民服务》",a,".",b,".",c,"毛泽东")
```

上述程序用标准输出函数输出各项值，程序的运行结果如下。

```
《为人民服务》 1944.9.8 毛泽东
《为人民服务》 1944 . 9 . 8 毛泽东
```

8.3 程序控制结构

8.3.1 顺序结构

顺序结构按照语句的先后顺序执行程序，它是结构化程序设计中最简单的控制结构，一般包括输入、处理和输出 3 个步骤。

顺序结构的传统流程图如图 8-4（a）所示，N-S 流程图如图 8-4（b）所示。

【例 8.4】 设平面方程为 $Ax + By + Cz + D = 0$，点 P 的坐标为 (x_0, y_0, z_0)，求点 P 到平面 L 的距离 d。

① 分析。查阅相关数学公式，可得以下计算公式。

$$d = \frac{|Ax_0 + By_0 + Cz_0 + D|}{\sqrt{A^2 + B^2 + C^2}}$$

② 算法设计。通过对此问题的分析得知，需要输入 A、B、C、D、x_0、y_0、z_0 这 7 个变量，经过计算得到结果 d。

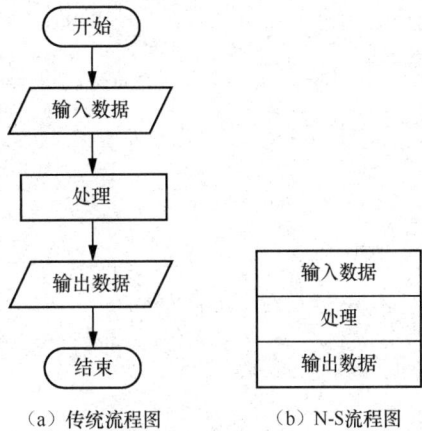

（a）传统流程图　　（b）N-S流程图

图 8-4　顺序结构

▶注意

（1）绝对值的算法可以考虑对分子先平方、再开方（参考表 8-1）。

（2）注意哪些变量为浮点数，哪些变量为整数。

（3）Python 只使用小括号表示多层的数学嵌套。

本例的传统流程图如图 8-5（a）所示，N-S 流程图如图 8-5（b）所示。

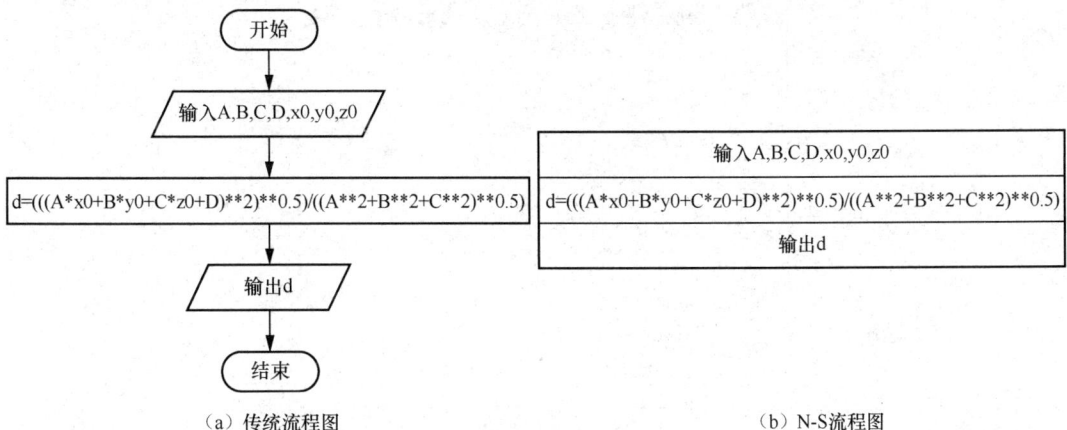

（a）传统流程图　　　　　　　　　　　　　（b）N-S流程图

图 8-5　求三维空间中点到平面的距离

③ 打开 Python 的 IDLE 交互式窗口，执行 "File" → "New File" 菜单命令。编写程序，如图 8-6 所示，并保存文件为 eg0804.py。

```
A=float(input("A:"))
B=float(input("B:"))
C=float(input("C:"))
D=float(input("D:"))
x0=float(input("x0:"))
y0=float(input("y0:"))
z0=float(input("z0:"))
d=(((A*x0+B*y0+C*z0+D)**2)**0.5)/((A**2+B**2+C**2)**0.5)
print("点(",x0,",",y0,",",z0,")")
print("到平面",A,"x+",B,"y+",C,"z+",D,"=0")
print("距离为",d)
```

图 8-6　求三维空间中点到平面距离的程序

④ 执行“Run”→“Run Module”菜单命令，运行程序，运行结果如下。

```
A:1
B:3
C:4
D:9
x0:64
y0:38
z0:106
点( 64.0 , 38.0 , 106.0 )
到平面 1.0 x+ 3.0 y+ 4.0 z+ 9.0 =0
距离为 119.82695856943045
```

▶提示

读者可以通过单步调试观察程序的运行过程。

在 Python 的 IDLE 交互式窗口中，执行“Debug”→“Debugger”菜单命令，打开调试器。在程序编辑器中执行“Run”→“Run Module”菜单命令，运行程序；在调试器中单击“Over”按钮，逐行运行程序。观察变量的变化过程，如图 8-7 所示。

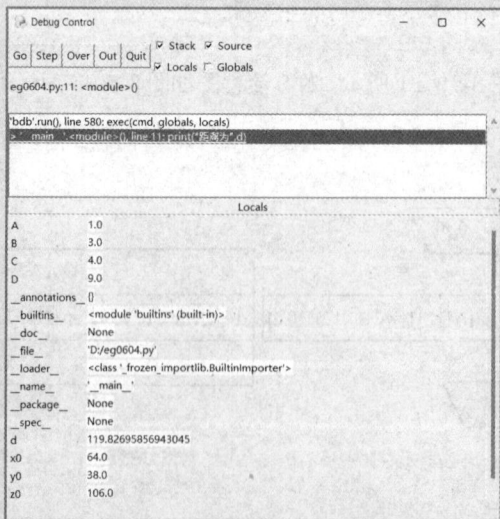

图 8-7　Python 的单步调试

掌握单步调试方法后，可在后续的编程练习中多用单步调试方法并细心观察，以快速提高编程水平。

Python、C、C++、Java 等程序设计语言无法直接解方程，需要先通过人工推导得到最终解的表达式，再由计算机完成计算、求解。

Python 的 SymPy 库的方程求解器可以直接解方程。

8.3.2 选择结构

选择结构用于判断给定的条件是否满足，根据判断的结果来控制程序的流程。例如，天气 App 向用户给出穿衣建议，这一功能就可以用选择结构来实现。下面通过几个例题介绍选择结构的算法设计和程序设计。

1．选择结构算法设计

【例 8.5】 数学分段函数问题。根据 x，求函数 $y = \begin{cases} x, & x < 1 \\ 2x-1, & 1 \leqslant x < 10 \\ x^2 + 2x + 2, & x \geqslant 10 \end{cases}$ 的值。

分析如下。

① 首先判断 $x < 1$ 条件，如果为真，则结果为 x；否则判断 $1 \leqslant x < 10$ 条件，如果为真，则结果为 $2x-1$；否则结果为 $x^2 + 2x + 2$。

② 如果 $x < 1$ 为假，那么在判断第二个条件 $1 \leqslant x < 10$ 时，并不需要判断条件 $1 \leqslant x$。

③ 如果前两个条件都为假，那么第三个条件 $x \geqslant 10$ 就一定为真，因此，第三个条件可以不做判断。

解决该问题的算法的传统流程图如图 8-8（a）所示，N-S 流程图如图 8-8（b）所示。

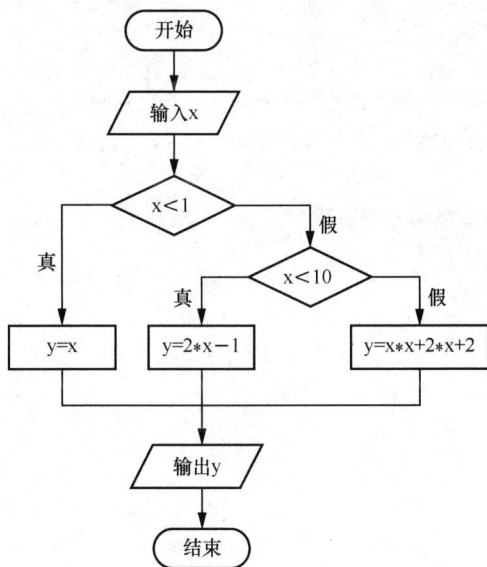

（a）传统流程图 （b）N-S流程图

图 8-8 算法的传统流程图和 N-S 流程图

【例 8.6】 编写一个天气 App，依据气温 t，给出穿衣建议 $\begin{cases} \text{请加羽绒服,} & t < -5 \\ \text{请加夹克,} & -5 \leqslant t < 10 \\ \text{请穿衬衣,} & 10 \leqslant t < 25 \\ \text{请穿T恤,} & 25 \leqslant t \end{cases}$ 。

此问题将气温 t 分为 4 种情况，算法的 N-S 流程图如图 8-9 所示。

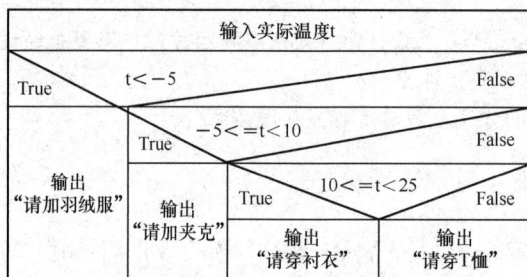

图 8-9　天气 App 给出穿衣建议的算法的 N-S 流程图

2. 选择结构程序设计

if 语句用于描述选择结构，它根据判定条件的真或假来决定执行哪些语句。if 语句的一般语法格式如下。

```
if 条件表达式1:
    语句块1
[elif 条件表达式2:
    语句块2
...
elif 条件表达式n:
    语句块n
]
[else:
    执行语句块n+1]
```

▶说明

（1）if 语句的运行流程：先判断第一个表达式，如果为真，则执行语句块 1；否则判断下一个表达式，如果为真，则执行对应语句块；以此类推；如果前边的条件都为假，则执行 else 子句的语句块。

（2）if、elif 和 else 左对齐，不可以缺少冒号。

（3）各分支的语句块可以包括一条或多条语句，语句向右缩进左对齐。

【例 8.7】　使用 Python 求解例 8.5。

编写程序如下。

```
x=float(input("请输入x:"))
if x<1:
    y=x
elif x<10:
    y=2*x-1
else:
    y=x**2+2*x+1
print("y=",y)
```

3 次运行程序，分别输入满足 3 个分支条件的值，结果如下。

```
请输入x:-5          请输入x:5          请输入x:50
y=-5.0              y=9.0              y=2601.0
```

▶提示

读者在调试选择结构程序时，需要使用调试器进行单步调试，多次运行程序并输入满足各分支条件的值，观察程序的运行情况，从而分析和判断程序是否正确。

8.3.3 循环结构

循环结构是用于实现同一段程序多次执行的一种控制结构。

在现实世界中，循环结构用于实现重复的、反复的计算和操作。下面通过几个例题介绍循环结构的算法设计和程序设计。

1. 循环结构算法设计

【例8.8】 求100!，即 $1×2×3×\cdots×100$。

在求100!时很难写出一条语句描述100个数的乘法，我们设计的算法描述如下。

Step1：p=1。

Step2：i=1。

Step3：如果i<=100，那么跳转到Step4执行；否则跳转到Step6。

Step4：p=p*i。

Step5：i=i+1。

Step6：输出p，算法结束。

通过循环条件"i<=100"，使乘法操作执行99次。此算法的传统流程图如图8-10（a）所示，N-S流程图如图8-10（b）所示。

【例8.9】 求 $1×2×3×\cdots×n$，即 $n!$。

算法描述如下：

Step0：输入n。

Step1：p=1。

Step2：i=1。

Step3：如果i<=n，那么跳转到Step4执行；否则跳转到Step6。

Step4：p=p*i。

Step5：i=i+1。

Step6：输出p，算法结束。

将图8-10（b）所示N-S流程图加上"输入n"步骤，并将循环条件"i<=100"改为"i<=n"，即可得到本例中算法的N-S流程图，如图8-10（c）所示。

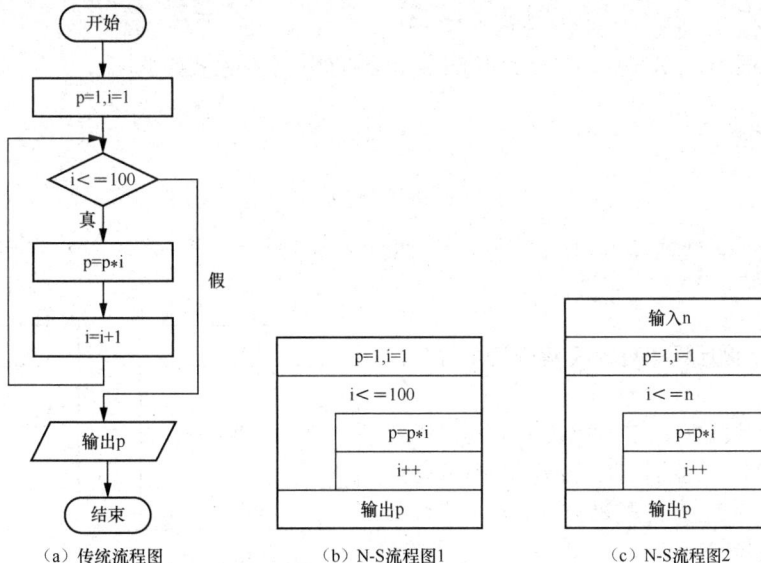

图 8-10 算法的流程图

（a）传统流程图　　（b）N-S流程图1　　（c）N-S流程图2

2. 循环结构程序设计

while 语句用于描述循环结构，语法格式如下。

```
while 表达式p:
    <循环体语句块>
```

while 循环的执行流程如图 8-11 所示。

▶说明

（1）初始化变量后，先判断表达式 p，如果为真，则进入循环体，执行循环体中的语句块。

（2）当表达式 p 为假时，结束循环，继续执行循环后边的语句。

（3）循环体语句块中如果有多条语句，则需要向右缩进左对齐。

（4）循环体语句块可以是顺序结构、选择结构，也可以是循环结构。

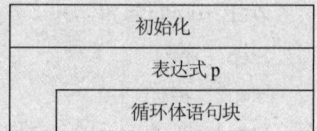

| 初始化 |
| 表达式 p |
| 循环体语句块 |

图 8-11　while 循环的执行流程

【例 8.10】 使用 Python 求解例 8.9。

编写程序如下。

```
n=int(input("输入n: "))
i=1
p=1
while i<=n:
    p=p*i
    i=i+1
print(n,"!=",p)
```

程序的运行结果如下。

```
输入n: 10
10!=3628800
```

▶提示

读者在调试循环结构程序时，需要使用调试器进行单步调试，观察程序的循环过程，分析和判断程序是否正确。

已知循环次数的计数型循环可以使用 for 语句来描述，语法格式如下。

```
for i in range(1,n+1)
    <语句序列>
```

▶说明

函数 range(1,n+1)生成 1,2,3,…,n 的数字序列。for 语句在每次循环时，变量 i 依次取得数字序列的一个值。

求 $n!$ 的 for 循环算法的 N-S 流程图如图 8-12 所示。

穷举法又称枚举法，它的基本思路就是一一列举所有可能性，逐个进行排查。穷举法的核心是找出问题的所有可能，并针对每种可能逐个进行判断，最终找出问题的解。

【例 8.11】 百钱买百鸡问题。假定公鸡每只 2

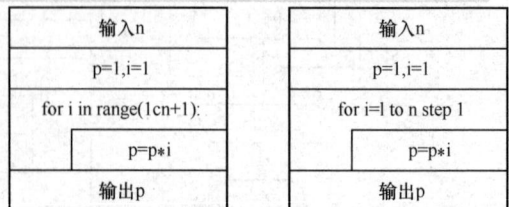

| 输入n |
| p=1,i=1 |
| for i in range(1cn+1): |
| p=p*i |
| 输出p |

（a）N-S流程图1

| 输入n |
| p=1,i=1 |
| for i=l to n step 1 |
| p=p*i |
| 输出p |

（b）N-S流程图2

图 8-12　求 $n!$ 的 for 循环算法的 N-S 流程图

元，母鸡每只3元，小鸡每只0.5元。现有100元，要求买100只鸡，编程求出公鸡只数 x、母鸡只数 y 和小鸡只数 z。

采用穷举法，x、y 和 z 的值为 0～100，循环的次数为 $101 \times 101 \times 101$。因为公鸡每只2元，母鸡每只3元，所以 $0 \leqslant x \leqslant 50$，而 $0 \leqslant y \leqslant 33$，$0 \leqslant z \leqslant 100$，此时循环的次数为 $51 \times 34 \times 101$。算法的 N-S 流程图如图8-13（a）所示。

因为 $x+y+z=100$，所以 $z=100-x-y$。如图8-13（b）所示，此问题也可以用二重循环来实现，此时循环的次数为 51×34。

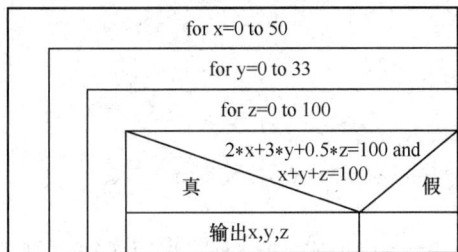 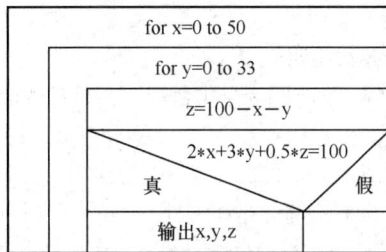

（a）N-S流程图1　　　　　　　　　　（b）N-S流程图2

图8-13　百钱买百鸡问题算法的 N-S 流程图

注意观察，本例是循环内嵌选择结构。编写程序如下。

```
print("  公鸡  母鸡  小鸡")
for x in range(0,51):
    for y in range(0,34):
        for z in range(0,100):
            if x+y+z==100 and 2*x+3*y+0.5*z==100:
                print("{:6}{:6}{:6}".format(x,y,z))
```

程序运行结果如下。

```
    公鸡  母鸡  小鸡
     0    20    80
     5    17    78
    10    14    76
    15    11    74
    20     8    72
    25     5    70
    30     2    68
```

▶提示

语句 print("{:6}{:6}{:6}".format(x,y,z)) 是一种字符串格式输出方法，在输出时 x、y、z 分别占6个字符宽度，字符不够时在左侧补空格。

8.4 Python 与人工智能

Python 在人工智能（AI）开发中受到广泛欢迎，已经成为开发 AI 应用程序的首选语言。原因包括其具有简洁的语法、丰富的库资源、活跃的社区支持、优秀的跨平台性，以及其适合快速入门和学习等。其中，Python 丰富的库资源对于 AI 开发尤为重要，如 TensorFlow、Keras 和 PyTorch 为机器学习和深度学习提供了强大而灵活的构建块，简化了神经网络的构建与训练过程，加速了从原型到实现的转换。Python 不仅降低了 AI 开发的门槛，而且提升了开发效率和效果。

8.4.1 线性回归模型应用案例

线性回归（Linear Regression）模型是统计学和机器学习领域中较基础、较常用的预测模型之一。它试图通过找到最佳拟合直线来模拟因变量（目标）与一个或多个自变量（特征）之间的关系。线性回归的核心目标是确定这条直线的斜率和截距，以便准确地预测目标变量。

在线性回归中，假设目标变量（通常表示为 y）与特征变量（通常表示为 x）之间存在线性关系。这种关系的表达式如下。

```
y = beta_0 + beta_1 x_1 + beta_2 x_2 + …+ beta_n x_n + epsilon
```

参数说明如下。

（1）y 是因变量（目标），是预测值。

（2）x_1, x_2, …, x_n 是自变量（特征），用于预测 y 的值。

（3）beta_0, beta_1, …, beta_n 是回归系数，需要通过训练数据来估计。

（4）epsilon 是误差项，表示模型未能解释的部分。

【例 8.12】 对给定的二手车价格样本数据集使用线性回归模型进行训练，将训练后的模型用于二手车价格预测。

二手车价格样本数据集如图 8-14 所示，其中有 5975 条数据，包含的特征如下。

Year：二手车年份。

Kilometers_Driven：前任车主驾驶该车的总里程，单位为 km。

Transmission：变速箱，0 为手动，1 为自动。

Owner_Type：传动装置类型。

Mileage：单位燃料可行驶的里程，单位为 km/L 或 km/kg。

Engine：发动机排量，单位为 cc（立方厘米，即 cm^3）。

Seats：汽车中座位数。

Price：二手车的价格，单位为万元。

这 8 个特征中前 7 个是与汽车有关的描述信息，最后一个为要预测的汽车价格信息。

	A	B	C	D	E	F	G	H
1	Year	Kilometers_Driven	Transmission	Owner_Type	Mileage	Engine	Seats	Price
2	10	72000	0	0	26.6	998	5	1.75
3	15	41000	0	0	19.67	1582	5	12.5
4	11	46000	0	0	18.2	1199	5	4.5
5	12	87000	0	0	20.77	1248	7	6
6	13	40670	1	1	15.2	1968	5	17.74
7	12	75000	0	0	21.1	814	5	2.35
8	13	86999	0	0	23.08	1461	5	3.5

图 8-14　二手车价格样本数据集

实现过程如下。

① 导入库。

```
import pandas as pd                                    #导入数据分析库 pandas
from sklearn.model_selection import train_test_split   #训练数据拆分
from sklearn.linear_model import LinearRegression      #线性回归模型
```

② 查看数据情况。

```
df = pd.read_csv('data.csv')                           #读取数据
print(df.shape)                                        #查看数据的大小
```

③ 拆分数据集，将数据集分成训练集和测试集。

```
x_train,x_test,y_train,y_test=train_test_split(df.iloc[:,0:7],df.iloc[:,7],test_
size=0.2)                                    #拆分训练集和测试集
print(x_train.shape,x_test.shape,y_train.shape,y_test.shape)
```

④ 创建并训练模型，得出模型的训练集得分和测试集得分。

```
model=LinearRegression()                     #线性回归模型
model.fit(x_train,y_train)                   #使用训练集训练模型
train_score=model.score(x_train,y_train)     #训练集得分
predict_score=model.score(x_test,y_test)     #测试集得分
print("train_score: {}".format(train_score))
print("predict_score: {}".format(predict_score))
```

程序运行结果如下。

```
(5975,8)
(4780,7) (1195,7) (4780,) (1195,)
train_score: 0.593140121760209
predict_score: 0.6317965192812061
```

训练集和测试集的得分均在 0.6 左右，且测试集得分超过训练集，说明线性回归模型在该二手车价格预测任务中具有一定效果，但模型还可以通过调参进一步优化。

▶提示

在这个程序中需要导入第三方库 pandas 和 sklearn，读者可以在 Python 的 IDLE 交互式窗口中安装第三方库，或使用 Anaconda Spyder、PyCharm 等编程工具来安装第三方库，并运行程序。

8.4.2　图像识别应用案例

百度 AI 开放平台是百度公司提供的一个全面、开放的 AI 技术开放平台，其提供了语音识别、图像识别、自然语言处理、视频、知识图谱等多个方向的 AI 技术。百度 AI 开放平台为用户提供了可以直接调用的、简单易用的 API。用户不需要自行编写机器学习算法，直接使用百度 AI 开放平台提供的 API 就可以实现各种 AI 开发。

下面我们选用百度 AI 开放平台中的人脸对比 API，完成人脸对比。人脸对比是人脸识别的子功能。人脸识别是基于深度学习来准确识别图片和视频流中的人脸，包含人脸检测与属性分析、人脸对比、人脸搜索、活体检测、人脸特效等子功能，可灵活应用于金融、安防、安全生产等行业场景，满足身份核验、人脸考勤、闸机通行等业务需求。

人脸对比是将两张人脸图片进行对比，API 返回两张图片中人脸的相似度分值。图片类型支持生活照、证件照、身份证芯片照、带网纹照、红外黑白照等类型。

使用百度 AI 开放平台的人脸对比 API 时，可以通过 HTTP 的 POST 方法进行请求，即向网页发送 POST 请求，并获得相应返回信息，返回信息包含相似度分值。

使用百度 AI 开放平台编写人脸对比程序的主要步骤如下。

1．注册并登录百度 AI 开放平台

在使用百度 AI 开放平台前，需要注册并登录。单击百度 AI 开放平台首页中的"控制台"按钮，如图 8-15 所示。按照提示完成注册和登录。

图 8-15　首页"控制台"按钮

2．选择相应功能模块

登录后需要选择要使用的 API 所属模块，人脸对比属于人脸识别模块，如图 8-16 所示。

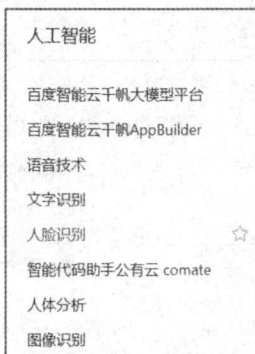

图 8-16　选择模块

3．创建应用

单击"创建应用"按钮，填写"应用名称"，完成接口选择，如图 8-17 所示。百度 AI 开发平台会创建相应模块程序。

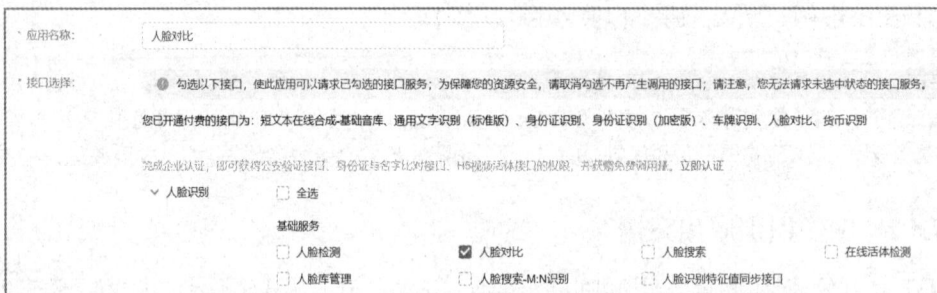

图 8-17　创建应用

4．查看应用详情

在应用创建完成后，可以查看应用详情，并获取 AppID、API Key、Secret Key，这些信息将用于调用 API，如图 8-18 所示。

序号	应用名称	AppID	API Key	Secret Key
1	人脸对比	77744727	7xJ42... 展开 复制	EHxbC... 展开 复制

图 8-18　应用详情

5．查看 API 文档

在使用百度 AI 开放平台的 API 前，需要查看 API 的使用方法。人脸对比 API 的基本信息如下。

（1）API 请求次数限制：1000 次/月。

（2）API 请求参数如下。

URL 参数：通过 API Key 和 Secret Key 获取的 access_token。

Header 参数：Content-Type，设置为 application/json。

Body 请求参数：如表 8-4 所示。

表 8-4　Body 请求参数

字段	是否必选	类型	说明
image	是	string	图片信息
image_type	是	string	图片类型

（3）返回结果：返回结果为 JSON（JavaScript Object Notation，JavaScript 对象表示法）格式，如表 8-5 所示。

表8-5　返回结果

字段	是否必选	类型	说明
score	是	float	人脸相似度分值，推荐阈值为 80 分
face_list	是	array	人脸信息列表
face_token	是	string	人脸的唯一标识

6．人脸对比案例

【例 8.13】 使用百度 AI 开放平台的人脸对比 API，进行两张人脸照片的对比。

① 人脸对比程序的基本框架如下。

```
import requests
request_url = "https://aip.****.com/rest/2.0/face/v3/match"
params = [{"image": "sfasq35sadvsvqwr5q...", "image_type": "BASE64", "face_type": "LIVE",
"quality_control": "LOW"},
   {"image": "sfasq35sadvsvqwr5q...", "image_type": "BASE64", "face_type": "IDCARD",
"quality_control": "LOW"}]
access_token = '[调用鉴权接口获取的token]'
request_url = request_url + "?access_token=" + access_token
headers = {'content-type': 'application/json'}
response = requests.post(request_url, json=params, headers=headers)
if response:
    print (response.json())
```

参数说明如下。

image：要用来对比的人脸照片。

调用鉴权接口获取的 token：获取的人脸对比 API 的 token。

② 调用人脸对比 API 需要使用 access_token，获取 access_token 的代码如下。

```
import requests
import json
# client_id 为官网获取的API Key, client_secret 为官网获取的Secret Key
url = "https://aip.****.com/oauth/2.0/token?grant_type=client_credentials&client_id=
【官网获取的AK】&client_secret=【官网获取的SK】"
payload = ""
headers = {'Content-Type': 'application/json', 'Accept': 'application/json'  }
response = requests.request("POST", url, headers=headers, data=payload)
print(response.json()['access_token'])
```

③ 人脸照片对比的完整代码如下。

```
import requests
import base64
request_url = "https://aip.****.com/rest/2.0/face/v3/match"
image_orginal = open('image_original.jpg', 'rb')
image_compare = open('image_compare.jpg', 'rb')
img_orginal = str(base64.b64encode(image_orginal.read()), 'utf-8')
img_compare = str(base64.b64encode(image_compare.read()), 'utf-8')
params = [
        {  "image": img_orginal,
           "image_type": "BASE64"
        },
        {  "image": img_compare,
           "image_type": "BASE64"
        }
    ]
access_token = '[调用鉴权接口获取的token]'
request_url = request_url + "?access_token=" + access_token
```

```
headers = {'content-type': 'application/json'}
response = requests.post(request_url, json=params, headers=headers)
if response:
    score = response.json()
if score >= 80:
    print("两张照片可以认为是同一个人的")
else:
    print("两张照片不能认为是同一个人的")
```

实验

一、实验目的

（1）掌握线性回归模型在 AQI（Air Quality Index，空气质量指数）值预测中的应用方法。

（2）对给定的空气质量数据集使用线性回归模型进行训练，将训练后的模型用于 AQI 值预测。空气质量数据集如图 8-19 所示，数据集中有 265 条数据，包含的特征如下。

AQI：AQI 值。

PM2.5：$PM_{2.5}$ 水平。

PM10：PM_{10} 水平。

SO2：SO_2 水平。

NO2：NO_2 水平。

O3：O_3 水平。

CO：CO 水平。

这 7 个特征中第一个为要预测的 AQI 值，后 6 个用来描述与 AQI 值有关的信息。

	A	B	C	D	E	F	G
1	AQI	PM2.5	PM10	SO2	NO2	O3	CO
2	71	51	86	18	62	20	1.45
3	103	53	77	15	55	21	1.63
4	57	58	81	17	60	28	1.72
5	30	29	55	11	46	54	1.05
6	57	11	28	6	25	62	0.46
7	63	19	127	7	24	58	0.51
8	23	12	32	7	18	54	0.48

图 8-19　空气质量数据集

二、实验内容

（1）导入库。

```
import pandas as pd                                      #导入数据分析库 pandas
from sklearn.model_selection import train_test_split     #训练数据拆分
from sklearn.linear_model import LinearRegression        #线性回归模型
```

（2）查看数据情况。

```
df = pd.read_csv('AQI 值预测训练数据.csv')               #读取数据
print(df.shape)                                          #查看数据的大小
```

（3）拆分数据集，将数据集分成训练集和测试集。

```
 x_train, x_test, y_train, y_test = train_test_split(df.iloc[:,1:7], df.iloc[:,0], test_size = 0.2)                                                      #拆分训练集和测试集
 print(x_train.shape, x_test.shape, y_train.shape, y_test.shape)
```

（4）创建并训练模型，得出模型的训练集得分和测试集得分。

```
model = LinearRegression()                          #线性回归模型
model.fit(x_train, y_train)                          #使用训练集训练模型
train_score = model.score(x_train, y_train)          #训练集得分
predict_score = model.score(x_test, y_test)          #测试集得分
print("train_score: {}".format(train_score))
print("predict_score: {}".format(predict_score))
```

从训练集和测试集的得分来看，训练集得分在 0.6 左右，而测试集得分在 0.5 左右，说明线性回归模型在该 AQI 值预测任务中效果一般，但模型还可以通过调参进一步优化。

习题

一、单项选择题

1. （   ）能使变量 people 存入一个整数。
   A. people = 2.3   B. people = "9"   C. people = 9   D. people = input("?")
2. （   ）指在程序运行过程中值不能变的量。
   A. 常量   B. 变量   C. 递归   D. 函数
3. 程序设计结构没有（   ）。
   A. 顺序结构   B. 选择结构   C. 单机结构   D. 循环结构
4. （   ）用于判断给定的条件是否满足，根据判断的结果来控制程序的流程。
   A. 顺序结构   B. 选择结构   C. 循环结构   D. 递归
5. （   ）是用于实现同一段程序多次执行的一种控制结构。
   A. 顺序结构   B. 选择结构   C. 循环结构   D. 递归
6. （   ）是由多条语句组成的能够实现特定功能的程序段，它可以实现程序的模块化。
   A. 程序   B. 函数   C. 选择   D. 循环
7. 假如变量 a=4，b=2，c=1，则算术表达式 a**2//(b+c) 的值是（   ）。
   A. 2   B. 3   C. 4   D. 5
8. 表达式 (5/3)*9 的结果应为（   ）。
   A. False   B. 15   C. 45   D. 3
9. 以下程序的运行结果为（   ）。

```
a = 12
b = 13
c = 0
print(a and b and c)
```

   A. False   B. 0   C. 25   D. True
10. 以下程序的运行结果为（   ）。

```
m = 3
n = 2
k = 2
print((m*n)**k)
```

   A. 81   B. 24   C. 36   D. 12
11. 以下程序的运行结果为（   ）。

```
d = 11
e = 12
f = 13
if d > e:
    print("good")
```

```python
if e > d:
    print("hi")
if f > d:
    print("morning")
if e > f:
    print("afternoon")
```

    A. good morning   B. hi morning   C. good afternoon   D. hi afternoon

12. 以下程序的运行结果为（　　　）。

```python
e = 25
f = 26
g = 27
sum = 0
if g < f:
    sum = sum + 100
elif f > e:
    if g > e:
        sum = sum - 100 + e
    else:
        sum = sum + 50 + g
print(sum)
```

    A. 100   B. 77   C. 0   D. −75

13. 以下程序的运行结果为（　　　）。

```python
HeroLife = 100
attack = 20
for i in range(0,3):
    HeroLife = HeroLife - attack
print(HeroLife)
```

    A. 100   B. 40   C. 60   D. 80

14. 以下程序的运行结果为（　　　）。

```python
a = 10
b = 1
for i in range(0,10):
    a = a - 1
print(a and b)
```

    A. 2   B. 0   C. 9   D. 11

15. 以下程序的运行结果为（　　　）。

```python
k = 13
m = 14
while(k > m):
    m = m - k
    print(k)
print(m)
```

    A. 1   B. 2   C. 13   D. 14

16. 以下程序的运行结果为（　　　）。

```python
count = 0
a = 3
while count < 5:
    if count > a:
        count = count + 10
    count = count + 1
print(count)
```

    A. 14   B. 15   C. 13   D. 5

二、设计算法并编写程序

1. 根据圆柱的半径 r 和高 h，求圆柱体积和圆柱表面积。

2. 根据梯形的上底、下底和高，求梯形的面积。

3. 根据 x 求函数 $y = \begin{cases} 2x-1, & x<0 \\ 2x+10, & 0 \leqslant x<10 \\ 2x+100, & 10 \leqslant x<100 \\ x^2, & x \geqslant 100 \end{cases}$ 的值。

4. 参考表 8-6，编写程序，要求通过键盘输入噪声强度值，程序根据输入的噪声强度值输出其对人的影响。

表 8-6 噪声强度表

噪声强度/dB	对人的影响
≤50	感觉安静
51~70	吵闹，有损神经
71~90	很吵，神经细胞受到破坏
91~100	吵闹加剧，听力受损
101~120	难以忍受，听 1min 即暂时致聋
>120	极度聋或全聋

5. 计算 $\displaystyle\sum_{x=1}^{20}(2x^2+3x+1)$。

6. 计算 $y = 2 \times \dfrac{2^2}{1 \times 3} \times \dfrac{4^2}{3 \times 5} \times \dfrac{6^2}{5 \times 7} \times \cdots \times \dfrac{(2n)^2}{(2n-1) \times (2n+1)}$，$n \leqslant 1000$。

7. 解决搬砖问题：36 块砖 36 人搬，成年男性一次搬 4 块，成年女性一次搬 3 块，两个儿童一次抬 1 块，要求 1 次搬完。问：需要成年男性、成年女性和儿童各多少人？

8. 输出 1000 以内所有的勾股数。勾股数是满足 $x^2 + y^2 = z^2$ 的自然数。例如，最小的勾股数是 3、4、5。（为了避免 3、4、5 和 4、3、5 这样的勾股数重复，必须保证 $x<y<z$。）

第 9 章 物联网导论

物联网（Internet of Things，IoT）技术是将当下各种技术与计算机、互联网技术相结合的产物，它实现了物与物之间的沟通与联系，是大数据、人工智能等新一代信息技术的基础，广泛应用在多个领域。本章主要介绍物联网的概念、框架体系、相关技术及应用。

9.1 物联网概述

物联网通过各种传感器、射频识别（Radio Frequency Identification，RFID）装置、卫星定位系统等，实时采集各种物体或过程的信息，通过各类可能的网络接入，实现物与物、物与人的泛在连接，实现对物品和过程的智能化感知、识别和管理。物联网是大数据、人工智能等新一代信息技术的基础，广泛应用在智能家居、智能医疗、智能交通、智能环保、智能电网、智能物流、智慧城市等领域。

早期人们通过按照类别堆放物品来管理物品，物品的标签往往是物品的名称。20 世纪 40 年代，人们发明了条形码技术，将宽度不等的多个黑条和白条，按照一定的编码规则排列，由于黑条和白条的光线反射率不一样，因此这些黑条和白条就存储了一定的数据信息，这些数据信息可以通过特定的设备识别，如超市中的商品条形码、图书中的 ISBN（International Standard Book Number，国际标准书号）条形码等。ISBN 条形码如图 9-1 所示。

ISBN 978-7-115-51466-0

9 787115 514660 >

图 9-1　ISBN 条形码

随着计算机技术和互联网技术的发展，人们对物品管理提出了更高要求，如要求每个物品能够连接计算机网络，使管理员通过计算机就能查看商品的位置、所属类别、生产厂商等信息。物联网技术应运而生，重塑了物与物之间的关系，特别是加快了物品间的通信及信息共享。

物联网具体有两层含义：一是物联网的核心和基础仍然是互联网，它是在互联网基础上延伸和扩展的网络；二是用户端延伸和扩展到了任何物品与物品之间，进行信息交换和通信。

物联网的基本特征主要有全面感知、可靠传递和智能处理。感知是指获取物体信息；传递是指通过网络将物体信息实时准确地传递出去；智能处理是指利用云计算、图像识别、大数据等多种智能技术对信息进行分析和处理。

物联网涉及通信、微电子、计算机和网络等技术领域，可总结抽象出感知层、网络层和应用层的 3 层体系结构，如图 9-2 所示。

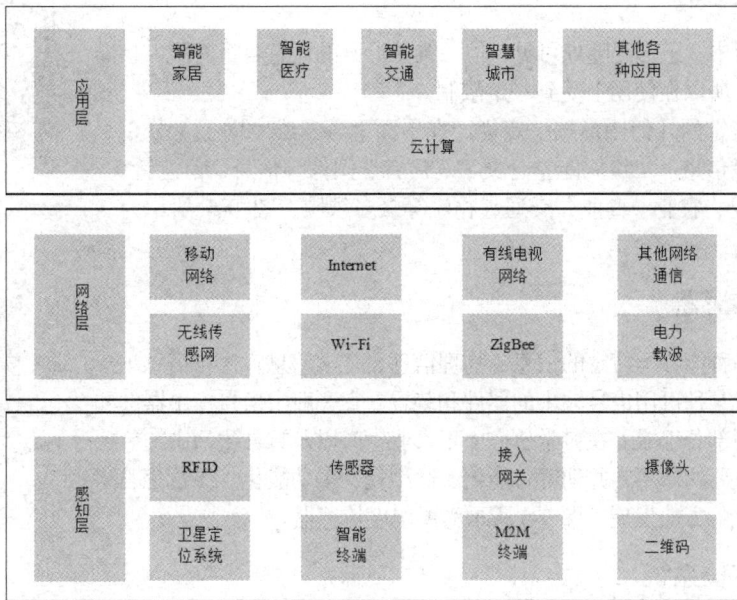

图 9-2　物联网体系结构

9.2　感知层

感知层通过各种传感器、摄像头等数据采集设备来连接、感知、控制与交流信息，其功能是辨别物体和收集信息。感知层由各种感知终端组成，包括温度/湿度传感器、二维码标签、射频识别标签和读写器、摄像头、卫星定位系统等。

感知层是物联网信息的来源。感知层的相关技术包括射频识别技术、二维码技术、传感器技术、定位技术等。

9.2.1　射频识别

射频识别（RFID）的基本理论是电磁理论，它利用射频信号和空间耦合传输特性，实现对被识别物体的自动识别，是一种非接触的自动识别技术。

一个完整的 RFID 应用系统一般包括读写器、标签和计算机系统 3 部分，如图 9-3（a）所示。读写器能够读出标签中的信息或将信息写入标签。标签是物品电子代码的物理载体，其中记录了物品的信息，如物品类别、生产厂商、存放位置、库存数量、物品序列号等。标签主要由标签芯片和标签天线（或线圈）组成，如图 9-3（b）所示。计算机系统负责通过读写器管理标签中的数据。

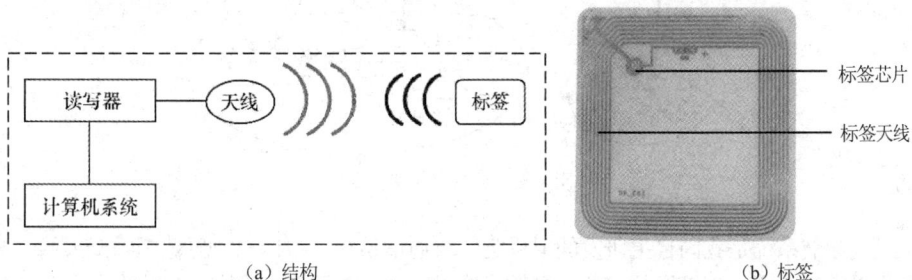

（a）结构　　　　　　　　　　　　　　（b）标签

图 9-3　RFID 应用系统

9.2.2 二维码

在日常生活中，条形码随处可见，但一维条形码的信息容量有限，且需要数据库支持，所以在使用上受到一定限制。

二维码将特定的几何图形按一定规律在平面上（二维方向上）分布，黑白相间，记录信息。二维码能整合文字、声音、图像等信息，信息量大，广泛应用于工业、农业、商业、交通、物流等众多领域。图 9-4 所示为二维码。

图 9-4　二维码

9.2.3 传感器

传感器是一种能够把特定的信息（物理信息、化学信息、生物信息）按一定规律转换成某种可用信号输出的器件和装置，它一般由信号检出器件和信号处理器件两部分组成。在科学研究、工农业生产以及日常生活中，传感器发挥越来越重要的作用，并朝着智能化、微型化、多功能化、绿色化、高灵敏化和网络化的方向发展。图 9-5 所示为温湿度传感器。

图 9-5　温湿度传感器

9.2.4 定位系统

物联网应用系统中很多应用都需要对"物"进行精确定位、跟踪和操控，从而实现可靠的人与物、物与物通信。无线定位系统由无线信号发射站和无线信号接收站两部分组成，无线信号接收站通过测量无线信号发射站发出的信号参数（如信号强度、信号传输的时延），调用定位算法来进行位置的计算。

无线定位系统主要包括卫星定位系统、蜂窝基站定位系统、无线局域网定位系统等。下面简单介绍卫星定位系统。

卫星定位系统通过卫星采集观测点的经纬度和高度，从而实现导航、定位、授时等功能。如图 9-6 所示，卫星定位系统由 3 部分构成，即地面监控部分（由主控站、地面天线、监测站和通信辅助系统等组成）、空间部分（卫星）、用户部分（主要由地面接收机和卫星天线组成）。卫星定位系统包括北斗卫星导航系统、全球定位系统（Global Positioning System，GPS）、格洛纳斯卫星导航系统和伽利略卫星导航系统。

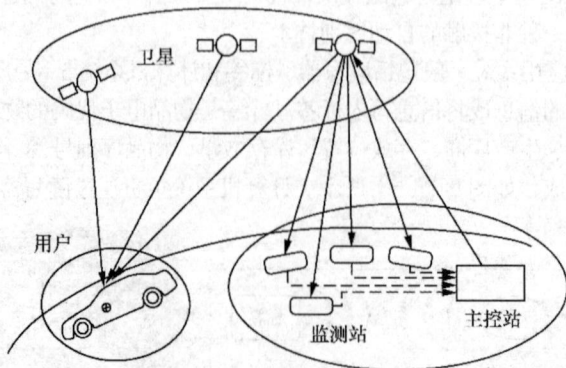

图 9-6　卫星定位系统

北斗卫星导航系统是我国自主研发的卫星定位与通信系统，可以在全球范围内全天候、全天时为各类用户提供高精度、高可靠的定位、导航、授时服务，并具有短报文通信能力，全球定位精度为 10m，测速精度为 0.2m/s，授时精度为 20ns。

定位技术可以用于生活中的各个方面。例如，智能交通系统通过无线定位技术获取车辆的实时位置信息，通过车与车、车与交通设施之间的通信，为交通管理者提供解决方案，为驾驶员提供更优出行线路。

9.3 网络层

网络层由各种网络组成，是整个物联网的中枢，负责传递和处理感知层获取的信息。网络层是物联网的中间层，用于实现信息的交互、共享和有效处理。其关键技术包括互联网、移动通信系统、云计算和 ZigBee 等。下面简单介绍移动通信系统和 ZigBee。

9.3.1 移动通信系统

移动通信系统用于为公众提供移动语音和数据通信服务。为了提高通信资源的使用效率，移动通信系统通过数量众多、形状类似蜂窝的区域构成全系统服务的覆盖区，基站为蜂窝的中心。移动通信系统如图 9-7 所示。根据移动通信系统的特征可以将其分为第一代移动通信系统（1G）、第二代移动通信系统（2G）、第三代移动通信系统（3G）、第四代移动通信系统（4G）和第五代移动通信系统（5G）。物联网主要使用 3G、4G 和 5G 进行数据通信。

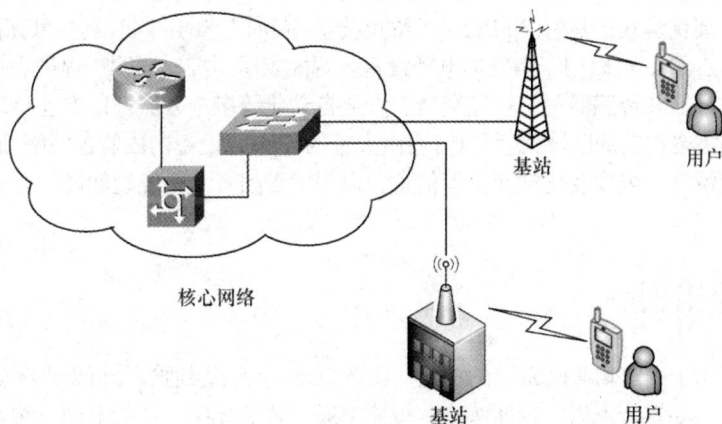

图 9-7　移动通信系统

移动通信系统在物联网中应用范围广泛，为各类移动数据型应用提供了有力支持。物联网涉及的控制、计费、支付等应用占用带宽不大，但视频感知类应用占用带宽较大，如公交车的视频监控。

9.3.2 ZigBee

ZigBee 技术是一种应用于短距离和低速率场景的无线通信技术，主要用于距离短、功耗低且传输速率要求不高的各种电子设备之间进行数据传输，尤其适用于周期性数据、间歇性数据和低反应时间数据的传输场景。

ZigBee 网络的拓扑结构如图 9-8 所示，一个 ZigBee 网络包括一个 ZigBee 协调器、多个 ZigBee 路由器和多个 ZigBee 终端设备。

1．ZigBee 协调器

ZigBee 协调器负责配置和启动整个网络，它是网络中的第一个设备。在网络启动后，ZigBee 协调器就相当于一个路由器了。

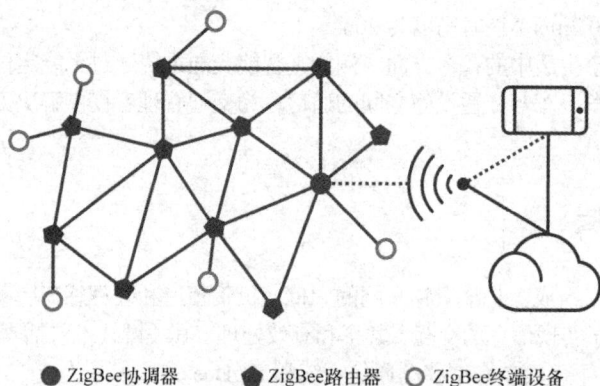

● ZigBee协调器　　● ZigBee路由器　　○ ZigBee终端设备

图 9-8　ZigBee 网络的拓扑结构

2. ZigBee 路由器

ZigBee 路由器的主要功能：允许其他设备加入网络，多跳路由，协助由电池供电的终端设备通信。

3. ZigBee 终端设备

ZigBee 终端设备没有特定的维持网络结构的责任，它们可以"睡眠"或被唤醒，因此它们可以是电池供电设备。通常终端设备的存储空间比较小。

ZigBee 的主要优势在于具有 ZigBee 功能的电子产品可以连网，同时具有可互操作、高可靠及高安全等特性。ZigBee 可以用于消费类电子设备、智能家居（控制照明、煤气表报警等）、电子玩具、医护（监视器和传感器）、智能交通、农业自动化等多个领域。以农业自动化为例，农业自动化的特点是需要覆盖的区域大，所以需要由大量的ZigBee设备构成监控网络，通过各种ZigBee传感器采集土壤湿度、温度及化学元素等信息，以帮助种植者及时发现问题，并通过远程控制解决问题。

9.4　应用层

应用层主要用于确定物联网系统的功能、服务要求。应用层通过分析处理感知层数据，为用户提供特定服务，如智能家居、智能医疗、智能交通、智能环保、智能电网、智能物流、智慧城市等。

物联网把感应器安装到电网、铁路、桥梁、隧道、公路、建筑、供水系统、大坝、汽油管道等物体中，再与现有的互联网整合起来，实现人类社会与物理系统的触合。在这个整合网络中，存在能力超强的中心计算机群（云计算），能够对整合网络内的人员、机器、设备和基础设施进行实时的管理和控制，人类能以更加精细和动态的方式管理生产及生活，从而实现智能医疗、智慧农业、智能交通、智能家居、智能环保等。下面对智能家居和智能交通系统进行简单介绍。

9.4.1　智能家居

智能家居是利用先进的计算机技术、网络通信技术、综合布线技术、自动控制技术、物联网技术，依照人体工程学原理，融合个性需求，将与家居生活有关的各个子系统连接起来的家居设施。通过智能家居，我们可以智能控制和管理热水器、空调、洗衣机、冰箱、电视、灯等各种家居设备，构建高效的家居管理系统，提升家居的安全性、便利性、舒适性，创造节能环保的居住环境。智能家居主要包括一个家庭网关和多个通信子节点，每一个子节点包含一个设备终端，并都能够与家庭网关连接，用户通过家庭网关完成对各个子节点的管理，如图 9-9 所示。

图 9-9 智能家居

9.4.2 智能交通系统

智能交通系统（Intelligent Transportation System，ITS）是将先进的信息技术、数据通信技术、传感器技术、电子控制技术及计算机技术等，有效地集成运用于整个地面交通管理系统，从而建立的一种在大范围内全方位发挥作用的，实时、准确、高效的综合交通运输管理系统，也是交通系统的发展方向。智能交通系统如图 9-10 所示。

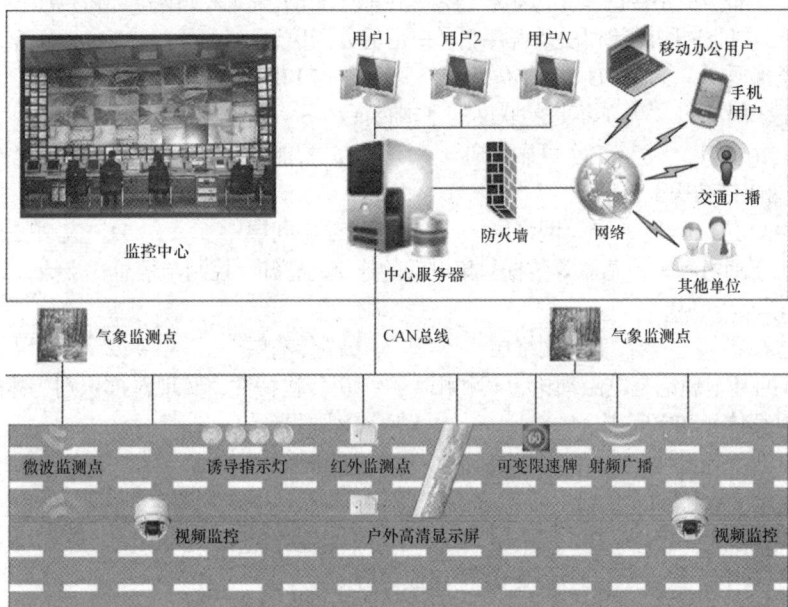
图 9-10 智能交通系统

9.5 物联网与人工智能

物联网与人工智能的关系可以理解为"数据与智能"的关系。物联网为人工智能提供了大量的实时数据，而人工智能为物联网提供了数据分析、智能决策支持。物联网为人工智能创造了诸多应用场景，如智能家居、智慧城市、智能制造等。

1．智能数据处理和分析

物联网设备包括各种传感器和执行器，能够实时监测环境参数、设备状态和用户行为，生成大量数据，为人工智能提供数据基础。

人工智能通过机器学习和深度学习算法，可以从物联网设备收集的数据中识别模式、预测趋势和发现异常，为智能决策提供依据。

2．智能决策

智能决策是物联网的重要目标。基于智能数据处理和分析的结果，物联网系统能够做出响应，如调整设备参数、发送警报或优化流程，大大提升决策速度。

在自动驾驶汽车或智能制造等对实时性要求高的领域，通过利用边缘人工智能，在接近数据生成的地方，物联网设备可以做出实时决策。

3．个性化和用户体验

人工智能可以让物联网系统为用户提供个性化体验。通过分析用户行为和偏好，物联网系统可以根据用户需求定制功能和设置。例如，智能家居通过分析用户对照明、温度、湿度等的偏好，调整设置参数来创造个性化和舒适的生活环境。

习题

一、单项选择题

1. （　　　）将宽度不等的多个黑条和白条，按照一定的编码规则排列，由于黑条和白条的光线反射率不一样，因此这些黑条和白条就存储了一定的数据信息。

    A．条形码　　　　　B．二维码　　　　　C．RFID　　　　　D．GPS

2. 以下选项中，（　　　）不是物联网的基本特征。

    A．全面感知　　　　B．可靠传递　　　　C．智能处理　　　　D．数据挖掘

3. 物联网体系结构不包括（　　　）。

    A．感知层　　　　　B．网络层　　　　　C．中间层　　　　　D．应用层

4. （　　　）通过各种传感器等数据采集设备的连接、感知、控制与信息化交流，其功能是辨别物体和收集信息。

    A．感知层　　　　　B．网络层　　　　　C．传输层　　　　　D．应用层

5. RFID 的基本理论是电磁理论，其利用（　　　）传输特性，实现对被识别物体的自动识别。

    A．射频信号和空间耦合　　　　　　　B．激光

    C．电波　　　　　　　　　　　　　　D．声波

6. RFID 属于物联网的（　　　）。

    A．应用层　　　　　B．网络层　　　　　C．业务层　　　　　D．感知层

7. 以下选项中，（　　　）不是 RFID 的组成部分。

    A．读写器　　　　　B．外置天线　　　　C．标签　　　　　　D．计算机系统

8. （　　　）将特定的几何图形按一定规律在平面上（二维方向上）分布，黑白相间，记录信息。

    A．条形码　　　　　B．二维码　　　　　C．RFID　　　　　D．传感器

9. （　　　）是一种能够把特定的信息（物理信息、化学信息、生物信息）按一定规律转换成某种可用信号输出的器件和装置。

    A．条形码　　　　　B．二维码　　　　　C．RFID　　　　　D．传感器

10. 无线定位系统由（　　　）和无线信号接收站两部分组成。

    A．无线信号发射站　　　　　　　　　B．天线

    C．网络　　　　　　　　　　　　　　D．计算机

11. （　　）是我国自主研发的卫星定位与通信系统。

    A. GPS
                  B. 北斗卫星导航系统

    C. 格洛纳斯卫星导航系统
          D. 伽利略卫星导航系统

12: （　　）是物联网的中枢，负责传递和处理感知层获取的信息，实现信息的交互、共享和有效处理。

    A. 感知层
        B. 网络层
        C. 传输层
        D. 应用层

13. （　　）主要确定物联网系统的功能、服务要求，通过分析处理感知层数据，为用户提供特定服务。

    A. 感知层
        B. 网络层
        C. 传输层
        D. 应用层

二、简答题

1. 简述物联网的含义。
2. 简述物联网的体系结构。
3. 简述 RFID 系统的组成和工作原理。
4. 简述卫星定位系统的组成。
5. 简述物联网在智能家居中的应用。
6. 简述物联网与人工智能的关系。

第 **10** 章 云计算导论

云计算作为一种基于互联网、大众可以随时随地按需获取计算资源和能力的服务模式，是实现互联网创新、万物智能互联的重要基础设施。本章介绍云计算的概念、相关技术以及云计算应用等。

10.1 云计算概述

在云计算诞生之前，很多公司通过互联网提供服务，如订票服务、导航服务、搜索服务等。随着服务内容和用户规模的不断增加，用户对服务的可靠性、可用性要求也不断提高，这些要求通过集群方式难以得到满足，于是各公司在各地建设了多个数据中心。较大规模的公司建设的分散于全球各地的数据中心，在满足业务发展需求的同时还有富余的可用资源，于是这些公司将其基础设施作为服务提供给相关用户，这就是早期的云计算。

云计算采用按使用量付费的方式，用户可以随时随地、便捷地、按需地从可配置的计算资源共享池中获取所需的计算资源，包括网络、服务器、存储、应用程序及服务，资源可以快速供给和释放，用户只需投入少量的管理工作。

目前比较知名的云计算服务提供商有阿里云、腾讯云、华为云、亚马逊的 AWS、微软的 Azure 等。

云计算的业务模型有三大类，即基础设施即服务（Infrastructure as a Service，IaaS）、平台即服务（Platform as a Service，PaaS）、软件即服务（Software as a Service，SaaS），如图 10-1 所示。

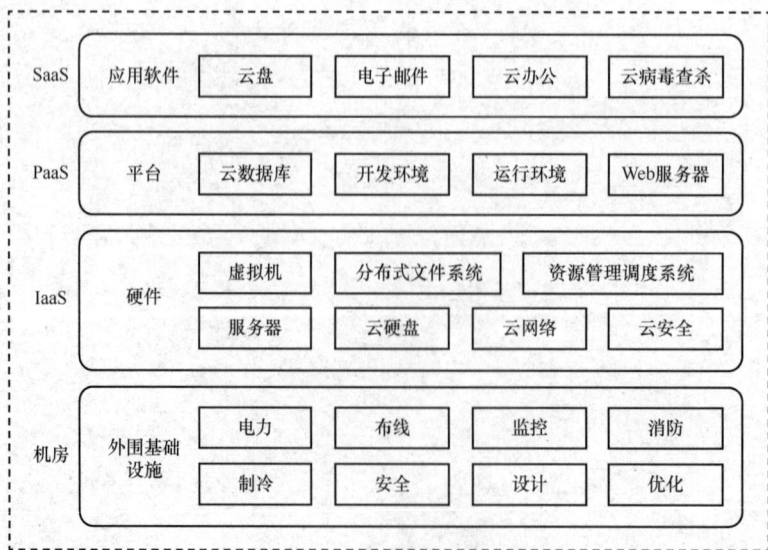

SaaS	应用软件	云盘	电子邮件	云办公	云病毒查杀
PaaS	平台	云数据库	开发环境	运行环境	Web服务器
IaaS	硬件	虚拟机 / 服务器	分布式文件系统 / 云硬盘	资源管理调度系统 / 云网络	云安全
机房	外围基础设施	电力 / 制冷	布线 / 安全	监控 / 设计	消防 / 优化

图 10-1　云计算业务模型

1．IaaS

IaaS 能够按需向用户提供计算能力、存储能力和网络能力等 IT 基础设施类服务。

通俗地理解，IaaS 就是通过 Web 浏览器直接出租服务器、存储设备和通信设备。用户可以节省硬件维护成本和场地，还可以随时扩展硬件能力。

目前，阿里云、华为云、腾讯云、百度云等都提供 IaaS 业务。图 10-2 所示为阿里云提供的服务器产品。

图 10-2　阿里云提供的服务器产品

2．PaaS

对比传统计算机架构中的"硬件+操作系统+开发工具+应用软件"，PaaS 提供类似于操作系统和开发工具的功能，也就是通过互联网为用户提供一整套开发、运行和运营应用软件的支撑平台。用户无须购买硬件和软件，利用 PaaS 就可以创建、测试、部署和运行应用软件。

如图 10-3 所示，开发者可以利用云函数、数据库、云存储、云托管等云开发功能来开发微信小程序。而在个人计算机环境下，开发者需要购买装有操作系统的计算机并安装开发工具来开发应用软件，成本较高。

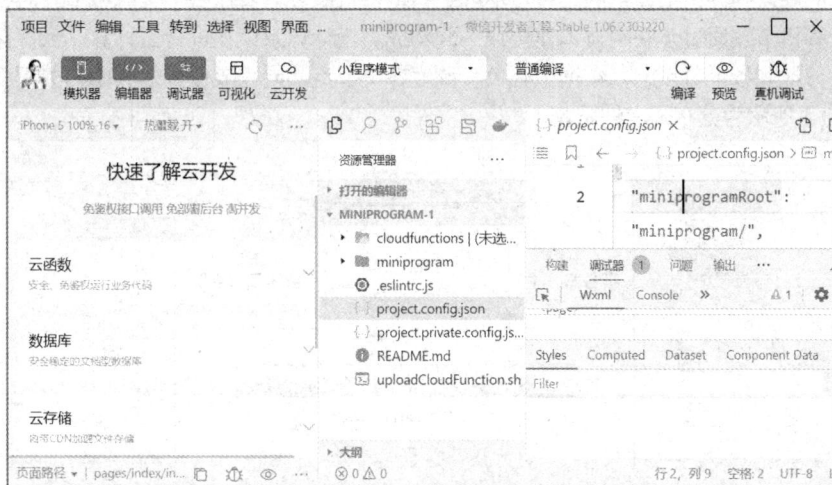

图 10-3　微信云开发

3．SaaS

简单地说，SaaS 就是一种通过互联网提供软件服务的模式。在这种模式下，用户不需要将大量资金用于硬件、软件和开发团队的建设，只需要支付一定的租赁费用，就可以通过互联网享受到相应的服务，而且整个系统的维护由厂商负责。如图 10-4 所示，阿里钉钉提供智能填表、OA（Office Automation，办公自动化）审批、项目助手、客户管理等功能。

图 10-4　阿里钉钉

10.2　云计算相关技术

与传统个人计算机系统相似，云计算的硬件系统包括计算、存储和通信 3 个子系统，它们分别提供数据运算、数据存储和数据通信服务。

在云计算系统中，计算设备常become称为主机（Host），是支撑系统运行的基础设施。Host 主要包括服务器、大型机、服务器集群、笔记本电脑、台式计算机、平板电脑、智能手机、虚拟机等。

大量数据的存储与管理是整个云计算流程中的重要任务，云计算系统中配置了大量存储设备用于数据的云存储。

云计算系统使用各种数据通信技术来实现网络间的互连，网络通信设备及部件都是连接到网络中的物理实体。

云计算的两种核心技术分别是分布式技术和虚拟化技术。

1. 分布式技术

云计算的底层硬件包括大量的服务器集群。当把每台服务器看作一个计算机节点时，云计算系统由许多计算机节点通过互联网技术连接在一起构成。云计算系统在进行云计算、云存储时，将任务通过网络分配到各个节点上，数据中心负责调度各个节点共同完成任务。其中的关键就是分布式技术。图 10-5 所示为分布式文件系统。

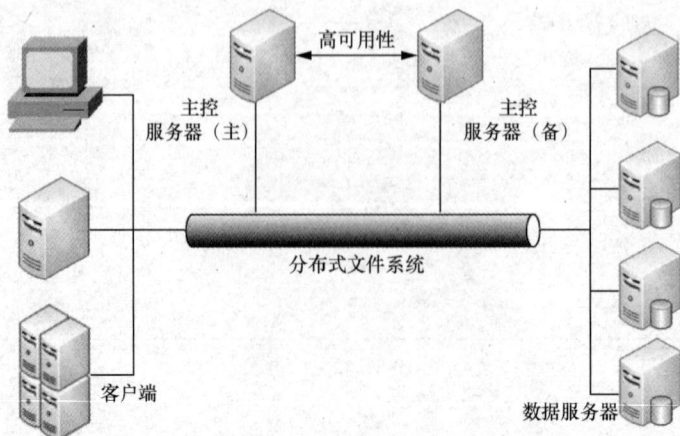

图 10-5　分布式文件系统

随着海量数据的出现，待处理的数据量远远超出单台计算机的处理能力。为了保证数据处理的即时性，可以使用分布式技术将大量数据分割成多个小块，由多台计算机分工计算，最后将结果汇总。

目前分布式计算经典的商业应用解决方案是采用 Hadoop MapReduce。Hadoop 是一套计算、存储海量数据的基础平台架构，包括并行计算模型 Map/Reduce、分布式文件系统 HDFS，以及分布数据库 HBase。Hadoop 的相关项目也很丰富，包括 ZooKeeper、Pig、Chukwa、Hive、Mahout、Flume 等。比较知名的分布式计算解决方案还有 Spark 框架、Impala 查询系统、Storm 实时流式分布式处理框架等。

2. 虚拟化技术

虚拟可以理解为虚化和模拟，就是对物理世界存在的实体做虚拟化处理，再在虚拟化环境中模拟其实际运行功能和状态。虚拟化技术将多台计算机（如几十台、几百台、几千台甚至上万台计算机）整合配置在一起，形成一个巨大的资源池，包括计算资源、存储资源、网络资源等。

虚拟化作为一种资源管理技术，将计算机的各种实体资源，如服务器、网络、内存，以及其他存储设备等，抽象、转换后呈现出来，打破实体间不可分割的障碍，使用户可以更好地应用这些资源。用户可以构建出最符合需求的应用环境，从而节省成本，并使这些资源的利用率最大化。

虚拟化技术包括硬件虚拟化技术和软件虚拟化技术两大类。硬件虚拟化技术主要是具有计算能力、存储能力和网络能力的各种硬件的虚拟化技术，包括与计算资源硬件相关的 CPU、GPU 计算虚拟化技术，与存储硬件相关的光盘、磁盘等存储虚拟化技术，与网络硬件相关的网络虚拟化技术等。软件虚拟化技术是把软件对底层系统和硬件的依赖抽象出来，主要包括桌面虚拟化技术和一些云平台技术（如容器技术）等。

如图 10-6 所示，常见的虚拟化应用包括计算虚拟化、存储虚拟化、网络虚拟化、桌面虚拟化、服务器虚拟化等。

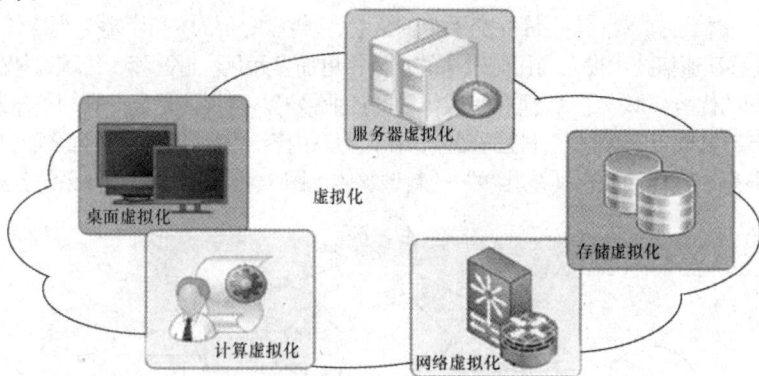

图 10-6　虚拟化应用

10.3　云计算的应用

云计算已经在各个行业得到了广泛应用，金融云、城市云、农业云、交通云、政务云、工业云、商贸云等创新实践不断涌现，为国民经济注入了新的活力。

10.3.1　工业互联网云平台

工业互联网云平台是将工业互联网与云计算相结合的平台，为制造业提供全生命周期的服务。工业互联网云平台在各个领域都有广泛应用，包括工业制造、物流运输、能源与环保、医疗健康、智慧城市等。在工业制造领域，工业互联网云平台可以实现设备的远程监测、故障诊断和维护管理等功能，提高生产效率和质量。

目前，全球范围内的工业互联网云平台包括机智云、阿里云、华为云、IBM 云等。图 10-7 所示为工业互联网云平台架构。工业互联网云平台聚焦物联网、云计算、大数据、人工智能、5G 等新一代信息技术，为企业提供便捷、高效、智能化的生产和管理服务，帮助企业实现产业转型升级和高质量发展的目标。

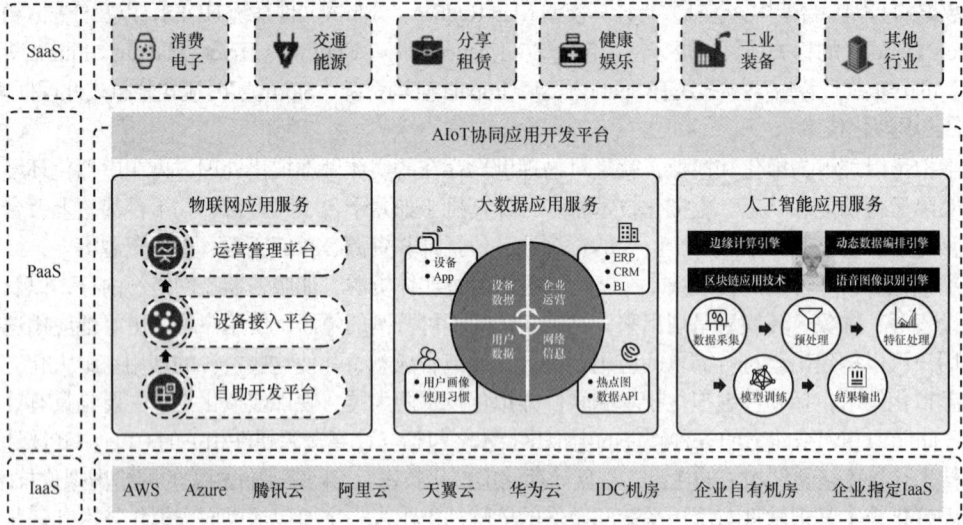

图 10-7   工业互联网云平台架构

10.3.2   云计算与融媒体

随着微博、微信、抖音、快手等社交平台的兴起，传统纸质媒体和广播电视媒体遇到了很大的挑战。随着 5G 移动通信技术投入商用，未来的媒体将更加多元化。近几年，传统媒体融合信息技术，充分利用互联网的优势，形成了"互联网+媒体"的产业格局。融媒体是充分利用信息载体，对广播、电视、报纸等既有共同点又存在互补性的媒体，在人力、内容、宣传等方面进行全面整合，实现"资源通融、内容兼融、宣传互融、利益共融"的新型媒体。图 10-8 所示为融媒体系统架构示例。

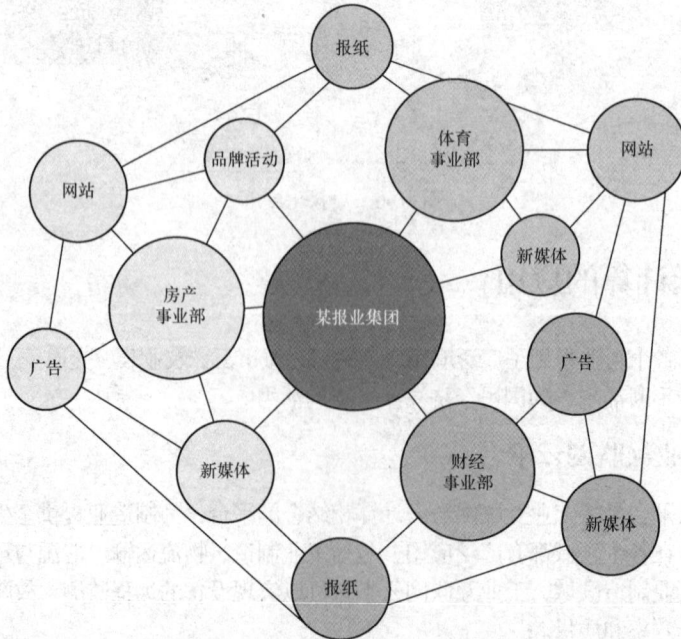

图 10-8   融媒体系统架构示例

在互联网技术方面，云计算是重要的基础技术储备之一。2016 年，腾讯云联合人民日报媒体技术股份有限公司发布了我国首个媒体融合云服务平台——中国媒体融合云，旨在为媒体融合发展消除技术瓶颈。中国媒体融合云直接应用腾讯云丰富且强大的技术能力，包括计算、网络、存储、数据库、安全、域名服务、移动与通信、监控与管理、视频点播与直播、大数据与 AI 等全面的技术能力，而且这些能力还在不断升级、扩展。

10.3.3　阿里云

阿里云创立于 2009 年，是一家云计算及人工智能科技公司，专注于云计算领域的研发，以在线公共服务的方式，为政府、企业和个人提供安全可靠的计算能力、数据处理能力、人工智能能力及网络安全保障。阿里云为制造、金融、政务、交通、医疗、电信、能源等众多领域提供服务。

图 10-9 所示为阿里云产品页面。阿里云提供了多种云计算服务，包括计算、存储、网络、安全、数据库、分析和人工智能等，以满足企业和用户的不同需求，可支持企业在云端部署应用程序、托管数据、进行数据分析和人工智能开发等。

图 10-9　阿里云产品页面

10.3.4　腾讯云

腾讯云是腾讯公司旗下的产品，于 2010 年正式推出，2013 年正式面向全社会开放。多年来，腾讯云基于 QQ、QQ 空间、微信、腾讯游戏等真实业务的技术锤炼，为企业和创业者提供集云计算、云数据、云运营于一体的云端服务体验，为其在全球市场获得竞争优势奠定了坚实基础。

图 10-10 所示为腾讯云产品页面。腾讯云拥有完整的产品体系，包括云服务器、容器服务、云存储、云数据库、网络与安全、CDN 与边缘、多种轻量级应用服务器、物联网通信、数据应用与可视化、腾讯混元大模型等，以及多种特色服务，包括视频服务、游戏服务、行业应用、开发者工具等。

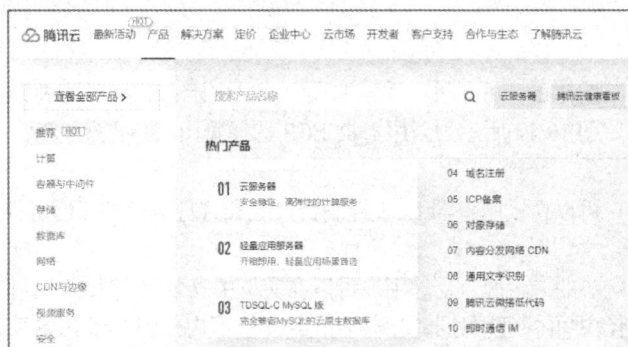

图 10-10　腾讯云产品页面

10.4 云计算应用实践

阿里云服务器是一种云计算产品，分为云服务器 ECS（Elastic Compute Service，弹性计算服务）和轻量应用服务器，可以提供稳定可靠的云计算服务。阿里云服务器具有高性能、安全可靠、弹性扩展及成本低等特点，是个人和企业在互联网上搭建网站、部署应用的理想之选。本节介绍云服务器 ECS 应用实战。

1. 注册登录

首先登录阿里云官网，单击右上角的"登录"按钮或"注册"按钮。新用户需要进行注册，可以选择扫码注册、账号密码注册、手机号注册等方式进行注册。图 10-11 所示为阿里云注册页面。

图 10-11　阿里云注册页面

用户在注册页面填写正确的个人信息，包括登录名、手机号、校验码等，并设置一个安全的登录密码。用户也可以使用支付宝等扫码快速完成注册。注册完成后，登录阿里云。

2. 购买云产品

用户登录后，可以从产品列表中选择云服务器 ECS，进入购买页面。图 10-12 所示为云服务器 ECS 购买页面。

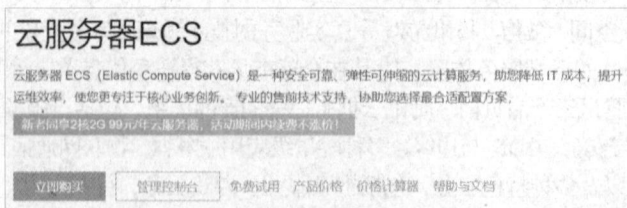

图 10-12　云服务器 ECS 购买页面

单击"立即购买"按钮后，可通过"快速购买"或"自定义购买"两种方式查看选购产品，之后选择"产品规格"。图 10-13 所示为云服务器 ECS 选择页面。

3. 管理云产品

购买成功后，用户可以在云服务器 ECS 控制台查看和管理自己的云服务器。

（1）实例管理

实例可以理解为购买的一台服务器，用户可以在实例中安装操作系统、存储数据、运行软件等。在云服务器 ECS 控制台中可管理服务器实例，图 10-14 所示为云服务器 ECS 实例管理页面，用户可进行远程连接、资源变配、停止等操作。

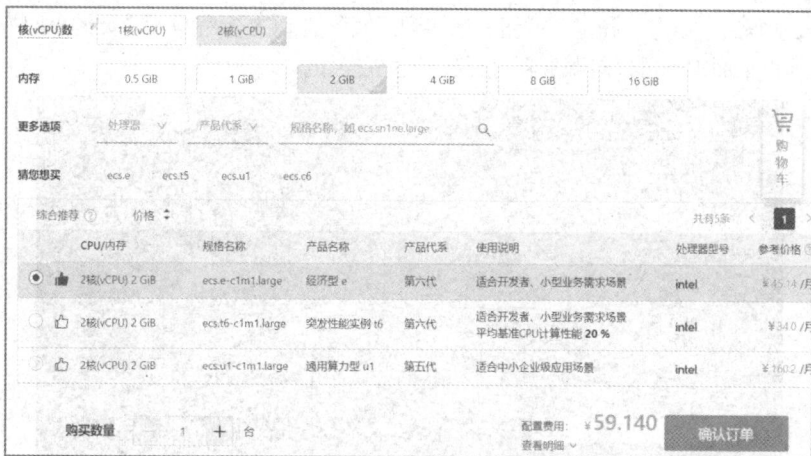

图 10-13　云服务器 ECS 选择页面

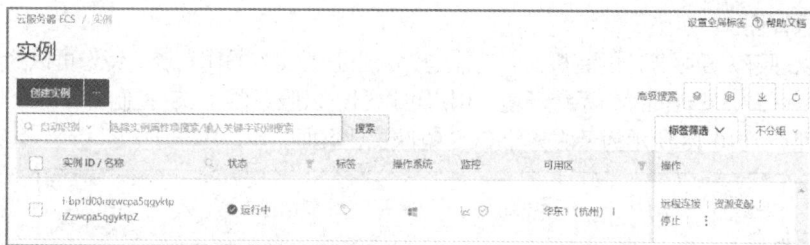

图 10-14　云服务器 ECS 实例管理页面

图 10-15 所示为云服务器 ECS 远程连接页面。单击"立即登录"按钮，输入密码后登录实例。图 10-16 所示为云服务器 ECS 登录实例页面。如果是首次登录，可以单击"重置密码"按钮，进行密码设置。

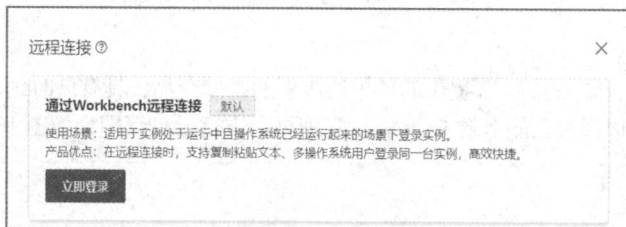

图 10-15　云服务器 ECS 远程连接页面

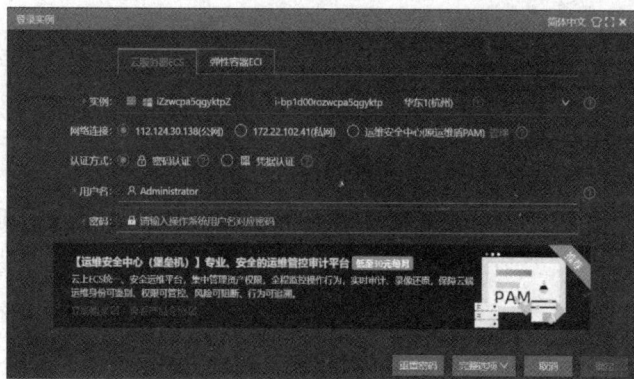

图 10-16　云服务器 ECS 登录实例页面

正确输入密码后，单击"确定"按钮，连接到云服务器 ECS 远程桌面，如图 10-17 所示。在云服务器 ECS 远程桌面中，可以对服务器进行各种远程操作。

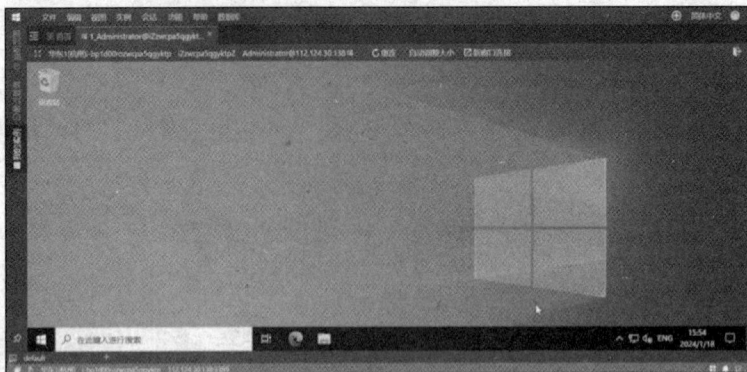

图 10-17　云服务器 ECS 远程桌面

（2）镜像管理

镜像可以理解为云服务器的装机盘，功能是为云服务器安装操作系统。镜像可以为云服务器提供一个稳定、可靠、安全的操作系统环境。用户可以通过云服务器 ECS 控制台，对云服务器 ECS 镜像进行管理。图 10-18 所示为云服务器 ECS 镜像管理页面。

图 10-18　云服务器 ECS 镜像管理页面

（3）云盘管理

云盘是阿里云为云服务器 ECS 提供的数据块级别的存储产品，具有低时延、高性能、持久、高可靠等特点。用户可以通过云服务器 ECS 云盘管理页面进行云盘管理，如图 10-19 所示。

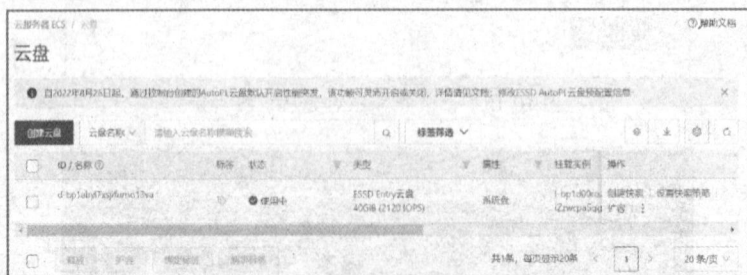

图 10-19　云服务器 ECS 云盘管理页面

此外，通过云服务器 ECS 控制台，用户还可以进行网络与安全、数据备份和恢复、部署与弹性、运维与监控等方面的配置。

10.5　云计算与人工智能

云计算与人工智能之间存在密不可分的关系，二者相辅相成、共同促进信息技术的发展。云计算为人工智能提供了强大的计算资源、存储资源，帮助人工智能更好地应用于各个领域，为人工智能的爆发式发展提供了硬件基础。人工智能的发展也推动了云计算技术的进步和创新，促进了云计算在智能化、自动化方面的应用。

（1）云计算可以为人工智能提供大规模、可扩展、高可用和低成本的计算资源，支持实现高效的机器学习、深度学习、自然语言处理、机器视觉、推理和决策等。

（2）人工智能需要大量的数据来进行训练和学习，而云计算提供了海量数据存储和计算能力，为人工智能提供了强大的支持。

（3）云计算为人工智能提供了灵活、可扩展的部署方式，人工智能算法和模型可以通过云计算平台快速部署和运行，从而实现对算法的快速调整和改进，提高算法的精度、速度和效率。

（4）人工智能的引入使云计算更加自动化和智能化。人工智能技术可以帮助云计算提高计算的效率和准确性，实现更高层次的自动化处理。

习题

一、单项选择题

1. 对云计算的简单理解就是把计算资源放在（　　）上。
   A. 对等网　　　　　B. 局域网　　　　　C. 互联网　　　　　D. 有线网

2. 云计算的业务模型不包括（　　）。
   A. 基础设施即服务　B. 平台即服务　　　C. 软件即服务　　　D. 基础电力服务

3. IaaS 的含义是（　　）。
   A. 基础设施即服务　B. 数据即服务　　　C. 软件即服务　　　D. 平台即服务

4. PaaS 的含义是（　　）。
   A. 基础设施即服务　B. 数据即服务　　　C. 软件即服务　　　D. 平台即服务

5. SaaS 的含义是（　　）。
   A. 基础设施即服务　B. 数据即服务　　　C. 软件即服务　　　D. 平台即服务

6. 分布式计算的经典商业应用解决方案包括（　　）。
   A. MapReduce　　　B. Bigtable　　　　C. DFS　　　　　　D. HBase

7. 云计算的分布式存储包括（　　）和分布式数据库系统。
   A. 文件系统　　　　B. 分布式文件系统　C. OpenStack　　　D. 存储系统

8. 云计算提供的资源池中没有（　　）。
   A. 存储资源　　　　B. 数据　　　　　　C. CPU 计算资源　D. 网络资源

9. 以下选项中，（　　）不是常用的云计算硬件基础设备。
   A. 路由器　　　　　B. 光缆　　　　　　C. 卫星通信　　　　D. 防火墙

10. （　　）是指一组通过网络进行通信，为了完成共同任务而协同工作的计算机节点组成的系统。
    A. 分布式系统　　　B. 虚拟系统　　　　C. 集群系统　　　　D. 网络

11. 云计算的两种核心技术分别是分布式技术和（　　）技术。
    A. 集中式　　　　　B. 虚拟化　　　　　C. 网络化　　　　　D. 应用式

12. 云计算采用的业务处理系统为（　　）。
    A. 分布式系统　　　B. 集中式系统　　　C. 管理系统　　　　D. 负载平衡系统

13. 分布式计算可以解释为（　　）。
    A. 将任务分配到多个节点计算　　　　　B. 将任务分成多个任务分步处理

C. 将计算任务发到网上计算　　　　　　　　D. 将任务分给很多人一起计算

14. 虚拟化资源可以实现一定操作，具有一定功能，但其本身是（　　　）资源。

    A. 虚拟的　　　　　B. 虚假的　　　　　C. 实体的　　　　　D. 真实的

15. 以下选项中，虚拟化实践操作时（　　　）资源不能实现虚拟化。

    A. CPU　　　　　　B. 硬盘　　　　　　C. 操作系统　　　　D. 电源

16. （　　　）是虚拟化的主要特征。

    A. 高扩展性　　　　B. 经常死机　　　　C. 安全风险　　　　D. 技术简单

17. （　　　）是将工业互联网与云计算相结合的平台，为制造业提供全生命周期的服务。

    A. 工业互联网云平台　　　　　　　　　　　B. 物联网

    C. 融媒体　　　　　　　　　　　　　　　　D. 大数据

18. （　　　）是充分利用信息载体，将广播、电视、报纸等多种媒体融合形成的一种新型媒体。

    A. 多媒体　　　　　B. 新媒体　　　　　C. 融媒体　　　　　D. 流媒体

二、简答题

1. 简述什么是云计算。

2. 简述云计算 IaaS 商业模式的含义。

3. 简述云计算 PaaS 商业模式的含义。

4. 简述云计算 SaaS 商业模式的含义。

5. 简述云计算平台所需要的硬件基础。

6. 简述分布式系统的含义。

7. 简述虚拟化的含义。

8. 简述购买和管理阿里云服务器 ECS 的过程。

9. 简述云计算与人工智能的关系。

第11章 大数据导论

大数据是数字时代的一种基础性战略资源,深刻影响着社会生产、生活的各个方面。本章主要介绍大数据的基本概念、处理流程、关键技术以及相关应用等。

11.1 大数据概述

进入 21 世纪以来,随着互联网应用的迅猛发展,物联网、云计算逐渐走近大众,各种传感器、移动设备每时每刻都产生大量数据。数据从 Web 2.0 阶段的用户原创生成,转变为由感知系统自动生成,成为企业极具价值的资产。

从计算机科学的角度来看,数据是所有输入计算机并被计算机程序处理的符号的总称,是具有一定意义的数字、字母、符号和模拟量的统称。数据的爆发式增长使数据的计量单位越来越大,从 MB、GB、TB 到 PB、EB、ZB、YB,所存储的数据越来越多。

1. 数据的产生方式

数据的产生方式经历了应用软件生成数据、用户原创产生数据和数据感知 3 个阶段。

(1)应用软件生成数据

应用软件在使用过程中会产生大量数据,如股票交易系统、库存管理系统、办公自动化系统等计算机应用软件。这个阶段数据的产生是被动的,只有当实际业务发生时,才会产生新的记录并存入数据库。例如,在股票交易系统中,当发生一笔股票交易时会生成相关记录。

(2)用户原创产生数据

在 Web 2.0 时代,随着 UGC(User Generate Content,用户产生内容)的出现和移动终端设备的普及应用,数据开始由用户原创生成,数据产生的速度大大加快。例如,上网用户可以随时随地发微博、传照片等,这些都是由用户原创产生的数据。

(3)数据感知

随着物联网的普及,数据开始由感知系统自动生成,数据的产生方式进入数据感知阶段。传感器、摄像头等主动数据采集设备的大范围应用,使数据的产生量级发生了飞跃。

2. 数据的类型

按照数据是否有强结构,可以将数据划分为结构化数据、半结构化数据和非结构化数据 3 种类型。

(1)结构化数据

结构化数据指的是具有固定格式和有限长度的数据。结构化数据通常表现为二维形式的数据集,每一行表示一个实体,每一列表示实体的某一方面属性。这类数据本质上是"先有结构,后有数据"。关系数据库中的数据表就是结构化数据。表 11-1 是一个结构化数据的例子。

(2)半结构化数据

半结构化数据是一种弱结构数据,它并不符合关系数据模型,但仍有明确的数据结构甚至层次结构,包括相关标记。这类数据中的结构特征相对容易获取和发现,通常采用 XML(Extensible Markup

Language，可扩展标记语言）、JSON 等标记语言来表示。HTML 文件也可以认为是一种半结构化数据。

表 11-1　结构化数据

学生编号	姓名	性别	年龄	是否团员	籍贯
2018100201	赵军	男	18	是	湖南长沙
2017100202	刘石磊	男	19	否	湖北武汉

例如，表 11-1 的结构化数据用 XML 格式表示如下。

```
<?xml version="1.0" encoding="utf-8"?>
    <学生>
        <学生编号>2018100201</学生编号>
        <姓名>赵军</姓名>
        <性别>男</性别>
        <年龄>18</年龄>
        <是否团员>是</是否团员>
        <籍贯>湖南长沙</籍贯>
    </学生>
    <学生>
        <学生编号>2017100202</学生编号>
        <姓名>刘石磊</姓名>
        <性别>男</性别>
        <年龄>19</年龄>
        <是否团员>否</是否团员>
        <籍贯>湖北武汉</籍贯>
    </学生>
```

（3）非结构化数据

非结构化数据是指不遵循统一的数据模式或模型，不定长、无固定格式的数据。人们在日常生活中接触的大多数数据都属于非结构化数据。这类数据没有固定的数据结构，或难以发现统一的数据结构。存储在文本文件中的系统日志、文档、图像、音频、视频等数据都属于非结构化数据。

3．大数据的概念和特点

数据的爆炸性增长使世界充斥比以往更多的信息，而且其增长速度在加快，已经积累到了引发变革的程度。人们无法在一定时间范围内用常规软件工具进行捕捉、管理、处理的海量、高增长率和多样化的信息资产称为大数据。目前，人们通常认为大数据具有"4V"特征，即数据容量大（Volume）、数据类型繁多（Variety）、数据价值密度低（Value）和数据处理速度快（Velocity）。

（1）数据容量大

大数据的计量单位至少是 PB、EB。与人类生活密切相关的非结构化数据的增长速度远超结构化数据增长速度，大数据的数据容量达到甚至超过传统数据库的 10 倍到 50 倍。

（2）数据类型繁多

大数据包括文本、图片、音频、视频、地理位置、人体姿态信息等。这些数据没有明显的结构模式，具有异构性和多样性，数据内容没有连贯的语法和语义。多类型的数据必须借助分布式处理方法（如 MapReduce 等）进行数据处理。

（3）数据价值密度低

海量数据中存在大量无用信息，数据价值密度相对较低。以视频数据为例，连续不间断监控过程采集的视频数据中，具有价值的可能只是瞬间的画面。

通过人工智能算法完成海量数据的价值提炼，预测趋势并进行决策，实现深刻复杂的数据挖掘分析，是大数据时代亟待解决的难题。

（4）数据处理速度快

大数据需要实时分析而非批量式分析，要求处理速度快、时效性高。不同于传统数据挖掘的最显著的特征是，在大数据的输入、处理和挖掘分析等环节需要进行连贯性处理。

大数据时代对人类的数据驾驭能力提出了新的挑战，摒弃既有技术架构和路线，采用分布式开源框架高效地处理海量数据，及时处理反馈，以获得更为深刻、全面的洞察是必然选择。

11.2 大数据的处理过程

大数据的处理过程可以这样理解：在合适工具的辅助下，对异构数据进行采集和集成，再按照一定的标准进行存储，并利用适当的数据分析技术对存储的数据进行分析，从中提取价值并利用恰当方式将结果展现给终端用户。具体来说，该过程可以概括为数据采集与预处理、数据管理、数据处理和数据可视化。

1. 数据采集与预处理

想从数据中获取价值，就需要从现实世界中采集信息，并计量和记录信息。大数据的来源多种多样，不同来源的数据的采集方式也不相同。

（1）大数据的来源

大数据的来源主要有以下 3 种。

① 对现实世界的测量。这类数据是通过感知设备获得的，如医疗影像数据，二维码或条形码扫描数据，摄像头监控数据，用于监测天气、水、智能电网的传感数据，以及应用服务器日志等。

② 对人类行为的记录。这类数据，一是由人录入计算机形成的数据，主要包括关系数据库中的数据和数据仓库中的数据，如企业资源计划（Enterprise Resource Planning，ERP）系统、客户关系管理（Customer Relationship Management，CRM）系统等产生的数据；二是人类在使用信息系统的过程中被记录的行为，包括使用微博、微信、搜索引擎、电子商务平台等过程中的行为，如浏览记录、搜索记录等。

③ 计算机生成。这类数据是计算机通过模拟现实世界生成的数据。例如，通过计算机动态模拟城市交通，生成噪声、流量等数据。

（2）大数据的采集方法

根据数据源特征的不同，大数据的采集方法多种多样。常用的大数据采集方法包括以下几种。

① 传感器。传感器常用于测量物理环境变量并将其转化为可读的数字信号以待处理，这是采集物理世界信息的重要途径。如图 11-1 所示，在智能交通系统中，大数据的采集有基于卫星定位系统的定位信息采集、基于交通摄像头的视频采集等，这些都属于传感器采集方法。

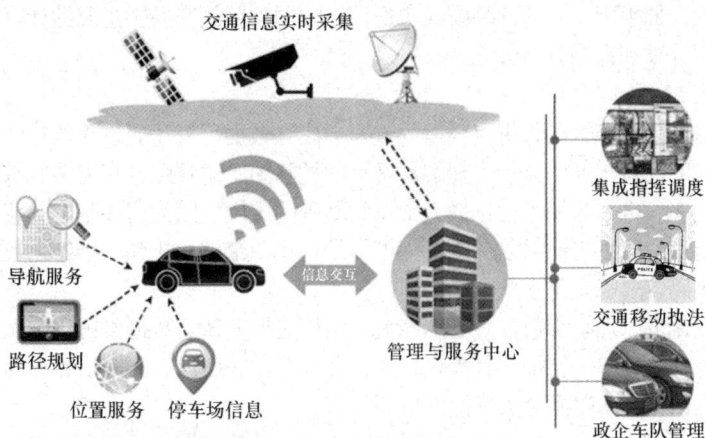

图 11-1 智能交通系统工作示意

② 系统日志。系统日志是人们广泛使用的大数据获取方法之一。系统日志由系统运行产生，以特殊的文件格式记录系统的活动，包含系统的行为、状态以及用户与系统的交互等。

③ 网络爬虫。网络爬虫是为搜索引擎下载并存储网页的程序，是互联网信息采集的重要方式。网络爬虫按顺序访问初始队列中的一组 URL，并为每个网页链接分配优先级，随后从队列中获得具有一定优先级的 URL，下载该网页，解析网页包含的 URL，并将这些新 URL 添加到队列中。这个过程重复到网络爬虫程序停止运行为止。

④ 众包。众包指的是一个公司或机构把过去由员工执行的工作任务，以自由、自愿的形式外包给非特定的大众志愿者的做法。众包的任务通常由个人来承担，但如果涉及需要多人协作完成的任务，则可能以开源式的个体协同生产形式来推进。众包可以用于数据采集，也就是通过大量参与的用户来获取恰当数据。

（3）大数据的预处理

现实世界中的数据经常是不完整、不一致的"脏"数据，无法直接进行数据挖掘，或挖掘结果不尽如人意。大数据的预处理是指对所采集的数据进行分类，或分组前进行审核、筛选、排序等必要的处理。大数据预处理有多种方法：数据清洗、数据集成、数据变换和数据规约等。

① 数据清洗：去掉噪声和无关数据。

② 数据集成：将多个数据源中的数据结合起来进行统一存储。

③ 数据变换：把原始数据转换成适合进行数据挖掘的形式。

④ 数据规约：主要方法包括数据立方体聚集、维度归约、数据压缩、数值归约、离散化和概念分层等。

以上大数据预处理方法在数据挖掘之前使用，可大大提高数据挖掘质量，降低实际挖掘所需要的时间。

2．数据管理

数据管理是指对数据进行分类、编码、存储、索引和查询，是大数据处理过程中的关键技术，负责数据从落地存储（写）到查询检索（读）的处理。在大数据时代，随着处理的数据量急剧增多，数据类型繁杂多样，数据的价值密度相对较低，对数据的处理速度、时效性要求不断提高，分布式文件系统、NoSQL 数据库、SQL on Hadoop 等新技术应运而生。

3．数据处理

随着大数据技术的迅猛发展，通过大数据处理的手段分析和解决各类实际问题越来越得到重视。在大数据环境下，需要处理的数据量由 TB 级迈向 PB 级甚至 ZB 级，传统的基于单机模式的数据处理越来越力不从心，分布式的大数据处理逐渐成为业界主流。面向大数据处理的数据查询、统计、分析、挖掘等需求，催生了不同的计算模式，适用于不同领域的产品。主要的计算模式包括批处理计算、流计算、图计算和查询分析计算。

4．数据可视化

数据可视化是理解、探索、分析大数据的重要手段。数据可视化通过将数据转化为图形图像，帮助用户更有效地完成对数据的分析、理解。常见的柱状图、饼状图、直方图、散点图、折线图等都是基本的统计图表，也是数据可视化最为常见和基础的应用。因为这些基本的统计图表只能呈现数据的基本统计信息，所以当面对复杂或大规模的结构化、半结构化和非结构化数据时，数据可视化应用的设计与编码就要复杂得多。

大数据的可视化可以理解为数据量更加庞大、结构更加复杂的数据可视化。大数据的可视化侧重于发现数据中蕴含的规律、特征，其表现形式也多种多样。所以，在海量数据的背景下，大数据的可视化将推动大数据技术得到更为广泛的应用。

【例 11.1】 分析某城市各个区的二手房数量、电梯、装修情况、面积和价格，绘制不同图形描述分析结果。

① 导入相关库。

```
import matplotlib.pyplot as plt        #绘制图形库
import pandas as pd                    #数据分析库
df=pd.read_csv("二手房数据.csv", encoding="gbk")
```

二手房数据如图 11-2 所示。

	A	B	C	D	E	F	G	H	I	J
1	区	小区	户型	朝向	楼层	装修情况	电梯	面积/m²	价格/万元	年份
2	chy	10AM新坐标	1室1厅	北	30	简装	有电梯	56	350	2005
3	chy	10AM新坐标	1室1厅	北	30	精装	有电梯	53	346	2005
4	chy	10AM新坐标	2室2厅	南北	30	精装	有电梯	130	750	2005
5	chy	10AM新坐标	1室0厅	西南	30	精装	有电梯	53	290	2005
6	chy	11站	2室1厅	南北	13	简装	有电梯	88	390	2005
7	tzh	11站	1室0厅	北	18	简装	有电梯	53	256	2005
……										
23674	fta	左右坊	2室1厅	西北	16	精装	有电梯	82	430	2011
23675	fta	左右坊	1室0厅	东	16	精装	有电梯	36	248	2011
23676	fta	左右坊	2室1厅	南北	16	精装	有电梯	90	528	2011
23677	fta	左右坊	1室1厅	西	16	精装	有电梯	51	330	2009
23678	fta	左右坊	2室1厅	东	16	简装	有电梯	62	406	2011

图 11-2　二手房数据

② 统计不同区二手房的数量，并绘制柱形图。

```
df_renovation=df["区"].value_counts()
plt.rcParams['font.sans-serif']=['SimHei']    #为了让图表中显示中文
plt.figure(figsize=(6, 4))
plt.bar(df_renovation.index, df_renovation.values, width=0.8)
plt.title("不同区二手房数量柱形图", fontsize=16)
plt.xlabel("区", fontsize=14)
plt.ylabel("套数", fontsize=14)
plt.show()
```

程序运行结果如图 11-3 所示，可以看出 hd、chy、fta 区的二手房较多，而 pg、hr、my 区的二手房相对较少。

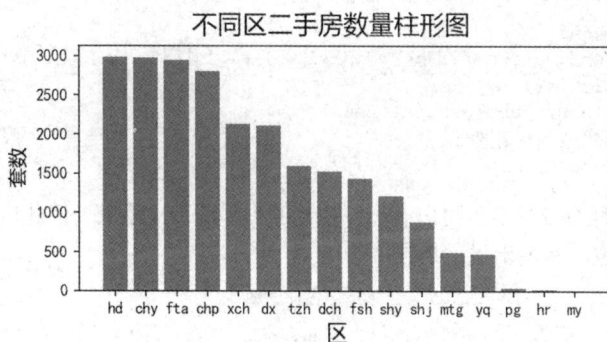

图 11-3　不同区二手房数量柱形图

③ 统计各区有电梯和无电梯的二手房数量，并绘制条形图。

```
import numpy as np
#获取不同装修情况无电梯二手房数量的简单方法
data_no_elevator=df[df["电梯"]=="无电梯"]["区"].value_counts()
data_no_elevator=data_no_elevator.sort_index()
#获取不同装修情况有电梯二手房数量的简单方法
data_elevator=df[df["电梯"]=="有电梯"]["区"].value_counts()
data_elevator=data_elevator.sort_index()
```

```
#绘制各区有电梯和无电梯二手房数量的条形图
plt.rcParams['font.sans-serif']=['SimHei']    #为了让图表中显示中文
x_indexes=np.arange(len(data_elevator.index))   #创建x轴索引值
plt.figure(figsize=(10, 6))
plt.barh(x_indexes-0.2, data_elevator.values, height=0.4, label="有电梯")
plt.barh(x_indexes+0.2, data_no_elevator.values, height=0.4, label="无电梯")
plt.title("各区有电梯和无电梯二手房数量的条形图", fontsize=16)
plt.ylabel("区", fontsize=14)
plt.xlabel("套数", fontsize=14)
plt.yticks(ticks=x_indexes, labels=data_elevator.index)
plt.legend()
plt.show()
```

程序运行结果如图 11-4 所示，可以看出，chy 区有电梯的二手房数量最多，而 chp 区无电梯的二手房数量最多。

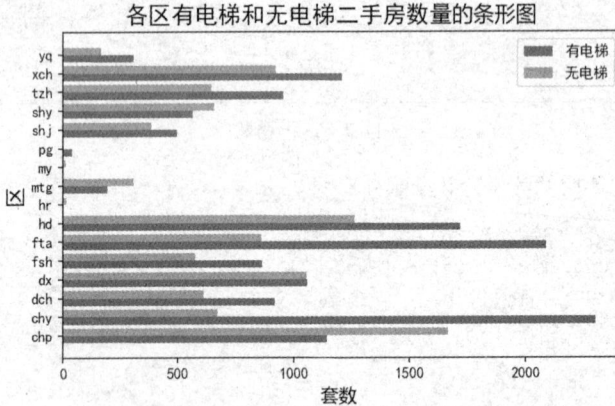

图 11-4　各区有电梯和无电梯二手房数量的条形图

④ 统计不同装修情况的二手房，并绘制饼图。

```
data=df["装修情况"].value_counts()
#绘制各装修情况占比饼图
plt.rcParams['font.sans-serif']=['SimHei']    #为了让图表中显示中文
plt.figure(figsize=(8, 6))
plt.pie(data.values, labels=data.index)
plt.title("各装修情况占比饼图")
plt.show()
```

程序运行结果如图 11-5 所示，可以看出，精装的二手房占比最大。但此饼图没有显示各装修情况的具体占比数值，也没有突出显示某项。

图 11-5　各装修情况占比饼图

修改上述程序代码，为各项添加百分比，并将装修情况为"其他"的突出显示。修改后的程序代码如下，运行结果如图 11-6 所示。

```
#绘制各装修情况占比饼图，添加百分比，装修情况为"其他"的突出显示
data=df["装修情况"].value_counts()
plt.style.use("fivethirtyeight")
plt.rcParams['font.sans-serif']=['SimHei']  #为了让图表中显示中文
plt.figure(figsize=(8, 6))
plt.pie(data.values, labels=data.index,
        explode=(0, 0, 0.1, 0),
        autopct='%.2f%%',                     #格式化输出百分比
        wedgeprops={"edgecolor":"white", "linewidth":1}
        )
plt.title("各装修情况占比饼图", fontsize=16)
plt.show()
```

图 11-6　添加了百分比的饼图

⑤ 绘制 hd 区二手房面积和价格的散点图。

```
df_hd=df[df["区"]=="hd"]
#绘制 hd 区二手房面积和价格的散点图，并进行美化
plt.style.use("seaborn-v0_8-whitegrid")        #设置图表风格
plt.rcParams['font.sans-serif']=['SimHei']      #为了让图表中显示中文
plt.figure(figsize=(10, 6))
plt.scatter(df_hd["面积/m²"], df_hd["价格/万元"], s=50, color="red", alpha=0.7,
edgecolors="black")
plt.title("面积和价格的散点图(hd区)", fontsize=16)
plt.xlabel("面积/m²", fontsize=14)
plt.ylabel("价格/万元", fontsize=14)
plt.show()
```

程序运行结果如图 11-7 所示，从图中可以看出，hd 区面积在 300m^2 以上的二手房较少，而总价低的小户型二手房较多。

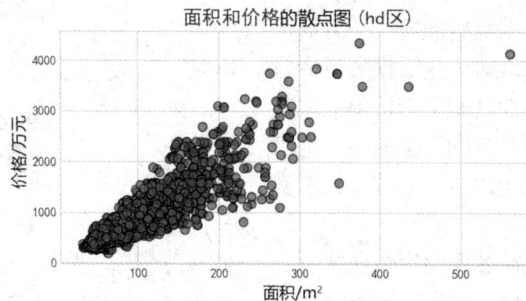

图 11-7　hd 区二手房面积和价格的散点图

11.3 大数据的应用领域

我国已开始大力推动互联网、大数据、人工智能和实体经济深度融合。凭借后发优势和通用技术性，大数据相关技术被广泛应用在企业生产、政府管理、社会治理及民生改善等各个领域。下面重点介绍政务大数据、金融大数据、工业大数据等。

1．政务大数据

就政府而言，大数据必将成为宏观调控、国家治理、社会管理的信息基础。政府数据在大数据应用领域一直占据重要地位，它集中了80%的高价值数据。

（1）通过将政务大数据规范整合、开放共享，以实际业务应用为导向实施政务大数据解决方案，相关专家可以研究社会运转模式及规律，洞悉社会问题，有效帮助政府高效、科学地开展工作。

（2）应用大数据技术，盘活各地闲置公共资产，如把原来大规模投资的产业园改造成智慧工程。

（3）在民生领域应用大数据技术，政府可提升服务能力和运作效率；在安防领域应用大数据技术，政府可提高应急处置能力和安全防范能力。

图 11-8 所示为政务大数据中心系统总体架构。

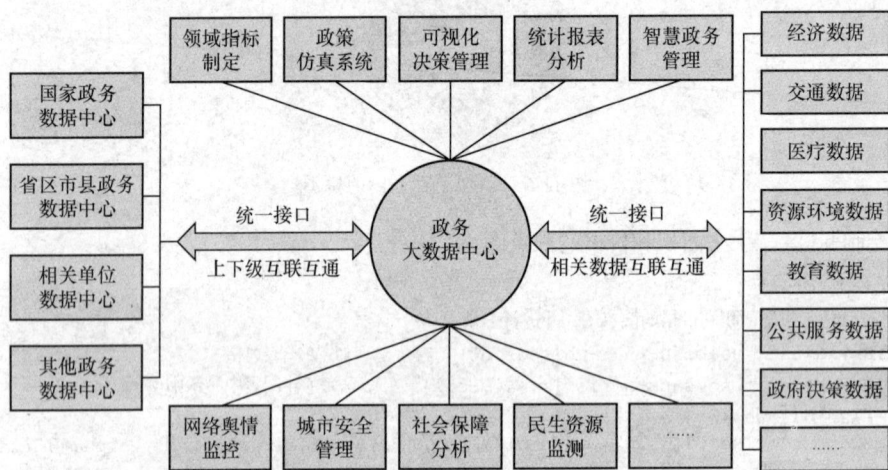

图 11-8 政务大数据中心系统总体架构

2．金融大数据

金融大数据推动了金融创新，以余额宝为代表的互联网货币基金、宽客技术引领的量化投资中金融大数据的应用产品服务和经营模式进入金融领域的各个环节。

要解决金融领域的数据分析问题，一方面可以通过大数据等信息化手段对海量数据进行专业的挖掘和分析，从而更好地判断资产价值变化趋势、评估机构和个人信用、分配资金流向、把控金融风险；另一方面可以应用金融大数据技术实现更完善的市场监管。

目前，金融大数据已经被广泛应用在银行、保险、量化投资、资产管理、金融监管等领域。图 11-9 所示为保险行业的大数据应用。

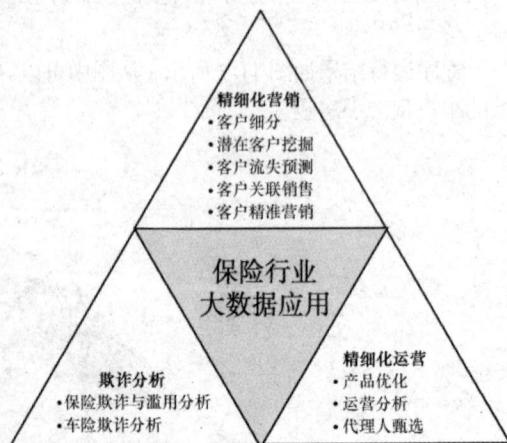

图 11-9 保险行业的大数据应用

3．工业大数据

新一代信息技术向工业领域深入渗透，我国有针对性地提出了工业的转型升级计划。

各类工业生产应用系统产生的海量数据，实时性较强，通常面向具体需求，互用性和价值密度较低，相关企业可以借助大数据的数据挖掘和分析技术进行问题洞察，实现实时决策和流程优化。

工业大数据的应用领域可细化为智能运维、智慧工厂、流程优化、机器人技术、自动驾驶等。图 11-10 所示为工业大数据驱动下的企业运行分析与决策支持。

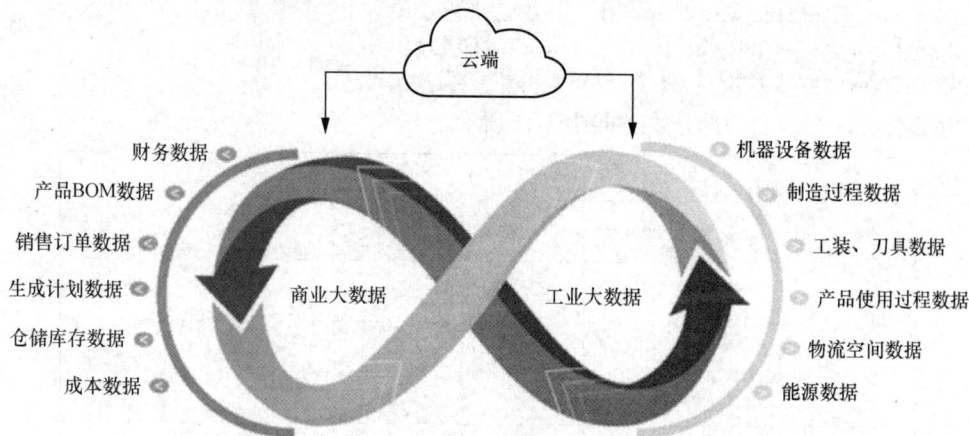

图 11-10　工业大数据驱动下的企业运行分析与决策支持

11.4 大数据与人工智能

大数据与人工智能相辅相成：大数据为人工智能提供了丰富的训练数据和测试数据，为近年来人工智能的爆发式发展和应用提供了数据支撑；人工智能则为大数据的分析和应用提供了强大工具，提高了数据处理和分析效率。

1．大数据驱动人工智能

人工智能特别是机器学习和深度学习需要大量的数据来训练模型。大数据为人工智能提供海量的训练数据，从而提高了模型的精确度和泛化能力。例如，图像识别模型需要使用大量标注图像来训练，训练数据量越大，模型识别图像的准确性越高。

2．人工智能优化大数据

传统的数据分析需要耗费大量人力、物力，人工智能可以自动快速、准确地处理和分析大数据，还可以帮助人们管理和优化大数据的处理流程，提高数据处理效率。

通过使用人工智能算法，人们可以从海量的数据中挖掘出有价值的信息，预测趋势和行为。例如，新闻网站可以利用人工智能分析用户行为，预测用户的阅读意愿，据此进行网站调整、设计进而提升用户体验。

实验

一、实验目的

（1）掌握大数据分析和可视化方法。

（2）对注销公司的数据进行分析，并将分析结果可视化。

"注销公司.csv"文件中保存有注销公司的相关信息：公司名称、关闭时间、成立时间、行业、地区、获投状态、存活天数、行业标签、关闭原因。（注："注销公司.csv"文件中的数据均为演示用的虚拟数据。）

二、实验内容

（1）导入相关库。

```
import matplotlib.pyplot as plt      #绘制图形库
import pandas as pd                  #数据分析库
df=pd.read_csv("注销公司.csv", encoding="gbk")
```

"注销公司.csv"文件中部分数据如图11-11所示。

	A	B	C	D	E	F	G	H	I
1	公司名称	注销时间	成立时间	行业	地区	获投状态	存活天数	行业标签	注销原因
2	公司_1	2020/12/21	2014/4/1	企业服务	地区A	不明确	2456	微信营销、CRM、企业服务、销售营销、开发商、互联网移动平台、通用型SaaS、销售与营销、企业营销	投入大、行业竞争
3	公司_2	2020/12/17	2014/9/1	游戏	地区B	A+轮	2299	游戏开发商、游戏、手机游戏、咨询服务、营销推广、游戏/电竞、游戏开发者服务、游戏广告营销	投入大、行业竞争
4	公司_3	2020/12/11	2003/1/1	广告营销	地区A	已被收购	6554	展示广告、SEO/SEM、社会化营销、广告代理、广告营销、整合营销传播、广告平台、数字营销、网络营销、品牌营销、营销手段、整合营销、自媒体营销、内容营销	现金流断裂、转型问题、行业竞争
5	公司_4	2020/12/8	2013/12/1	电子商务	地区A	B轮	2564	垂直电商、食品、大公司新产品、农业电商、电子商务、生鲜食品、连锁、连续获投、生鲜电商、零售业	投入大、行业竞争

图11-11　部分数据

（2）查看数据情况。

```
print(df.info())
```

数据中没有缺失值，共有1005行。

（3）统计各行业注销公司的数量，并绘制图表。

```
df_hangye_counts=df["行业"].value_counts().sort_values()
plt.style.use("seaborn-v0_8")
plt.rcParams['font.sans-serif']=['SimHei']     #为了让图表中显示中文
plt.figure(figsize=(9, 7))
bar=plt.barh(df_hangye_counts.index, df_hangye_counts.values)
plt.bar_label(bar, labels=df_hangye_counts.values, label_type="edge")
plt.title("各行业注销公司统计", fontsize=16)
plt.xlabel("注销数量/家", fontsize=14)
plt.xticks(fontsize=12)
plt.show()
```

程序运行结果如图11-12所示，从图中可以看出金融、电子商务、企业服务这3个行业注销的公司最多。

（4）统计各地区注销公司的数量，并绘制图表。

```
df_didian_counts=df["地区"].value_counts().sort_values()
plt.style.use("seaborn-v0_8")
plt.rcParams['font.sans-serif']=['SimHei']     #为了让图表中显示中文
plt.figure(figsize=(9, 7))
bar=plt.barh(df_didian_counts.index, df_didian_counts.values)
plt.bar_label(bar, labels=df_didian_counts.values, label_type="edge")
plt.title("各地区注销公司统计", fontsize=16)
plt.xlabel("注销数量/家", fontsize=14)
plt.xticks(fontsize=12)
plt.show()
```

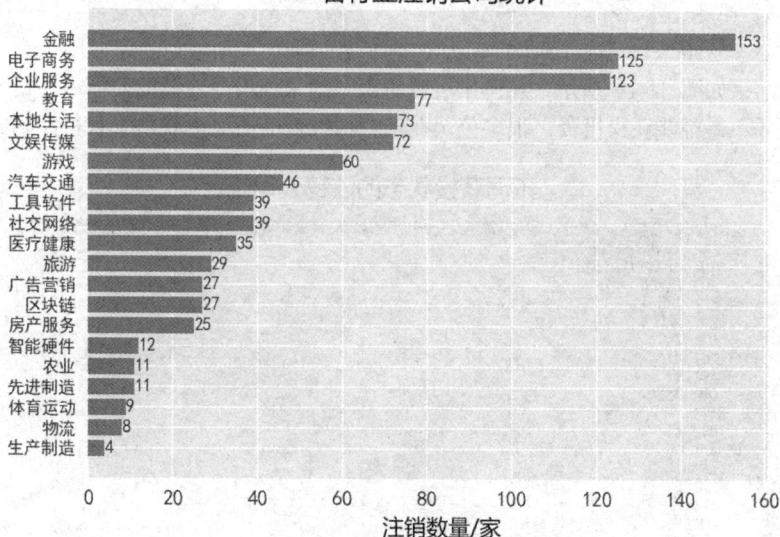

图 11-12　各行业注销公司统计

　　程序运行结果如图 11-13 所示，从图中可以看出，地区 B、地区 F、地区 A 注销的公司最多。这主要是因为一些初创公司集中于经济较发达的地区。

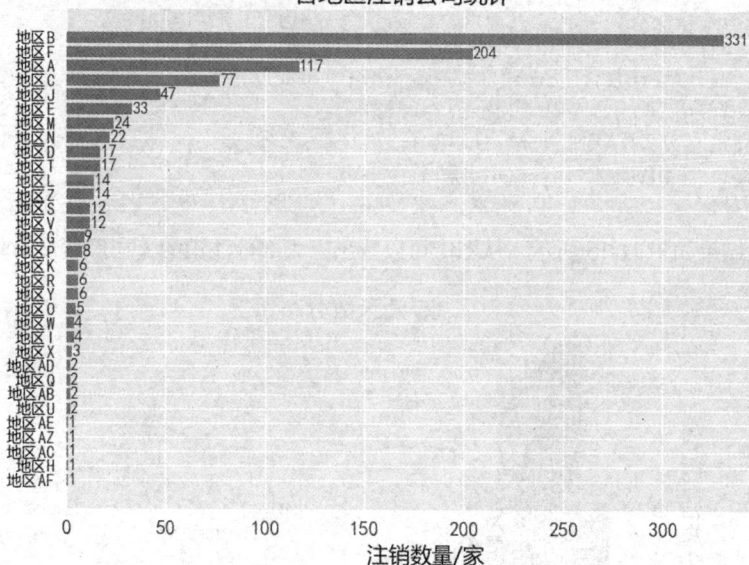

图 11-13　各地区注销公司统计

（5）统计不同获投状态的注销公司数量，并绘制图表。

```
df_huotouzhuangtai_counts=df["获投状态"].value_counts().sort_values()
plt.style.use("seaborn-v0_8")
plt.rcParams['font.sans-serif']=['SimHei']  #为了让图表中显示中文
plt.figure(figsize=(9, 7))
bar=plt.barh(df_huotouzhuangtai_counts.index, df_huotouzhuangtai_counts.values)
plt.bar_label(bar, labels=df_huotouzhuangtai_counts.values, label_type="edge")
plt.title("不同获投状态的注销公司统计", fontsize=16)
```

```
plt.xlabel("注销数量/家", fontsize=14)
plt.xticks(fontsize=12)
plt.show()
```

程序运行结果如图 11-14 所示，从图中可以看出，尚未获投而注销的公司占注销公司的绝大部分。初创公司并不是都能获得投资，很多公司在未获得投资的情况下就由于各种原因而注销。

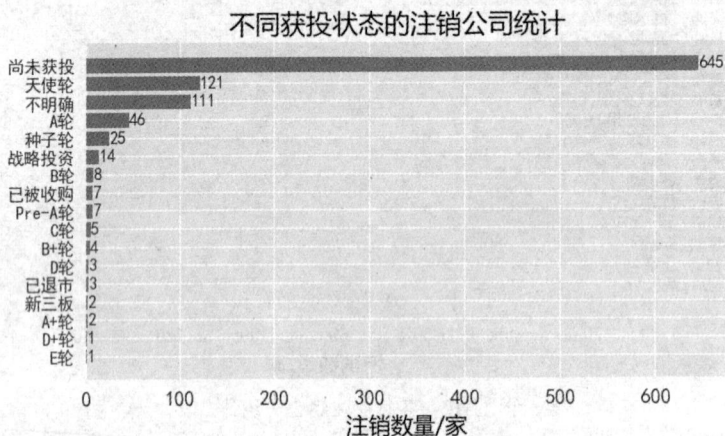

图 11-14　不同获投状态的注销公司统计

（6）绘制注销公司的存活天数直方图。

```
plt.style.use('seaborn-v0_8')
plt.rcParams['font.sans-serif']=['SimHei']    #为了让图表中显示中文
plt.figure(figsize=(12, 6))
plt.hist(df["存活天数"], bins=20, edgecolor="black")
plt.title("存活天数分布情况", fontsize=16)
plt.xlabel("存活天数/天", fontsize=14)
plt.ylabel("注销数量/家", fontsize=14)
plt.show()
```

程序运行结果如图 11-15 所示，从图中可以看出，大部分注销的公司经营没有超过 3000 天。

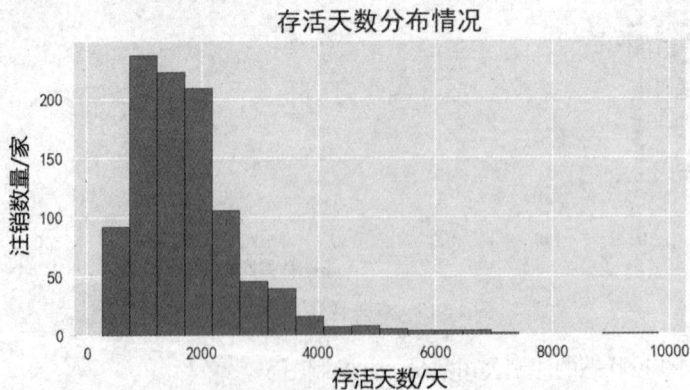

图 11-15　注销公司存活天数直方图

（7）统计注销公司中排在前十位的注销原因，并绘制图表。

```
df_guanbiyuanyin_counts=df["注销原因"].value_counts()
plt.style.use("seaborn-v0_8")
plt.rcParams['font.sans-serif']=['SimHei']    #为了让图表中显示中文
```

```
plt.figure(figsize=(9, 7))
bar=plt.barh(df_guanbiyuanyin_counts.index[:10][::-1], df_guanbiyuanyin_counts.
values[:10][::-1])
plt.bar_label(bar, labels=df_guanbiyuanyin_counts.values[:10][::-1], label_type="edge")
plt.title("注销公司注销原因统计", fontsize=16)
plt.xlabel("注销数量/家", fontsize=14)
plt.xticks(fontsize=12)
plt.show()
```

程序运行结果如图 11-16 所示，从图中可以看出，大部分注销的公司主要由于投入大、融资能力不足、行业竞争而注销，即很多公司因资金使用不当、自身发展缺乏相应资金支持或行业竞争激烈而注销。

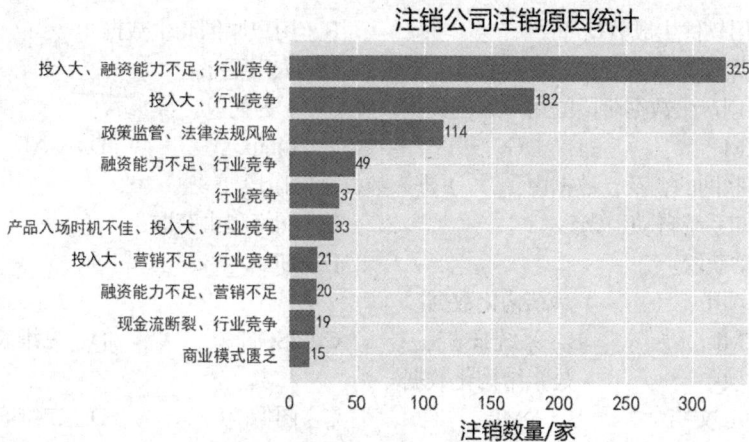

图 11-16　注销公司注销原因统计

（8）统计 2020 年每月注销公司的数量，并绘制图表。

```
df["注销月份"]=df["注销时间"].apply(lambda x:x.split("/")[1])
df["注销月份"]=df["注销月份"].astype(int)
df_yuefenguanbi=df["注销月份"].value_counts().sort_index()
plt.style.use("seaborn-v0_8")
plt.rcParams['font.sans-serif']=['SimHei']    #为了让图表中显示中文
plt.figure(figsize=(10, 4))
plt.plot(df_yuefenguanbi.index, df_yuefenguanbi.values, color="red", marker="o")
plt.title("2020 年每月注销公司数量统计", fontsize=16)
plt.xlabel("注销数量/家", fontsize=14)
plt.xticks(range(1, 13), fontsize=12)
plt.show()
```

程序运行结果如图 11-17 所示，从图中可以看出，2020 年上半年注销公司多于下半年。

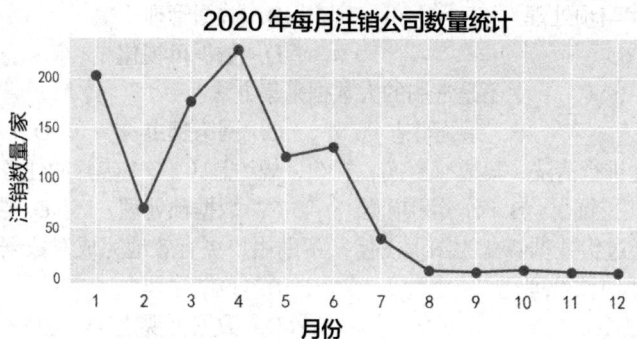

图 11-17　2020 年每月注销公司数量统计

习题

一、单项选择题

1. 以下数据存储单位关系中正确的是（　　　）。
   A. 1PB=1024MB　　　B. 1PB=1024GB　　　C. 1PB=1024TB　　　D. 1PB=1024EB

2. 在（　　　）阶段，库存管理系统、办公自动化系统等计算机应用系统，伴随生产经营活动而产生数据。
   A. 应用软件生成数据　　　　　　　　B. 用户原创产生数据
   C. 数据感知　　　　　　　　　　　　D. 人工记录

3. 用户原创产生数据阶段的用户原创数据以（　　　）为代表。
   A. CRM　　　　　　B. UGC　　　　　　C. Linux　　　　　　D. CAI

4. 随着物联网的普及，数据由（　　　）进入数据感知阶段。
   A. 感知系统自动生成　　　　　　　　B. 网络爬虫获取
   C. 主动获取　　　　　　　　　　　　D. UGC

5. 以下选项中，（　　　）是结构化数据。
   A. HTML　　　　　　B. 系统日志　　　　C. JSON　　　　　　D. 二维表

6. 以下选项中，（　　　）是半结构化数据。
   A. Word 文档　　　　B. XML　　　　　　C. 图像　　　　　　D. 二维表

7. 以下选项中，（　　　）不是非结构化数据。
   A. Word 文档　　　　B. XML　　　　　　C. 图像　　　　　　D. 视频

8. 以下选项中，（　　　）特征描述的是大数据的数据容量大的特点。
   A. Volume　　　　　B. Velocity　　　　　C. Variety　　　　　D. Value

9. 大数据的数据类型可以包括文本、图片、音频、视频等，这是大数据的（　　　）特征。
   A. Volume　　　　　B. Velocity　　　　　C. Variety　　　　　D. Value

10. 大数据的"4V"特征中，Velocity 的含义是（　　　）。
    A. 种类繁多　　　　B. 规模庞大　　　　C. 价值巨大　　　　D. 数据处理速度快

11. 长时间视频数据中，只有很短的、瞬间的数据是有价值的，这体现了大数据的（　　　）特征。
    A. 数据容量大　　　　　　　　　　　B. 数据类型繁多
    C. 数据价值密度低　　　　　　　　　D. 数据处理速度快

12. 以下选项中，（　　　）不是大数据处理过程的环节。
    A. 数据采集与预处理　　　　　　　　B. 数据管理
    C. 数据提取　　　　　　　　　　　　D. 数据可视化

13. 以下选项中，（　　　）不是常用的大数据采集方法。
    A. 传感器　　　　　B. 系统日志　　　　C. 网络爬虫　　　　D. 人工录入

14. 对原始数据进行清洗、集成、变换、规约，规约是（　　　）步骤的任务。
    A. 频繁模式挖掘　　B. 分类和预测　　　C. 数据预处理　　　D. 数据流挖掘

15. （　　　）通过将数据转化为图形图像，帮助用户更有效地完成对数据的分析和理解。
    A. 数据采集与预处理　　　　　　　　B. 数据管理
    C. 数据处理　　　　　　　　　　　　D. 数据可视化

二、简答题

1. 简述数据的 3 种类型并举例。
2. 简述大数据的"4V"特征。
3. 简述大数据的数据来源并举例说明。
4. 简述常见的大数据采集方法。
5. 简述大数据预处理的定义及其主要方法。
6. 简述数据可视化中常见的统计图表。
7. 简述大数据的主要应用领域。
8. 简述大数据与人工智能的关系。

第12章 WPS 文字高级应用

WPS Office 是一款集成了文字处理、电子表格、演示文稿、PDF 阅读等功能的办公软件套装，拥有强大的文档处理能力，符合现代中文办公的需求，并具有内存占用低、运行速度快、支持在线存储等优点。

本章主要介绍 WPS 文字高级应用，使读者能够快速进行长文档排版，能够使用计算机技术高效、准确地完成工作。

12.1 文字处理操作

12.1.1 文字处理基本操作

打开 WPS 文字，执行"文件"→"新建"菜单命令，新建空白文档，如图 12-1 所示。"开始"选项卡的"剪贴板"功能分组中有"复制""剪切""粘贴""格式刷"等按钮；"字体"功能分组中有"字体""字号"等下拉列表框，以及"加粗""倾斜""下画线""上标""下标"等按钮；"段落"功能分组中有"项目符号""编号"按钮，以及各种缩进和对齐按钮。单击功能分组右下角的 ⏷ 按钮，可以打开该功能分组的完整操作的对话框。例如，图 12-2 所示为"字体"对话框。

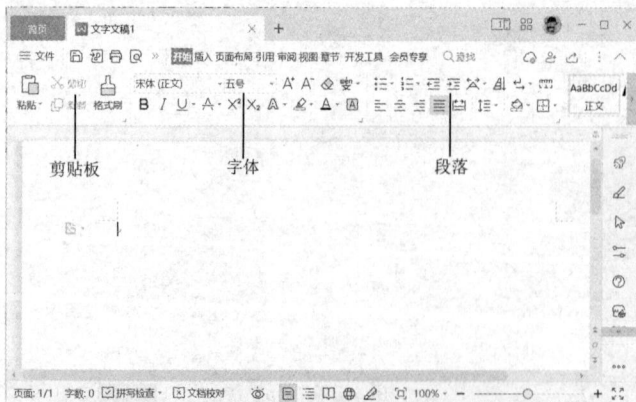

图 12-1　新建空白文档

图 12-2　"字体"对话框

12.1.2 查找与替换

在大量文字中查找、替换或定位某些文字时，如果靠人工操作，将会费时、费力，且不够准确。

在 WPS 文字中，可以使用查找、替换、定位等功能，迅速完成对应操作。单击"开始"→"查找替换"下拉按钮，打开的"查找替换"下拉列表如图 12-3 所示，其中包含"查找""替换""定位"等命令。

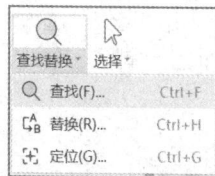

1. 查找

执行"查找"命令，打开"查找和替换"对话框，如图 12-4 所示。输入查找的文字，如"窗口"，单击"查找上一处"或"查找下一处"按钮，光标将移动到查找到的文字的位置。

图 12-3 "查找替换"下拉列表

单击"高级搜索"按钮，"查找和替换"对话框变为图 12-5 所示，此时可以设定复杂的查找条件，如搜索范围、区分大小写、区分全/半角等。

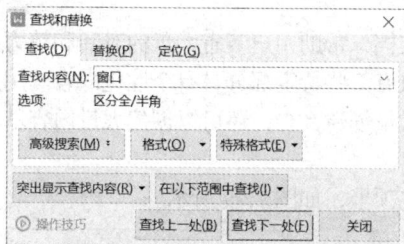

图 12-4 "查找和替换"对话框

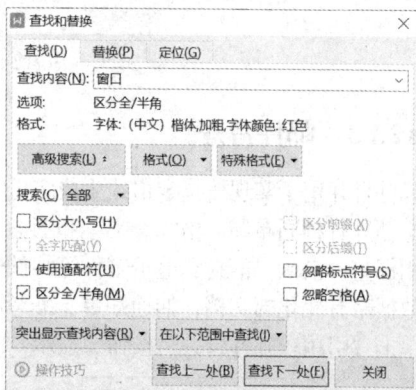

图 12-5 高级搜索

2. 替换

单击"替换"选项卡标签，打开"替换"选项卡，如图 12-6 所示，在"查找内容"和"替换为"文本框中输入内容，再单击"替换"或"全部替换"按钮，可以完成替换。单击"格式"和"特殊格式"下拉按钮，可以设定查找内容和替换内容的格式。

【例 12.1】 查找文档中所有"2015"，将其替换成红色、倾斜的"2016"。

① 在"查找和替换"对话框中打开"替换"选项卡。在"查找内容"文本框中输入"2015"，在"替换为"文本框中输入"2016"。

② 单击"替换为"文本框，使光标停留在"替换为"文本框中，再单击"格式"→"字体"，在打开的对话框中设置字体颜色为红色，设置字形为倾斜，单击"确定"按钮。

③ 单击"全部替换"按钮，完成整篇文档的替换。替换前后效果对比如图 12-7 所示。

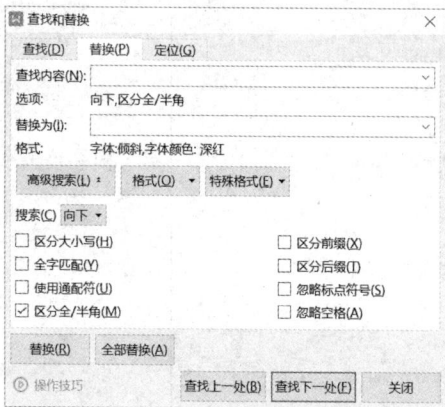

图 12-6 "替换"选项卡

工作计划表	工作计划表
2015.1 分析项目需求	*2016.1 分析项目需求*
2015.2 设计系统详细功能	*2016.2 设计系统详细功能*
2015.3 设计数据库	*2016.3 设计数据库*
2015.4 设计界面	*2016.4 设计界面*

（a）替换前　　　　（b）替换后

图 12-7 替换前后效果对比

3．定位

单击"定位"选项卡标签，打开"定位"选项卡，如图 12-8 所示，指定页号、节号、行号、书签、批注、脚注、公式、表格、图形、对象、标题等，可以定位到相应位置。

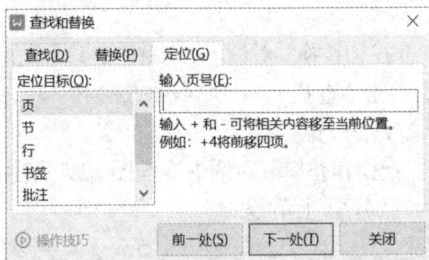

图 12-8 "定位"选项卡

12.1.3 邮件合并

邮件合并用于实现按指定格式生成多份统一样式的文档，帮助用户节省大量的时间和精力。生成的文档具有相同布局、格式、文本和图形，每个文档只有某些特定部分具有个性化内容。用户可以使用标签、信函、信封和电子邮件等邮件合并选项，批量创建文档；还可以创建大量内容基本相同、数据略有变化的文档，如通知单、准考证、工资条等。

单击"引用→邮件合并"按钮，显示"邮件合并"选项卡，如图 12-9 所示。

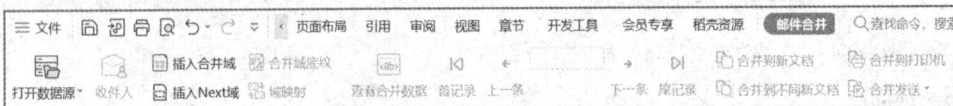

图 12-9 "邮件合并"选项卡

邮件合并的基本操作步骤如下。

（1）建立主文档。主文档是普通文档，包含普通内容。

（2）准备数据源。数据源可以是 Access 表、Excel 表等，包含字段名和记录。

（3）在主文档中打开数据源，插入合并域。

（4）合并到新文档。将数据源中的记录与主文档合并，生成新文档，文档的数量取决于数据源中记录的条数。

【例 12.2】 制作图 12-10 所示的期末考试安排通知单。

图 12-10 期末考试安排通知单

操作步骤如下。

① 创建主文档，内容是通知单的文字信息，如图 12-11 所示。

② 建立 Excel 文件"考试通知.xls"，如图 12-12 所示。

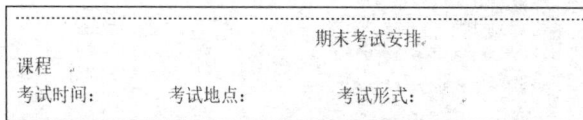

图 12-11　主文档内容

	A	B	C	D
1	课程	考试时间	考试地点	考试形式
2	高等数学	12月13日	9-3阶	闭卷
3	大学物理	12月15日	10-211	闭卷
4	英语	12月16日	8-5阶	开卷
5	计算机基础	12月18日	11-310	闭卷
6				

图 12-12　数据源文件

③ 在主文档窗口中，单击"引用"→"邮件合并"按钮，显示"邮件合并"选项卡，在其中单击"打开数据源"按钮，在"选取数据源"对话框中选择打开"考试通知.xls"。

④ 将光标放在主文档中的某个空白位置，如"课程"前，单击"插入合并域"按钮，打开"插入域"对话框，如图 12-13 所示，选中某个数据库域，如"课程"。依次插入相应数据库域，完成后如图 12-14 所示。

⑤ 单击"合并到新文档"按钮，选择"全部"记录，生成图 12-10 所示的期末考试安排通知单。

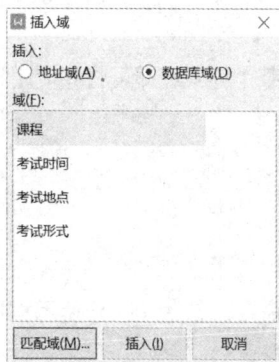

图 12-13　"插入域"对话框

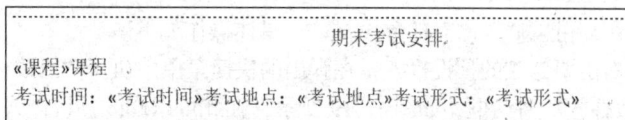

图 12-14　主文档中插入对应域

12.2　样式

12.2.1　新建样式和应用样式

样式是预先定义好的指定名称的格式。WPS 文字内置了一些预设样式供用户使用，在"开始"→"样式"功能分组中列出，如图 12-15 所示。

图 12-15　预设样式

下面介绍使用"新建样式"命令建立样式。

（1）单击图 12-15 中的 按钮，打开"预设样式"下拉列表，如图 12-16 所示，这里列出了所有的预设样式。

（2）执行"新建样式"命令，打开"新建样式"对话框，如图 12-17 所示，对新建样式进行具体设置。

图 12-16　"预设样式"下拉列表

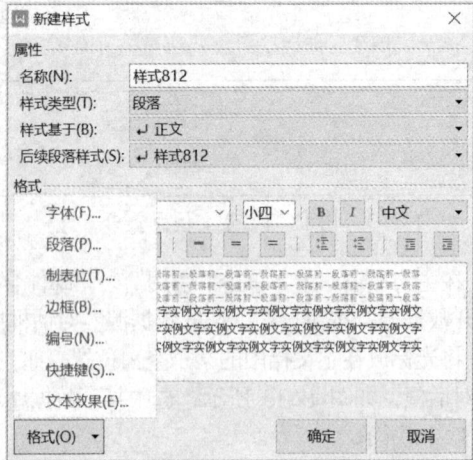

图 12-17　"新建样式"对话框

在新建样式后，就可以将该样式应用到文本中，具体操作如下。

选择文本或将光标置于段落中，在"预设样式"下拉列表中单击某个样式，即可将其应用到所选文本中。

12.2.2　修改样式和清除格式

1．修改样式

用户可以修改已有的预设样式，具体操作如下。

右击要修改的预设样式，在弹出的快捷菜单中执行"修改样式"命令，如图 12-18 所示；打开"修改样式"对话框，如图 12-19 所示，在此可以修改预设样式。

图 12-18　快捷菜单

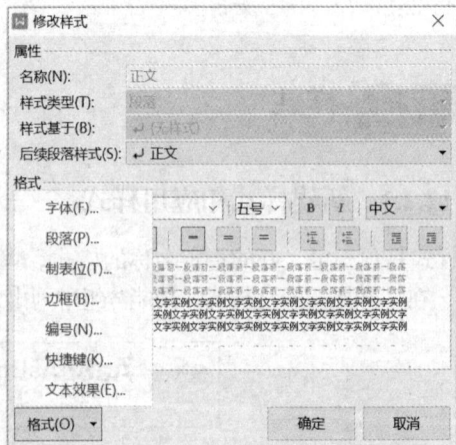

图 12-19　"修改样式"对话框

2．清除格式

选中需要取消格式的文字或段落，打开"预设样式"下拉列表，如图 12-16 所示，执行"清除格式"命令，可以清除所选文字的所有格式，保留纯文本。

【例 12.3】原文档格式如图 12-20 所示，将两个段落分别设置为不同样式。第一段格式为宋体、小四号、居中、段前距为 1 行，样式名为"第一段"；第二段格式为仿宋、五号、左对齐、段前段后距均为 1 行，样式名为"第二段"。

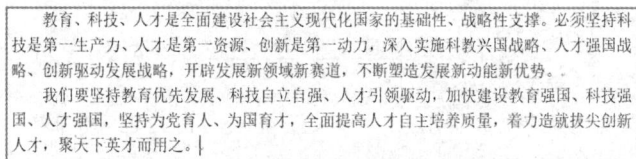

图 12-20　原文档格式

具体操作步骤如下。

① 单击图 12-15 中的 ▾ 按钮，打开"预设样式"下拉列表。

② 执行"新建样式"命令，打开"新建样式"对话框，进行图 12-21 所示设置；执行"格式"→"段落"命令，打开"段落"对话框，如图 12-22 所示，进行相应设置。

图 12-21　"新建样式"对话框

图 12-22　"段落"对话框

③ 选中第一段文字，单击样式列表中的"第一段"样式，完成第一段文字的样式设定。

④ 按以上方法设定并应用"第二段"样式。应用样式后的效果如图 12-23 所示。

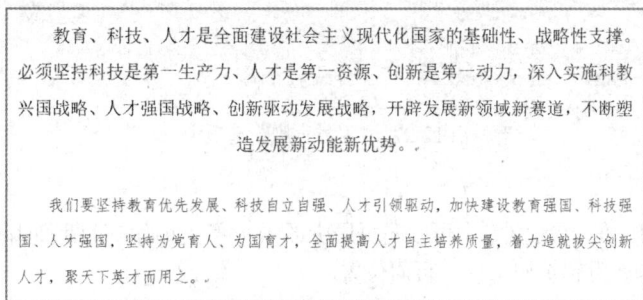

图 12-23　应用样式后的效果

12.3　页眉页脚

12.3.1　分页符和分节符

在 WPS 文字中，分隔符包括分页符和分节符。当希望文档的一部分内容另起一页时，可在另起

一页的位置插入分页符，如图 12-24 所示。

在 WPS 文档的一节中的所有页，页面方向、页边距、页眉和页脚等格式完全相同。在文档中插入分节符可以将文档分为多节，以便为每节分别设置不同格式，分节符如图 12-25 所示。

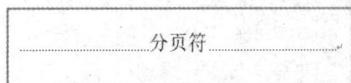

图 12-24　分页符

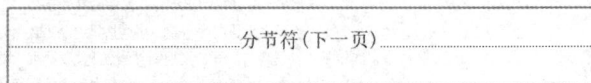

图 12-25　分节符

1．插入分页符和分节符

单击"页面布局"→"分隔符"下拉按钮 ≒ 分隔符▾ ，打开"分隔符"下拉列表，如图 12-26 所示，根据需要选择插入分页符或分节符。

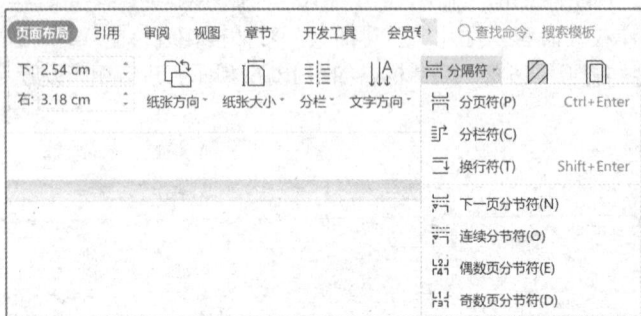

图 12-26　"分隔符"下拉列表

2．显示和隐藏分页符、分节符标记

单击"开始"→"显示/隐藏编辑标记"下拉按钮 ⍭▾ ，通过打开的下拉列表可设置显示或隐藏分页符、分节符标记。

12.3.2　设置页眉页脚

在 WPS 文字中，单击"插入"→"页眉页脚"按钮，进入页眉、页脚编辑状态，显示"页眉页脚"选项卡，如图 12-27 所示。

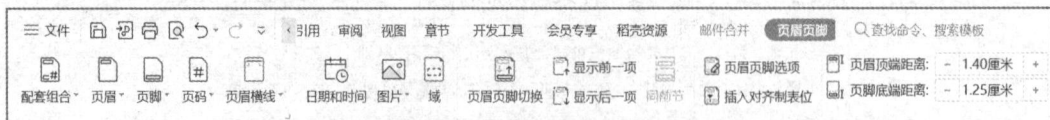

图 12-27　"页眉页脚"选项卡

1．页眉

如图 12-28 所示，在 WPS 文字中可以向页眉中插入文字、页码、日期和时间、文档图片、剪贴画等，还可以根据需要设置页眉选项、页眉位置。

单击"关闭"按钮，或按"Esc"键，可以退出页眉编辑状态。

双击文档的页眉位置，再次进入页眉编辑状态，就可以修改页眉了。

图 12-28　页眉

2．页脚

插入页脚的操作与插入页眉的操作相似。WPS文字内置页脚模板有空白页脚、三栏页脚等。

3．分节设置不同页眉/页脚

用户可以根据需要，为文档的不同节分别设置不同的页眉/页脚。具体操作步骤如下。

（1）在文档中需要设置不同页眉/页脚的内容之间插入分节符，将文档分为多节。

（2）在文档中设置页眉/页脚，此时后一节将自动沿用前一节的页眉/页脚。双击后一节的页眉/页脚，单击"同前节"按钮 ，取消自动沿用，就可以在后一节单独设置页眉/页脚了。

【例12.4】 给文档的各节设置不同的页眉/页脚。

操作步骤如下。

① 将光标移动到要分节的位置，执行"页面布局"→"分隔符"下拉列表中的"下一页分节符"命令，插入分节符，将文档分成两节，如图12-29所示。

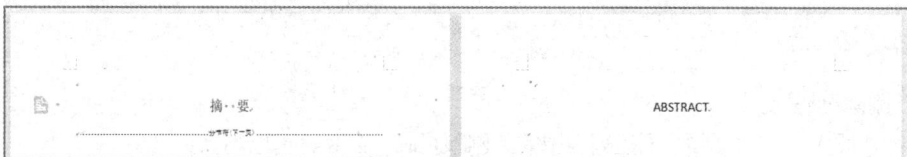

图12-29　插入分节符

② 单击"插入"→"页眉页脚"按钮，进入页眉编辑状态，编辑第1节的页眉，如图12-30所示。此时，下一节的页眉与前页页眉相同，在下一节页眉的右侧有"与上一节相同"提示。

图12-30　编辑第1节页眉

③ 双击下一节的页眉，单击"同前节"按钮 ，"与上一节相同"提示消失，如图12-31所示。此时编辑第2节的页眉不会影响前一节的页眉。

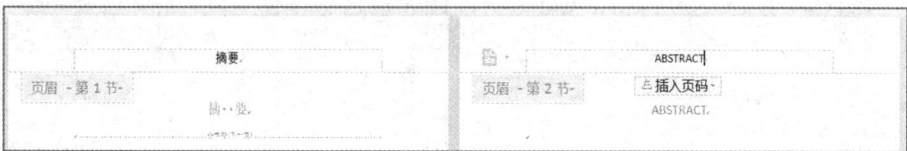

图12-31　编辑第2节页眉

④ 页脚的操作方法与页眉的操作方法相同。

12.3.3　设置页码

页码就是文档中页的编码，有汉字、数字、字母等形式。设置页码的具体操作步骤如下。

1．确定页码的格式

单击"插入"→"页码"下拉按钮 ，打开"页码"下拉列表，如图12-32（a）所示；执行"页码"命令，打开"页码"对话框，如图12-32（b）所示。

（1）设置页码的样式、是否包含章节号以及页码编号、应用范围等。

（2）选择页码的位置，包括顶端和低端的居左、居中、居右、内侧、外侧等，单击"确定"按钮，插入页码。

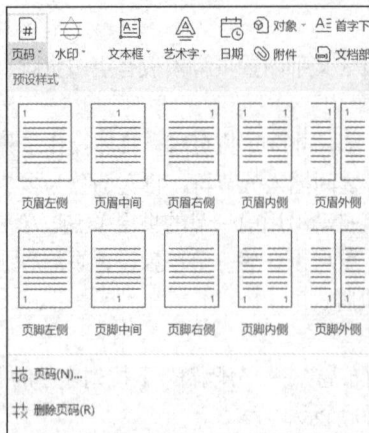

(a) "页码"下拉列表　　　　　　　　　(b) "页码"对话框

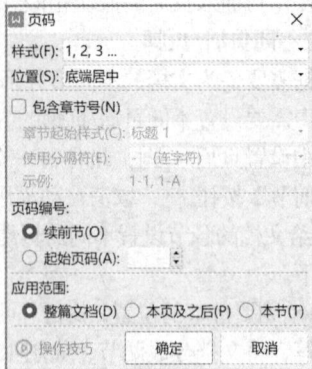

图 12-32　设置页码

2．删除页码

执行"插入"→"页码"下拉列表中的"删除页码"命令，可以删除页码。

12.4　其他文档排版方法

12.4.1　多级列表

为了使文档条理清晰，通常需要将长文档划分为章、节、段落等，用户还可以通过设置多级列表来快速地添加分级编号，如图 12-33（a）所示。具体步骤如下。

单击"开始"→"编号"下拉按钮 ，在打开的"编号"下拉列表中，可选择多级编号，或执行"自定义编号"命令，根据需要自行设置多级列表，如图 12-33（b）所示。

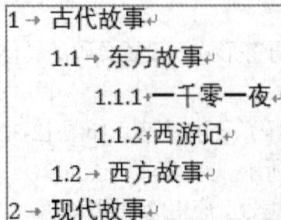

```
1 → 古代故事
    1.1 → 东方故事
        1.1.1 → 一千零一夜
        1.1.2 → 西游记
    1.2 → 西方故事
2 → 现代故事
```

(a) 多级列表　　　　　　　　　(b) "编号"下拉列表

图 12-33　设置多级列表

【例 12.5】 建立图 12-33（a）所示的多级列表。

操作步骤如下。

① 单击"开始"→"编号"下拉按钮，从打开的"编号"下拉列表中选择一种多级编号，当前行出现第一级第一个编号"1"；录入文字后按"Enter"键，文档中显示与前一段级别相同的编号"2"，如图 12-34（a）所示。

② 将光标置于编号"2"之后，按"Tab"键，编号降级。每按一次"Tab"键，当前编号就降一级。按照要求输入各级内容，如图 12-34（b）所示。

③ 在出现 1.1.3 时，需要返回上一级。按"Shift+Tab"组合键，当前编号调整为第二级，如图 12-34（c）所示。每按一次"Shift+Tab"组合键，当前编号就升一级。

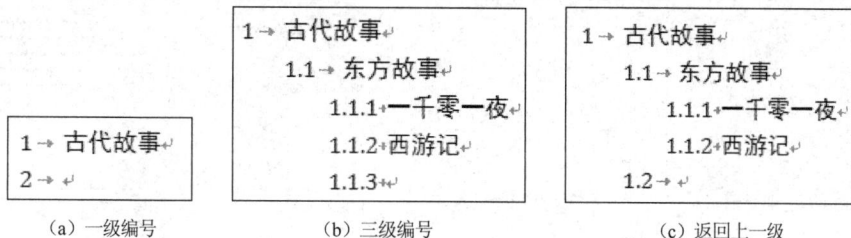

（a）一级编号　　　　　（b）三级编号　　　　　（c）返回上一级

图 12-34　建立多级列表

④ 依次建立需要的其他编号。

【例 12.6】 使用"Tab"键快速建立多级列表。

操作步骤如下。

① 录入各级文字。注意第一级顶格写，输入第二级内容前按一次"Tab"键，输入第三级内容前按两次"Tab"键，以此类推，如图 12-35（a）所示。

② 选中文字，单击"开始"→"编号"下拉按钮，在打开的"编号"下拉列表中选择一种多级编号，快速生成多级列表，如图 12-35（b）所示。

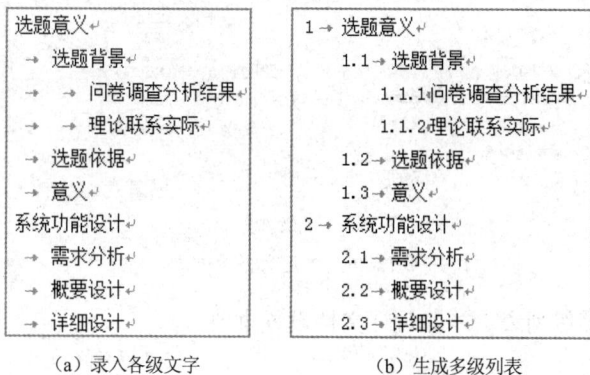

（a）录入各级文字　　　　　（b）生成多级列表

图 12-35　使用"Tab"键快速建立多级列表

【例 12.7】 自定义多级列表。

操作步骤如下。

① 单击"开始"→"编号"下拉按钮，在打开的"编号"下拉列表中执行"自定义编号"命令，打开"项目符号和编号"对话框，切换到"多级编号"选项卡，如图 12-36（a）所示，单击某一种预设多级编号。

② 单击"自定义"按钮，打开"自定义多级编号列表"对话框，如图 12-36（b）所示，设置每一级的编号格式、编号样式、字体等。注意，编号格式中的"①"为动态编号，不能删除或修改。

③ 在"自定义多级编号列表"对话框中单击"高级"按钮，下方出现高级选项，如图 12-36（c）所示，此时可以设置更复杂的格式，包括编号位置、文字位置等。设置将级别链接到样式，如将级别 1 链接到"标题 1"样式，则文档中所有"标题 1"样式的文字会按照先后顺序以级别 1 进行编号。

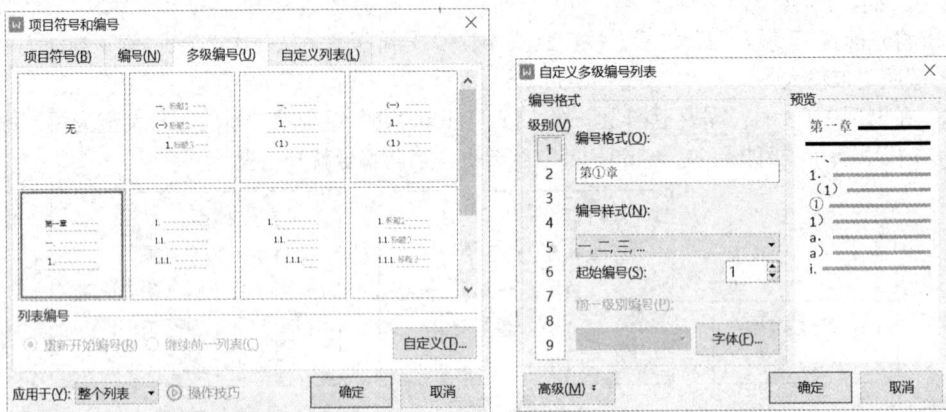

<table>
<tr><td>（a）"多级编号"选项卡</td><td>（b）"自定义多级编号列表"对话框</td></tr>
</table>

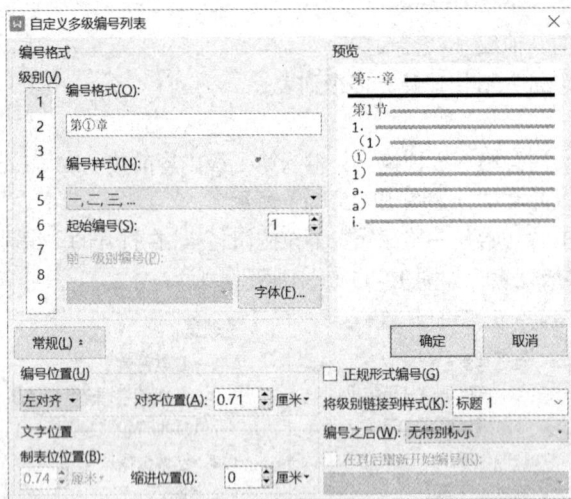

（c）高级选项

图 12-36　自定义多级列表

【例 12.8】利用多级列表为毕业设计文档设置章节编号。

操作步骤如下。

① 分别录入章节标题，如图 12-37（a）所示，并分别应用样式"标题 1"和"标题 2"。

② 设定第一级的章编号，并将此级别链接到样式"标题 1"。

③ 设定第二级的节编号，并将此级别链接到样式"标题 2"。

④ 此时，章节自动按照设置进行编号，如图 12-37（b）所示。

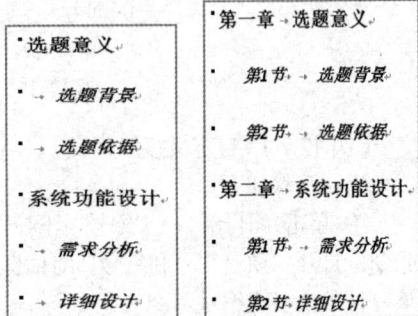

（a）录入章节标题　　（b）自动编号

图 12-37　章节自动编号

12.4.2 题注

在文档中,图片、表格、公式等元素的上方或下方需要添加序号与说明,即添加题注,如图 12-38 和图 12-39 所示。若文档中的题注数目较多,在题注增加、删除或位置发生改变时,如果手动修改编号,则效率较低且容易出错。在 WPS 文字中,可以采用插入题注的方法,实现题注自动编号,从而提高效率和准确性。

图 1 校训石

图 12-38 图片题注示例

表 a-1 成绩单

学号	姓名	成绩	备注
1	张三	90	
2	李四	89	

表 a-2 身高

学号	姓名	身高	备注
1	张三	172	
2	李四	175	

图 12-39 表格题注示例

插入题注的操作步骤如下。

(1) 单击"引用"→"题注"按钮,打开"题注"对话框,如图 12-40 所示。"标签"下拉列表中列出了可用的标签,如表、图、图表、公式等。

(2) 新建标签。单击"新建标签"按钮,打开"新建标签"对话框,如图 12-41 所示,可以自己定义标签。

(3) 删除标签。单击"删除标签"按钮,可以删除自己建立的标签。

(4) 题注编号。单击"编号"按钮,打开"题注编号"对话框,设置编号格式,如图 12-42 所示。

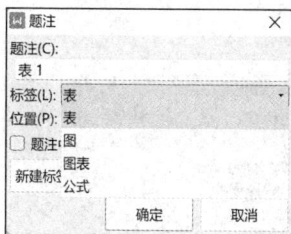

图 12-40 "题注"对话框

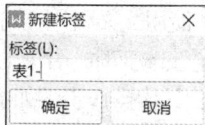

图 12-41 "新建标签"对话框

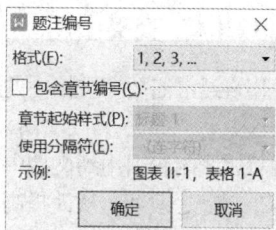

图 12-42 "题注编号"对话框

题注的编号由 WPS 文字自动生成,按照文档中题注出现的位置自动编号。如果题注增加、减少或位置发生改变,只需要选中相关题注或选中整个文档,按"F9"键,即可自动更新编号。

【例 12.9】给图 12-39 所示成绩单加题注。

操作步骤如下。

① 将光标置于表格上方。

② 单击"引用"→"题注"按钮,打开"题注"对话框。

③ 单击"新建标签"按钮,在"新建标签"对话框中输入"表a-",新建标签。

④ 单击"确定"按钮,返回"题注"对话框,在"题注"文本框中的文字"表 a-1"后面输入"成绩单",如图 12-43 所示,单击"确定"按钮。

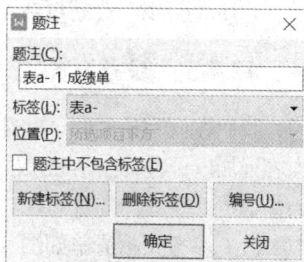

图 12-43 新建题注

12.4.3　脚注与尾注

我们在编辑文档时，有时候需要对一些内容进行注释，这就需要用到脚注或尾注。脚注是在一页的底部对本页指定内容的注释，尾注是在文档的结尾处对文档中指定内容的注释。

1. 脚注

插入脚注的具体操作如下。

将光标置于需要注释的内容右侧，单击"引用"→"插入脚注"按钮，如图 12-44 所示。在当前页面底部出现脚注编号，输入相应的注释内容即可，如图 12-45 所示。

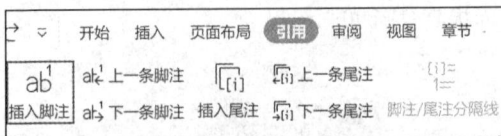

图 12-44　单击"插入脚注"按钮

2. 尾注

插入尾注的具体操作如下。

将光标置于需要注释的内容右侧，单击"引用"→"插入尾注"按钮，在文档的尾部出现尾注编号，输入相应的注释内容即可，如图 12-46 所示。

图 12-45　脚注

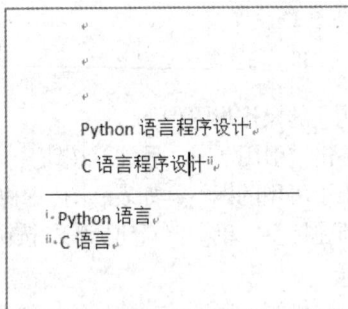

图 12-46　尾注

12.4.4　交叉引用

用户经常需要在文档中的适当位置引用题注，如"如图 1 所示，……""如表 12-1 所示，……"。使用交叉引用，可以方便地将题注内容引用到文档中，这样当题注改变时，引用的题注内容也会随之改变，从而提高工作效率。具体操作步骤如下。

单击"引用"→"交叉引用"按钮 交叉引用，打开"交叉引用"对话框，如图 12-47 所示。设置引用类型、引用内容、引用哪一个题注，单击"插入"按钮后，文档中显示题注的引用。

当题注改变时，选中题注的引用或选中全部文本，按"F9"键，题注的引用会自动更新。

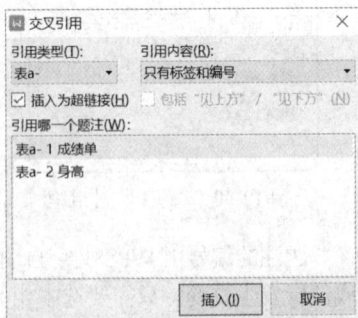

图 12-47　"交叉引用"对话框

12.4.5　参考文献

我们在撰写论文时，往往会引用一些文献资料，此时需要列出具体的参考文献，并在具体引用内容处加以标注。在 WPS 文字中，可以使用自定义编号和交叉引用来设置参考文献及其标注。具体操作如下。

（1）参考文献清单如图 12-48 所示，选中这些参考文献，执行"开始"→"编号"下拉列表中的"自定义编号"命令，打开"项目符号和编号"对话框。选中一种编号样式，单击"自定义"按钮，打开"自定义编号列表"对话框，如图 12-49（a）所示；设置编号格式，如图 12-49（b）所示；

单击"确定"按钮。参考文献设置结果如图 12-50 所示。

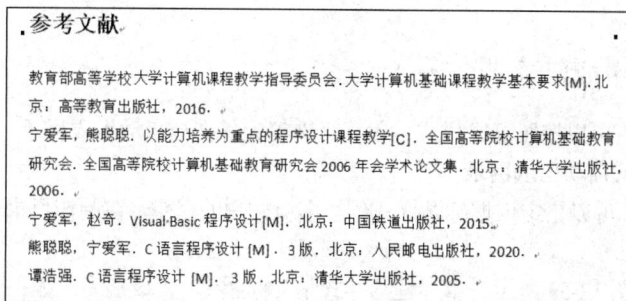

参考文献

教育部高等学校大学计算机课程教学指导委员会.大学计算机基础课程教学基本要求[M].北京：高等教育出版社，2016.

宁爱军，熊聪聪. 以能力培养为重点的程序设计课程教学[C]. 全国高等院校计算机基础教育研究会. 全国高等院校计算机基础教育研究会 2006 年会学术论文集. 北京，清华大学出版社，2006.

宁爱军，赵奇. Visual-Basic 程序设计[M]. 北京：中国铁道出版社，2015.

熊聪聪，宁爱军. C 语言程序设计 [M]. 3 版. 北京：人民邮电出版社，2020.

谭浩强. C 语言程序设计 [M]. 3 版. 北京：清华大学出版社，2005.

图 12-48　参考文献清单

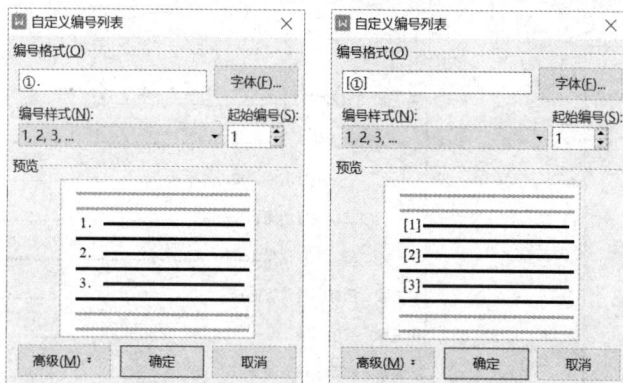

（a）默认设置　　　　　　　（b）更改设置

图 12-49　"自定义编号列表"对话框

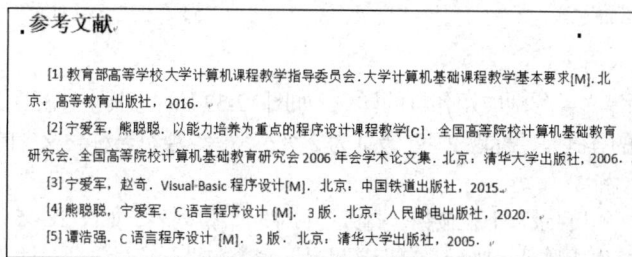

参考文献

[1] 教育部高等学校大学计算机课程教学指导委员会.大学计算机基础课程教学基本要求[M].北京：高等教育出版社，2016.

[2] 宁爱军，熊聪聪. 以能力培养为重点的程序设计课程教学[C]. 全国高等院校计算机基础教育研究会. 全国高等院校计算机基础教育研究会 2006 年会学术论文集. 北京，清华大学出版社，2006.

[3] 宁爱军，赵奇. Visual-Basic 程序设计[M]. 北京：中国铁道出版社，2015.

[4] 熊聪聪，宁爱军. C 语言程序设计 [M]. 3 版. 北京：人民邮电出版社，2020.

[5] 谭浩强. C 语言程序设计 [M]. 3 版. 北京：清华大学出版社，2005.

图 12-50　参考文献设置结果

（2）将光标置于文档中需要引用参考文献的位置，单击"引用"→"交叉引用"按钮，打开"交叉引用"对话框，设置引用某参考文献，如图 12-51 所示。单击"插入"按钮，参考文献引用效果如图 12-52 所示。

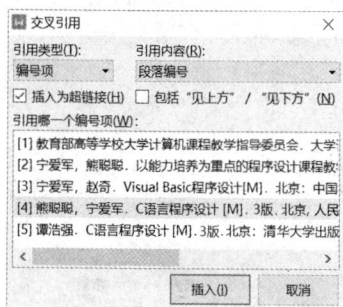

图 12-51　"交叉引用"对话框

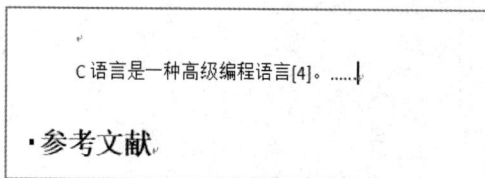

C 语言是一种高级编程语言[4]。……

参考文献

图 12-52　参考文献引用效果

（3）通常情况下，需要为参考文献的引用设置上标格式。选中参考文献引用编号，单击"开始"→"上标"按钮$\times^2$。

12.4.6　自动生成目录

在 WPS 文字中，可以按照标题样式、大纲级别等为长文档自动生成目录。

1．按照标题样式自动生成目录

在 WPS 文字中，可以指定依据标题样式创建多级标题的目录。在制作目录时，需要使用具有样式的文字。

【例 12.10】 如图 12-53 所示，章标题的样式是"标题 1"，级别为 1 级；节标题的样式是"标题 2"，级别为 2 级；"一、项目名称含义"的样式是"标题 3"，级别为 3 级。生成三级目录，如图 12-54 所示。

图 12-53　多级标题的样式

图 12-54　生成三级目录

具体操作步骤如下。

① 将章、节标题等文字分别应用各自的样式，如图 12-53 所示。其中章标题的样式是"标题 1"，级别为 1 级；节标题的样式是"标题 2"，级别为 2 级；"一、项目名称含义"的样式是"标题 3"，级别为 3 级。

② 单击"引用"→"目录"下拉按钮，打开"目录"下拉列表，如图 12-55 所示。选择某种预设的目录样式，可以直接生成目录。执行"自定义目录"命令，打开"目录"对话框，如图 12-56 所示。

图 12-55　"目录"下拉列表

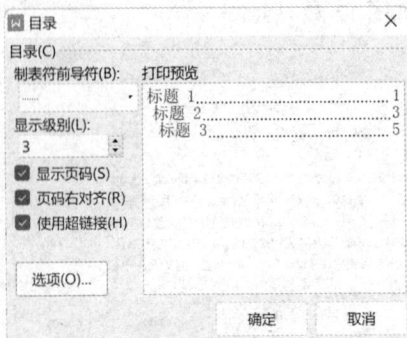

图 12-56　"目录"对话框

③ 设置目录的制表符前导符、显示级别，以及是否显示页码、页码是否右对齐、是否使用超链接等。

④ 单击"选项"按钮，打开"目录选项"对话框，如图 12-57 所示，设置每一级目录对应的样式。

⑤ 单击"确定"按钮，生成的目录如图 12-54 所示。按住"Ctrl"键单击某级目录可以跳转到正文相应位置。

2．按照大纲级别自动生成目录

在 WPS 文字中，文档的大纲级别指的是文档中段落的等级结构（1 级至 9 级），用户可以按照大纲级别生成目录，也可以在大纲视图中按照大纲级别处理文档。

【例 12.11】 在文档中，按照大纲级别自动生成目录。

具体操作步骤如下。

① 右击选中的标题文字（如章标题），在弹出的快捷菜单中执行"段落"命令，如图 12-58 所示。

② 在打开的"段落"对话框中，设置"大纲级别"为 1 级，如图 12-59 所示。

③ 重复①②，设置节标题的大纲级别为 2 级。

④ 将光标置于需要插入目录的位置，单击"引用"→"目录"下拉按钮，在打开的"目录"下拉列表中执行"自定义目录"命令，打开"目录"对话框。

⑤ 单击"选项"按钮，在打开的"目录选项"对话框中，选中"大纲级别"复选框，如图 12-60 所示，再单击"确定"按钮，就可以实现按照大纲级别自动生成目录了。

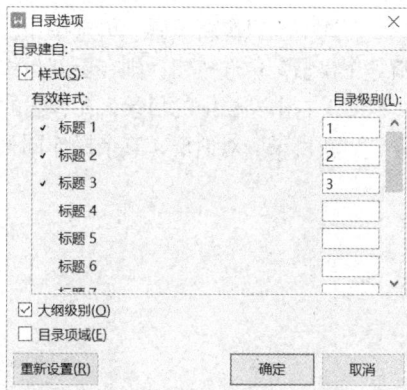

图 12-57 "目录选项"对话框

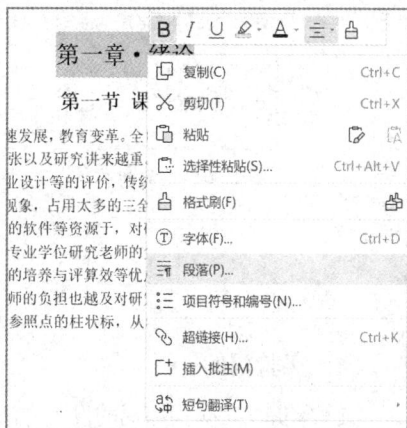

图 12-58 执行"段落"命令

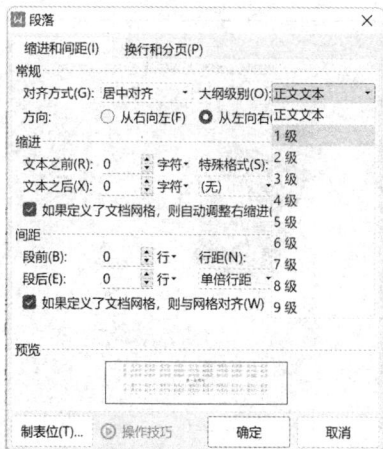

图 12-59 大纲级别设置

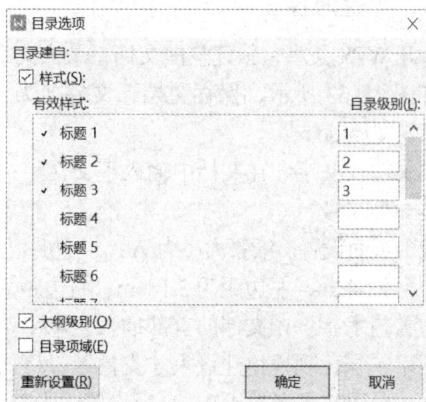

图 12-60 "目录选项"对话框

3．更新目录

在 WPS 文字中，当文档内容或页码发生变化时，用户可以更新或删除自动生成的目录。

具体操作步骤如下。

（1）单击"引用"→"更新目录"按钮，打开"更新目录"对话框，如图 12-61 所示，可以设置只更新页码或更新整个目录。

若选中"只更新页码"单选按钮，则在更新目录时只更新页码，不更新章节标题；若选中"更新整个目录"单选按钮，则在更新目录时章节标题和页码一起更新。

（2）右击文档中的目录，在弹出的快捷菜单中执行"更新域"命令，如图 12-62 所示，也会打开"更新目录"对话框，其余操作同上。

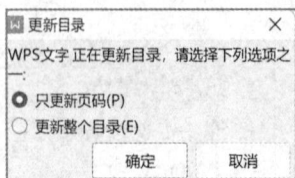

复制(C)	Ctrl+C
剪切(T)	Ctrl+X
粘贴	Ctrl+V
选择性粘贴(S)...	Ctrl+Alt+V
更新域(U)	F9
编辑域(E)...	
切换域代码(T)	Shift+F9
格式刷(F)	
字体(F)...	Ctrl+D
段落(P)...	
项目符号和编号(N)...	
短句翻译(T)	

更新目录 ×

WPS文字 正在更新目录，请选择下列选项之一：

○ 只更新页码(P)
○ 更新整个目录(E)

确定　取消

图 12-61　"更新目录"对话框　　　　图 12-62　执行"更新域"命令

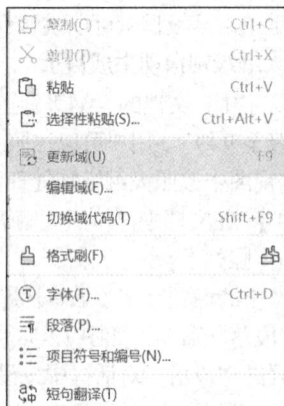

实验 1

一、实验目的

（1）掌握文档页面布局的设置方法。
（2）掌握图片的编辑方法。
（3）掌握文字格式的设置方法。

二、实验内容

打开 WPS 文字，新建空白文档，录入文字并排版，效果如图 12-63 所示，保存文档，文件名为"学号+姓名+WPS 文档.docx"。

（1）输入文字。在文档中输入正文文字，文字格式为宋体、小四号。

（2）页面设置。纸张大小为 A4，上边距为 2.54cm，下边距为 2.54cm，左边距为 3.18cm，右边距为 3.18cm。

（3）艺术字。在文档的首部插入艺术字"实施科教兴国战略，强化现代化建设人才支撑"，格式为宋体、小三号，采用艺术字样式 3，自行设置阴影效果。

（4）插入图片。在第一段中插入图片（封面.jpg），图片环绕方式为四周型，高为6cm，向左旋转一定角度。

（5）样式。创建新样式"2 正文样式"，格式为仿宋体、五号，1.25 倍行距，段前段后距均为 0.5 行。将新样式应用于上文中所有文字。

图 12-63　实验 1 效果

（6）第一段格式。设置第一段中第二句话"教育是国之大计、党之大计"的格式为红色、加粗、

双下画线、着重号。

（7）替换。将文档中所有的"加强"二字全部替换成"加强"，替换后的格式为隶书、加粗、红色、着重号。

（8）分栏。将第二段分成两栏，栏间距为 2 字符；添加分隔线。

（9）边框与底纹。为最后一段设置边框，样式为曲线，宽度为 0.75 磅；设置底纹颜色为红色，图案样式选择"15%"对应的选项。

（10）使用图片（封面.jpg）为文档设置水印。

（11）插入脚注与尾注。

① 插入脚注。为第三段中的文字"加快实施创新驱动发展战略"插入脚注"加快实施创新驱动发展战略"。

② 插入尾注。在第一段的开头插入尾注"实施科教兴国战略，强化现代化建设人才支撑"。

实验 2

一、实验目的

（1）掌握长文档自动化排版的方法。

（2）掌握样式、多级列表的操作方法。

（3）掌握页眉和页脚的操作方法。

（4）掌握插入题注的方法。

（5）掌握自动生成目录的方法。

（6）掌握参考文献的引用方法。

二、实验准备

任课教师提供一篇长论文文档，其包括封面、摘要、ABSTRACT（英文摘要）、目录正文、参考文献等部分。

三、实验内容

1．章、节编号

（1）打开任课教师提供的长论文文档。

（2）查找替换。查找所有文字"汽车"，将其替换为"Car"，替换格式为加粗、倾斜、红色。

（3）根据表 12-1 建立两种样式，分别是"章标题"和"节标题"。

表 12-1　文档样式

样式名	示例	要求
章标题	第一章　××××	小三号、黑体、居中，段前距为 1 行，级别 1
节标题	第一节　××××	小四号、宋体、居中，段前距、段后距均为 1 行，级别 2

（4）将"章标题"和"节标题"样式分别应用到正文中各章节标题文字上。

（5）设定章节的多级列表，实现章节自动编号。

2．页眉与页脚

（1）插入分节符。在封面与摘要之间、摘要与 ABSTRACT（英文摘要）之间、ABSTRACT 与目录之间、目录与正文之间、正文与参考文献之间，分别插入分节符，使各部分内容属于不同节，并且每一部分都从新的一页开始。

（2）插入页眉。逐一设置各节的不同页眉，要求如下。

① 封面部分无页眉。

② 摘要部分页眉文字为"摘要"，居中显示。ABSTRACT 部分页眉文字为"ABSTRACT"，居中显示。

③ 目录部分页眉文字为"目录"，居中显示。

④ 正文部分页眉文字为"计算机基础"，居中显示。

⑤ 参考文献部分页眉文字为"参考文献"，居中显示。

（3）插入页脚。逐一设置各节的页脚，要求如下。

① 封面、摘要和 ABSTRACT 部分无页脚。

② 目录部分页脚为页码，格式是罗马数字，页码从 1 开始，居右显示。

③ 正文与参考文献部分页脚为页码，格式是阿拉伯数字，页码从 1 开始，居中显示。

3．插入题注

（1）在文档中图的下方，插入形式为"图 1-1 ××××"的题注，在文档中的适当位置引用该题注。

（2）在文档中首图与末图之间插入一张图片，自动插入题注，更新图下方的题注及引用处的编号。

（3）在文档中的表格上方插入形式为"表 1-1 ×××××"的题注，在文档中的适当位置引用该题注。

4．生成目录

（1）将光标置于目录所在页。

（2）插入包括章标题和节标题（两个级别）的目录。

（3）按住"Ctrl"键，单击章或节的条目，尝试跳转到论文的相应页面。

（4）更新目录。任意修改一处标题或正文内容，使页码发生变化，更新目录。

5．参考文献列表与引用

（1）为参考文献部分列出的文献自动编号，形式为[1]、[2]……

（2）在正文中适当位置引用参考文献，如图 12-64 所示。

> "书店是一个比较稳定的行业，书本的价格一般不随市场变动，只会因自身价值、纸张、出版社等而变动，这就造成了它很难应付房租增长和不断上涨的人力成本[1]。"

图 12-64 引用参考文献

（3）在参考文献[1]和参考文献[2]之间增加一条参考文献，使[2]自动变成[3]。

（4）在正文中引用新增的参考文献，并更新其他引用处的上标。

习题

一、选择题

1. WPS 文字文档的默认扩展名为（   ）。

　　A. wps　　　　　　　B. docx　　　　　　　C. doc　　　　　　　D. xls

2. 在 WPS 文字中，要将文档中多处相同的文字更改为另一段文字，最好的方法是（   ）。

　　A. 查找　　　　　　　B. 替换　　　　　　　C. 定位　　　　　　　D. 逐个更正

3. 在一个长度达到几百页的 WPS 文档中，要迅速定位到某一页，最好的方法是（   ）。

　　A. 查找　　　　　　　B. 替换　　　　　　　C. 定位　　　　　　　D. 手动翻页

4. 在 WPS 文字中，要将文档中多处文字设置成同一格式，最简单有效的办法是（   ）。

A. 将格式定义为样式，应用在文字上　　　　　B. 依次逐个设置

C. 使用"开始"→"查找"命令　　　　　　　　D. 使用"插入"→"艺术字"命令

5. 以下关于 WPS 文字样式的叙述中，正确的是（　　　）。

A. 样式建立好后不可以修改　　　　　　　　B. 样式只可以应用一次

C. 用户自定义的样式可以多次使用　　　　　D. 用户不能修改 WPS 文字内置样式

6. 在一个 WPS 文档的多处文字上应用了同一样式，修改此样式的格式后，这些文字的（　　　）。

A. 格式不变　　　　　　　　　　　　　　　B. 格式随着新样式改变

C. 格式消除　　　　　　　　　　　　　　　D. 当前位置的格式改变

7. 在 WPS 文字中，如果要将多个文档合并，应执行的操作是执行（　　　）命令。

A. "插入"→"文本"　　　　　　　　　　　　B. "插入"→"文本框"

C. "插入"→"文字"　　　　　　　　　　　　D. "插入"→"对象"

8. 在 WPS 文字中，要迅速地对章节标题进行分级编号，可以使用（　　　）。

A. 项目符号　　　　B. 编号　　　　　　C. 多级编号　　　　D. 样式

9. 在 WPS 文字中，迅速地对各章的图进行形如"图×-××"的自动编号的方法是（　　　）。

A. 插入题注　　　　B. 插入尾注　　　　C. 插入表目录　　　D. 使用交叉引用

10. 在 WPS 文字中，要在页的底端加上对正文内容的注释，可以使用（　　　）。

A. 脚注　　　　　　B. 尾注　　　　　　C. 题注　　　　　　D. 交叉引用

11. 在 WPS 文字中，在正文中引用图的题注（形如"如图×-××所示"）的正确方法是（　　　）。

A. 插入题注　　　　B. 插入尾注　　　　C. 插入目录　　　　D. 使用交叉引用

12. 在 WPS 文字中，要对多条参考文献进行自动编号，可以使用（　　　）。

A. 项目符号　　　　B. 自定义编号　　　C. 多级列表　　　　D. 样式

13. 在 WPS 文字中，要给不同的章设置不同的页眉页脚，可以通过（　　　）实现。

A. 使用分节符给各章分节，并插入不同的页眉页脚

B. 使用分页符给各章分页，并插入不同的页眉页脚

C. 使用"插入"选项卡中的"文本框"，依次给不同的章节设置页眉和页脚

D. 使用"页面布局"中的"页面边框"命令

14. 在 WPS 文字中，在文档中插入目录的正确方法是（　　　）。

A. 使用"插入"→"引用"命令　　　　　　　B. 直接手动输入

C. 使用"引用"→"目录"命令　　　　　　　D. 使用"页面布局"→"分栏"命令

15. 在 WPS 文字中，不能按照（　　　）自动生成目录。

A. 标题样式　　　　B. 字体　　　　　　C. 题注　　　　　　D. 大纲级别

16. 在 WPS 文字中，要给多位家长发送"成绩通知单"，并将每个学生的成绩保存在 Excel 文档中，最简单的方法是（　　　）。

A. 复制　　　　　　B. 使用信封　　　　C. 插入题注　　　　D. 使用邮件合并

17. 以下关于 WPS 文字中邮件合并的说法中，错误的是（　　　）。

A. 可以使用"插入合并域"将数据源的一个字段插入主文档

B. 邮件合并可以将 Excel 文档中的数据链接到 WPS 文档中

C. 在执行"合并到新文档"时，可以选择记录范围

D. 在执行"合并到新文档"后，原有的 Excel 文档和 WPS 文档都消失

第13章 WPS 表格高级应用

WPS 表格是 WPS Office 的表格处理组件,它提供专业、方便的表格处理、分析统计等功能。本章介绍使用 WPS 表格进行数据计算、统计分析的方法。通过本章学习,读者将具备使用计算机技术进行数据处理和统计分析的能力。

13.1 表格编辑

在 WPS 表格中正确地输入和编辑数据,是数据处理和分析的基础。本节介绍 WPS 表格的基本操作,以及各种类型数据的输入和编辑方法。

13.1.1 WPS 表格基本操作

打开 WPS 表格,执行"文件"→"新建"菜单命令,创建空白表格,如图 13-1 所示。在"开始"选项卡中可进行粘贴、设置单元格格式等基本操作。

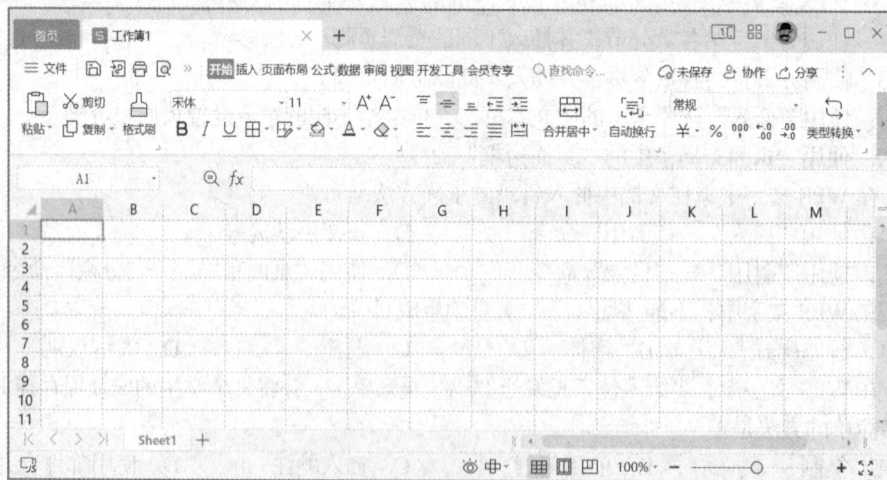

图 13-1 WPS 表格主界面

13.1.2 输入数据

在 WPS 表格的单元格中可以输入文本、数值、日期等多种类型的数据。

1. 文本型数据

文本型数据包括汉字、英文字母、数字和符号等。WPS 表格会自动识别文本类型,文本的默认对齐方式为"左对齐"。

例如，在单元格中输入“50 本教材”，WPS 表格会将它显示为文本；如果将“50”和“教材”分别输入不同单元格，WPS 表格将分别按照数值和文本处理，如图 13-2（a）所示。

当需要在一个单元格中输入多行文本时，可以在换行处按“Alt+Enter”组合键，这样在一个单元格中将显示多行文本，单元格的高度会自动增大，如图 13-2（a）所示。

全部由数字组成的字符串（如电话号码），也可以被当成文本。在输入时，在数字前面添加一个单撇号“'”，如图 13-2（b）所示，按“Enter”键后，数字被当成文本，如图 13-2（c）所示。

	A	B	C
1	50本教材		
2		50	教材
3	天津 科技大学		

（a）输入文本

	A	B
1	'1024	
2		
3		
4		

（b）添加单撇号

	A	B
1	1024	
2		
3		
4		

（c）文本效果

图 13-2　输入文本型数据

> **▶提示**
>
> 如果单元格宽度容纳不下文本字符串，则在显示时将占用相邻单元格；如果相邻单元格中已有数据，字符串将被截断显示。

2．数值型数据

在 WPS 表格中，我们经常使用数值型数据，数值的默认对齐方式为“右对齐”。输入数值型数据的方法如下。

（1）输入负数：–127 或（127）。

（2）输入科学记数法：3.0E8。

（3）输入浮点数：3.14。

（4）输入分数：0　1/8。注意：如果直接输入 1/8，输入内容将会自动转换为日期型数据 1 月 8 日。

3．日期型数据

在工作表中输入日期和时间时，为了与普通的数值型数据相区别，需要使用日期和时间格式。WPS 表格内置了一些日期和时间格式，当输入的数据与日期和时间格式相匹配时，WPS 表格会自动将它们识别为日期型数据。在单元格中，日期型数据的默认对齐方式为“右对齐”。输入日期型数据的方法如下。

（1）输入 2023 年 9 月 1 日：2023-9-1。

（2）输入当前年度 10 月 1 日：10/1。

（3）输入当前年度 12 月 1 日：December 1。

（4）输入 2023 年 9 月 1 日 12 点 30 分：2023-9-1 12:30。

输入数值型数据和日期型数据的效果如图 13-3 所示。

	A	B	C	D
1	-127	3.00E+08	3.14	1/8
2	2023/9/1	10月1日	1-Dec	2023/9/1 12:30
3				

图 13-3　输入数值型数据和日期型数据的效果

> **▶提示**
>
> 按“Ctrl+；”组合键，可在单元格中插入计算机系统当前日期；按“Ctrl+Shift+；”组合键，可在单元格中插入计算机系统当前时间。

13.1.3　填充

利用 WPS 表格的自动填充功能，可以快速输入有规律的数据，如等差数列、等比数列、系统预定义的数据填充序列和用户自定义的序列。

1．使用填充柄填充

选中一个有数据的单元格，将鼠标指针指向填充柄（单元格右下角的黑方块），当鼠标指针变成"十"字形时按住鼠标左键拖曳虚线框覆盖所要填充的单元格，再释放鼠标左键。填充后单击出现的下拉按钮，在打开的下拉列表中选择填充方式。

（1）如图 13-4 所示，在 A1 单元格中输入"本科"，拖曳填充柄填充到 A4 单元格，默认填充方式为"复制单元格"。

（2）填充柄还可以用于填充等差或等比数列。如图 13-5 所示，分别在 A1 单元格和 A2 单元格中输入"2023""2024"，选中 A1 单元格和 A2 单元格，拖曳填充柄至 A5 单元格，默认填充方式为"以序列方式填充"。

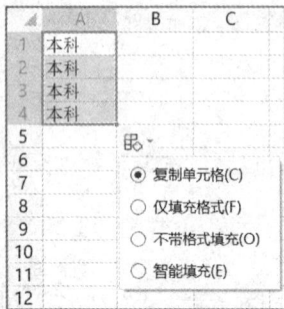

图 13-4　复制单元格　　　　　　　　　　　　图 13-5　以序列方式填充

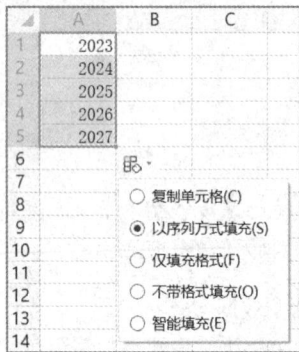

2．使用填充命令填充

对于选定的单元格区域，可以使用 WPS 表格的填充命令，自动填充数据。

在 A1 单元格中输入"2020"，选择单元格区域 A1:A8，单击"开始"→"填充"下拉按钮，打开"填充"下拉列表，如图 13-6 所示。执行"序列"命令，打开"序列"对话框，如图 13-7 所示。选择序列产生在"列"，选择类型为"等差序列"，输入步长值"2"，单击"确定"按钮。填充效果如图 13-8 所示。

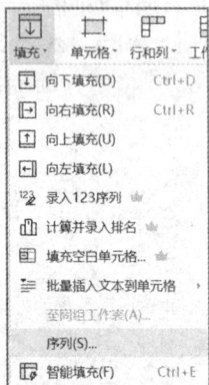

图 13-6　"填充"下拉列表　　　图 13-7　"序列"对话框　　　图 13-8　使用填充命令填充效果

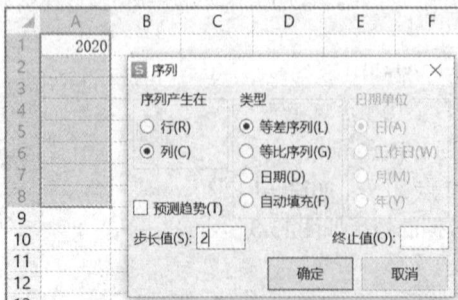

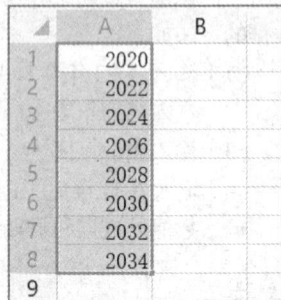

3．自定义填充序列

在 WPS 表格中，用户可以将一组数据自定义为填充序列，并用于填充。自定义填充序列的操作步骤如下。

（1）执行"文件"→"选项"菜单命令，在打开的"选项"对话框中，单击"自定义序列"选项，在"输入序列"文本框中输入内容，再单击"添加"按钮，就可以看到该序列已被添加到"自定义序列"列表框中，如图 13-9 所示。

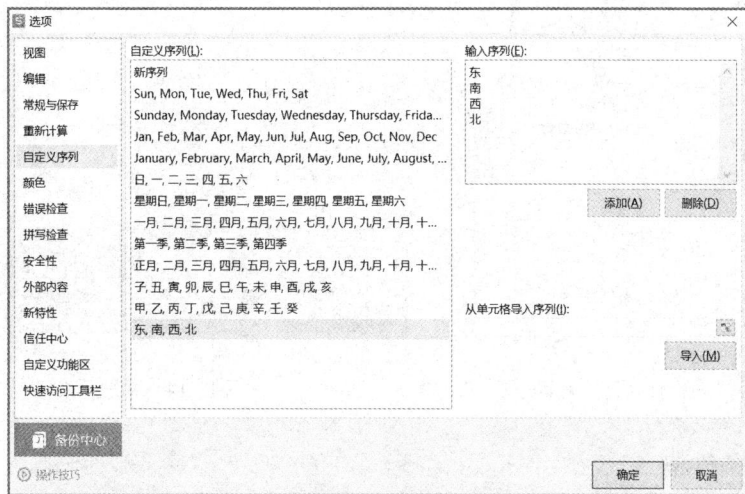

图 13-9　自定义填充序列

（2）选中 A1 单元格，输入"东"，拖曳填充柄至 D1 单元格，填充效果如图 13-10 所示。

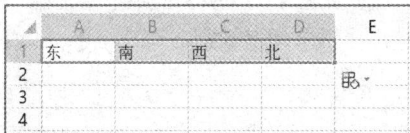

图 13-10　用自定义填充序列填充效果

13.1.4　复制与选择性粘贴

单元格中可能包含数值、格式、批注等，还有可能包含公式、有效性规则等。在复制后，可以选择性粘贴其中的数值、公式、格式、批注等。

例如，选中学生成绩表中前 5 名学生的姓名、高等数学成绩和大学语文成绩，复制并转置到工作表 Sheet2。具体步骤如下。

（1）先选中一个单元格区域，再按住"Ctrl"键并选中其他单元格区域，从而选中多个不连续单元格区域。执行复制操作，如图 13-11 所示。

（2）选中工作表 Sheet2 中的 A1 单元格，单击"粘贴"下拉按钮，执行"选择性粘贴"命令，如图 13-12 所示；打开"选择性粘贴"对话框，选中"转置"复选框，如图 13-13 所示；单击"确定"按钮。粘贴效果如图 13-14 所示。

图 13-11　选中区域并复制

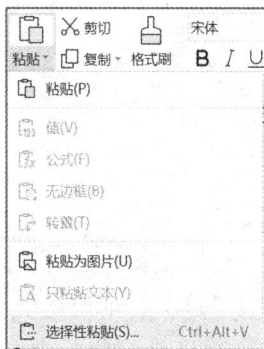

图 13-12　执行"选择性粘贴"命令

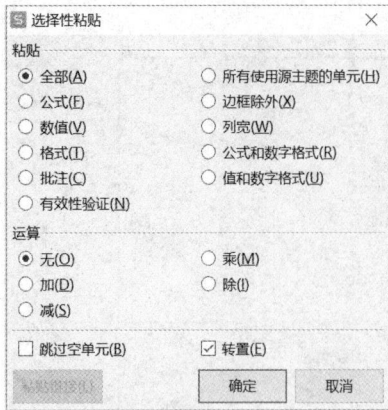

图 13-13 "选择性粘贴"对话框

图 13-14 粘贴效果

13.1.5 条件格式

条件格式的作用是使单元格区域中符合不同条件的数据显示不同的格式。

例如，在学生成绩表中，将分数小于 60 的单元格设置为浅红色填充。操作步骤如下。

（1）选中各科成绩单元格区域，如图 13-15 所示；单击"开始"→"条件格式"下拉按钮 ，在打开的下拉列表中，执行"突出显示单元格规则"→"小于"命令，如图 13-16 所示。

图 13-15 选中单元格区域

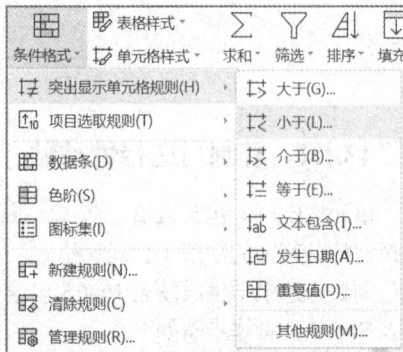

图 13-16 "条件格式"下拉列表

（2）打开"小于"对话框，在"为小于以下值的单元格设置格式"文本框中输入"60"，在"设置为"下拉列表框中选择"浅红色填充"，如图 13-17 所示，单击"确定"按钮，效果如图 13-18 所示。

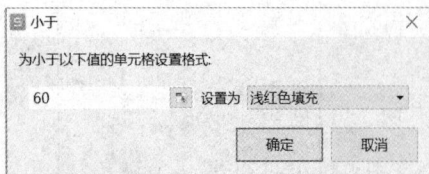

图 13-17 "小于"对话框

图 13-18 设置条件格式后的效果

13.2 公式与计算

13.2.1 运算符与表达式

在 WPS 表格中，可以使用 4 类运算符：数学运算符、比较运算符、文本运算符和引用运算符。

1．数学运算符

数学运算符包括 +（加）、–（减）、*（乘）、/（除）、^（乘方）。

例如，公式"=4^2-5"的值为 11。

2．比较运算符

比较运算符包括 =（等于）、>（大于）、<（小于）、>=（大于或等于）、<=（小于或等于）、<>（不等于）。

例如，公式"=A2>60"用于判断 A2 单元格中数据是否大于 60，如图 13-19（a）所示。

3．文本运算符

文本运算符"&"连接两个字符串，运算结果仍然为字符串。

例如，在 B2 单元格中输入公式"=A1&A2"，连接 A1 字符串和 A2 字符串，如图 13-19（b）所示。

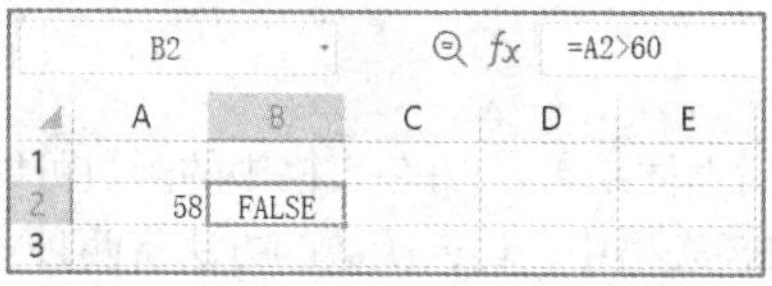

（a）比较运算符 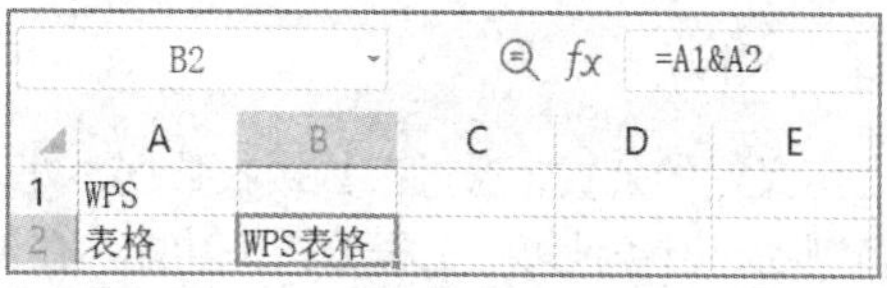　　　　　　　　　（b）文本运算符

图 13-19　比较运算符和文本运算符

4．引用运算符

引用运算符共有 3 个：区域符（:）、并集符（,）和交集符（空格）。

（1）区域符（:）：定义一个单元格区域。例如，"A3:B5"定义 A3 到 B5 的单元格区域，包括 A3、A4、A5、B3、B4、B5 共 6 个单元格，如图 13-20（a）所示。在公式中利用区域符（:）可以快速引用单元格区域，如公式"=D1+D2+D3+D4"可改写为"=SUM(D1:D4)"。

（2）并集符（,）：合并两个或多个单元格区域。例如，公式"=SUM(A1:C2,A4:C4)"表示将单元格区域 A1:C2 和单元格区域 A4:C4 相加，如图 13-20（b）所示。

（3）交集符（空格）：只处理各单元格区域的交叠部分。例如，公式"=SUM(A1:C5　B3:D7)"表示计算单元格区域 A1:C5 与单元格区域 B3:D7 的交叠部分，包括 B3、B4、B5、C3、C4、C5 共 6 个单元格，如图 13-20（c）所示。

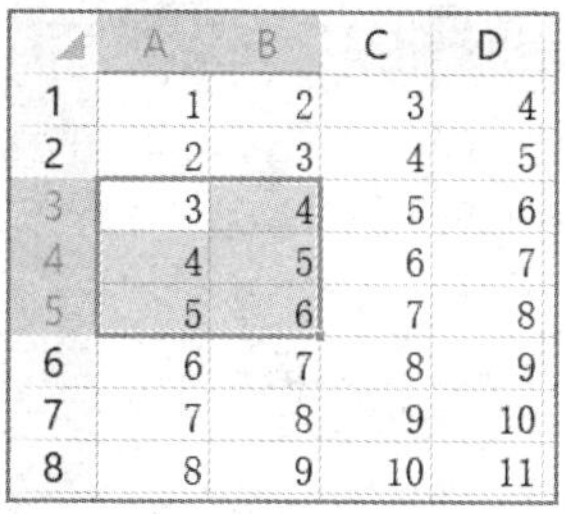

（a）区域符使用示例 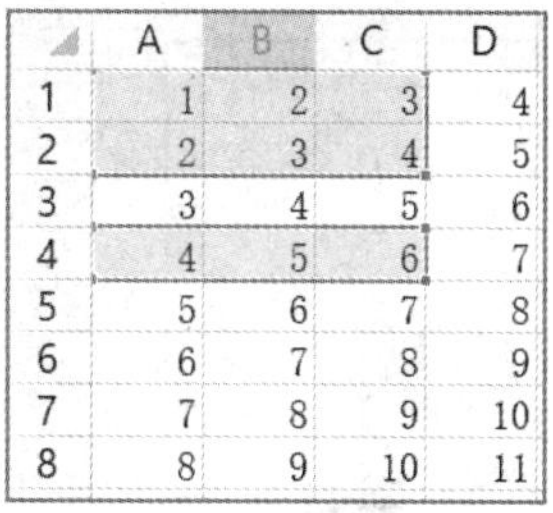　　　　（b）并集符使用示例 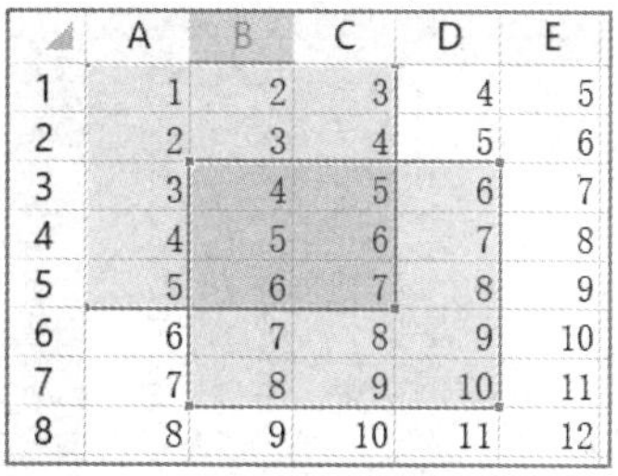　　　　（c）交集符使用示例

图 13-20　引用运算符使用示例

13.2.2　输入公式

公式是可以进行各种计算的表达式，可以包括运算符、常量、变量、函数、单元格地址等。在WPS表格中输入公式时以等号"="开头，输入公式的方法有手动输入公式和单击输入公式两种。

1．手动输入公式

例如，选中单元格，输入"= 4+6"。在输入时，公式同时显示在单元格和编辑栏中，按"Enter"键后，单元格显示计算结果10，如图13-21所示。

2．单击输入公式

单击输入公式的方法可以直接引用单元格，更加简单快速。

例如，要在A2单元格中输入公式"=A1+B1"，先选中A2单元格，输入"="，再单击A1单元格，此时A1单元格周围会显示活动虚线框，A1单元格的地址被添加到公式中，如图13-22所示；输入"+"，再单击B1单元格，按"Enter"键后，A2单元格中显示计算结果，如图13-23所示。

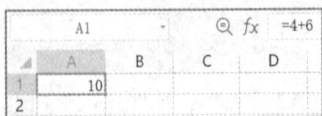

图13-21　手动输入公式及计算结果　　图13-22　单击输入公式　　图13-23　计算结果

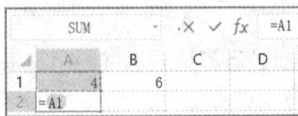

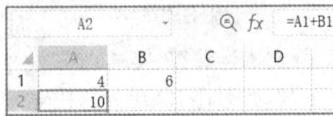

13.2.3　函数

函数是定义好的公式，通过参数接收数据，处理后返回结果。WPS表格中的函数可以实现数值统计、逻辑判断、财务计算、工程分析等功能。在WPS表格中，输入函数的方法有两种：手动输入函数和使用函数向导输入函数。本小节以SUM()函数和AVERAGE()函数为例介绍函数的用法。

1．SUM()函数

主要功能：求出所有参数的数值和。

使用格式：SUM(number1,number2,…)。

参数说明：number1,number2,…表示求和的数值或单元格区域。

例如，计算学生成绩表中第一位学生各科成绩的总分，具体操作如下。

（1）选中要输入函数的单元格H3，如图13-24所示。

（2）单击"公式"→"插入函数"按钮 f_x，或者单击编辑栏左侧的"插入函数"按钮 f_x，打开"插入函数"对话框，如图13-25所示。在"选择类别"下拉列表框中选择"常用函数"，再从"选择函数"列表框中选择SUM()函数。

图13-24　选中单元格

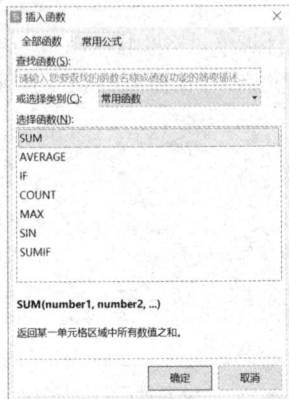

图13-25　"插入函数"对话框

（3）单击"确定"按钮，打开"函数参数"对话框，如图 13-26 所示。在"数值 1"文本框中输入"E3:G3"，也可以单击 ![按钮]，选择单元格区域。

（4）单击"确定"按钮，就可以求出第一位学生各科成绩的总分，显示在 H3 单元格中。使用填充柄向下填充，可以求出其他学生各科成绩的总分，如图 13-27 所示。

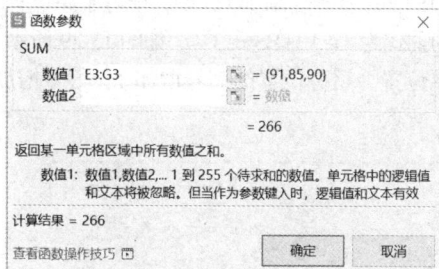

图 13-26 "函数参数"对话框

图 13-27 计算结果

▶提示

工作表中的函数和公式可以引用同一工作簿中其他工作表的数据，也可以引用其他工作簿中的数据。

2. AVERAGE() 函数

主要功能：求出所有参数的算术平均值。

使用格式：AVERAGE(number1,number2,…)。

参数说明：number1,number2,…表示求平均值的数值或单元格区域。

例如，要计算第一位学生各科成绩的平均分，可在 H3 单元格中输入"=AVERAGE(E3:G3)"，如图 13-28 所示。

图 13-28 AVERAGE()函数

▶提示

AVERAGE()函数将计算单元格区域中值为"0"的单元格，但不计算单元格区域中值为空白或字符的单元格。

13.3 单元格引用

单元格引用指明公式中所使用的单元格或单元格区域的位置。在 WPS 表格中，可以引用同一工作表的数据、同一工作簿中不同工作表的数据，或者不同工作簿的数据。在公式中单元格引用包括相对地址引用、绝对地址引用、混合地址引用和外部引用。

13.3.1 相对地址引用

在用户进行复制或填充时，公式中采用相对地址引用的单元格和单元格区域将根据目标位置与原位置的相对关系而变化。

例如，在单元格 D1 中定义公式"=A1+B1+C1"，将 D1 中的公式复制到 D3 中，相对于原位置，目标位置的列号不变，而行号增加 2，因此，单元格 D3 中的公式为"=A3+B3+C3"，如图 13-29 所示。

将单元格 D1 中的公式复制到单元格 E4 中，相对于原位置，目标位置的列号增加 1，行号增加 3，则单元格 E4 中的公式为"=B4+C4+D4"，如图 13-30 所示。

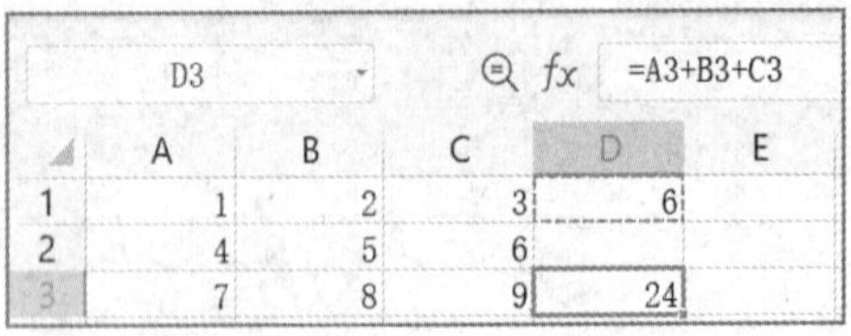

图 13-29　行号相对变化

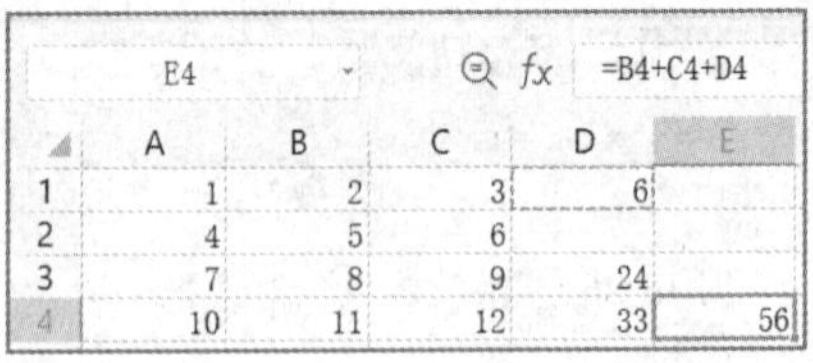

图 13-30　行号、列号相对变化

13.3.2 绝对地址引用

在用户进行复制或填充时，公式中采用绝对地址引用的单元格和单元格区域不会根据目标位置与原位置的相对关系而变化。在 WPS 表格中，绝对地址引用需要在列号和行号前加上"$"符号。

例如，在单元格 D1 中定义公式"=$A$1+$B$1+$C$1"，将单元格 D1 中的公式复制到单元格 D3 中，此时单元格 D3 和单元格 D1 中的公式完全相同，如图 13-31 所示。

13.3.3 混合地址引用

如果列号和行号只有一个加上了"$"符号，则为混合地址引用。

例如，在单元格 D1 中定义公式"=$A1+$B1+$C$1"，将其复制到单元格 E4 中，则单元格 E4 中的公式为"=$A4+$B4+$C$1"，如图 13-32 所示。

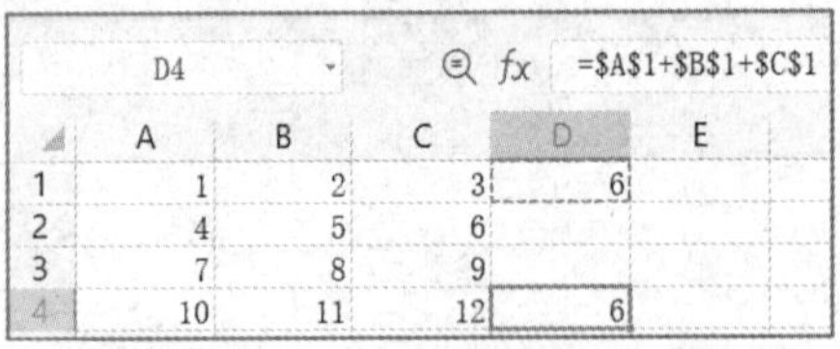

图 13-31　绝对地址引用

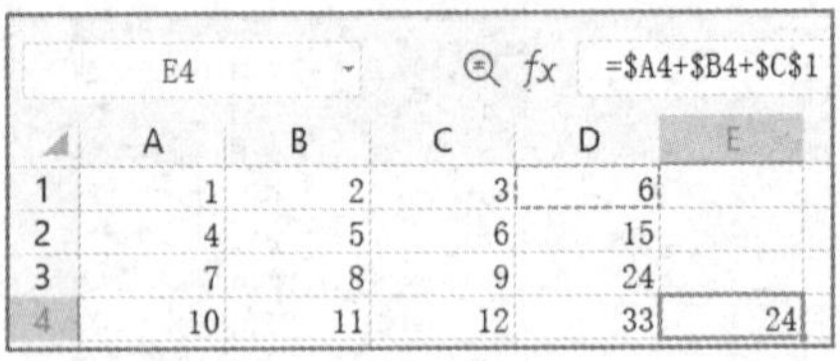

图 13-32　混合地址引用

▶提示

　　用户可使用键盘上的"F4"键转换单元格引用的类型。例如，公式为"=A1"，每按一次"F4"键，公式依次被转换为"=$A$1""=A$1""=$A1""=A1"。

13.3.4 外部引用

外部引用指在公式或计算中引用不同工作表的单元格或单元格区域，其格式为"工作表!单元格"或"工作表!单元格区域"。

例如，我们可以在工作表 Sheet1 的单元格 A1 中输入公式"=Sum(Sheet2!B1:B3)"或"=Sheet2!B1+Sheet2!B2+ Sheet2!B3"。

13.4　常用函数

13.4.1　MAX()函数与MIN()函数

1．MAX()函数

主要功能：求出参数中的最大值。

使用格式：MAX(number1,number2,…)。

参数说明：number1,number2,…表示求最大值的数值或单元格区域。

例如，计算学生成绩表中高等数学成绩的最高分，如图13-33所示。

▶提示

　　MAX()函数会忽略参数中的文本或逻辑值。

2．MIN()函数

主要功能：求出参数中的最小值。

使用格式：MIN(number1,number2,…)。

参数说明：number1,number2,…表示求最小值的数值或单元格区域。

例如，计算学生成绩表中高等数学成绩的最低分，如图13-34所示。

图13-33　MAX()函数使用示例　　　　　　图13-34　MIN()函数使用示例

▶提示

　　如果参数中有文本或逻辑值，则该参数会被忽略。

13.4.2　IF()函数

主要功能：根据对指定条件的逻辑判断的真假结果，返回相应的值。

使用格式：IF(logical,value_if_true,value_if_false)。

参数说明：

① logical（测试条件）表示逻辑判断表达式；

② value_if_true（真值）表示当判断条件为"真（TRUE）"时的结果，如果省略则返回TRUE；

③ value_if_false（假值）表示当判断条件为"假（FALSE）"时的结果，如果省略则返回FALSE。

例如，在学生成绩表中显示第一位学生的成绩等级，平均成绩在90分及以上为优，70~89分为良，60~69分为及格，60分以下为不及格。在H3单元格中输入公式"=IF(H3>=90,"优",IF(H3>=70,"良",IF(H3>=60,"及格","不及格")))"，计算结果如图13-35所示。

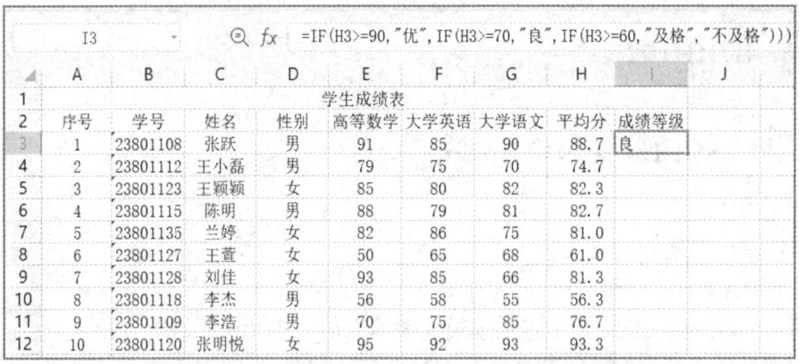

I3 =IF(H3>=90,"优",IF(H3>=70,"良",IF(H3>=60,"及格","不及格")))

	A	B	C	D	E	F	G	H	I	J
1	学生成绩表									
2	序号	学号	姓名	性别	高等数学	大学英语	大学语文	平均分	成绩等级	
3	1	23801108	张跃	男	91	85	90	88.7	良	
4	2	23801112	王小磊	男	79	75	70	74.7		
5	3	23801123	王颖颖	女	85	80	82	82.3		
6	4	23801115	陈明	男	88	79	81	82.7		
7	5	23801135	兰婷	女	82	86	75	81.0		
8	6	23801127	王萱	女	50	65	68	61.0		
9	7	23801128	刘佳	女	93	85	66	81.3		
10	8	23801118	李杰	男	56	58	55	56.3		
11	9	23801109	李浩	男	70	75	85	76.7		
12	10	23801120	张明悦	女	95	92	93	93.3		

图 13-35 IF()函数使用示例

▶提示

函数中出现的标点符号均为半角符号。

13.4.3 SUMIF()函数与 SUMIFS()函数

1．SUMIF () 函数

主要功能：计算符合指定条件的单元格区域内的数值和。

使用格式：SUMIF(range,criteria,sum_range)。

参数说明：

① range（区域）表示进行条件判断的单元格区域；

② criteria（条件）指定条件表达式；

③ sum_range（求和区域）表示需要计算的数值所在的单元格区域。

例如，计算学生成绩表中大学语文成绩大于 80 分的学生的大学英语分数之和，如图 13-36 所示。

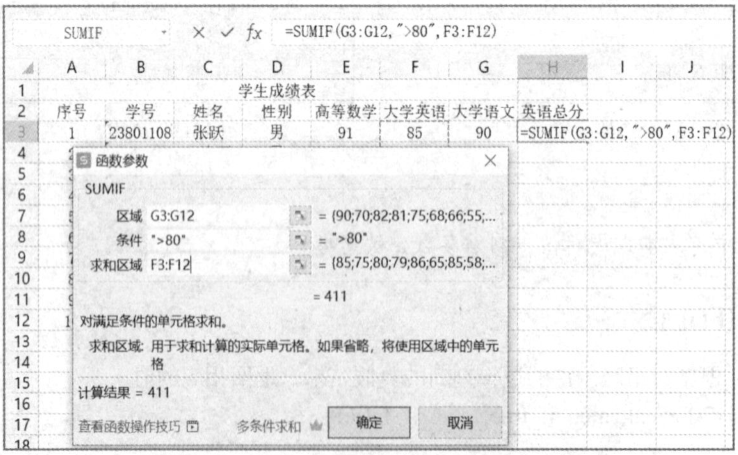

图 13-36 SUMIF()函数使用示例

2．SUMIFS () 函数

主要功能：计算单元格区域或数组中符合多个指定条件的数值的总和。

使用格式：SUMIFS(sum_range,criteria_range1,criteria1,[criteria_range2,criteria2],…)。

参数说明：

① sum_range（求和区域）表示要求和的单元格区域；

② criteria_range1（区域1）表示要进行条件判断的第1个单元格区域；

③ criteria1（条件1）表示要进行判断的第1个条件，形式可以为数字、文本或表达式，如16、"16"、">16"、"图书" 或 ">&A1"；

④ criteria_range2（区域2）表示要进行条件判断的第2个单元格区域；

⑤ criteria2（条件2）表示要进行判断的第2个条件，形式可以为数字、文本或表达式。

例如，计算学生成绩表中高等数学和大学语文成绩都大于80分的学生的大学英语分数之和，如图13-37所示。

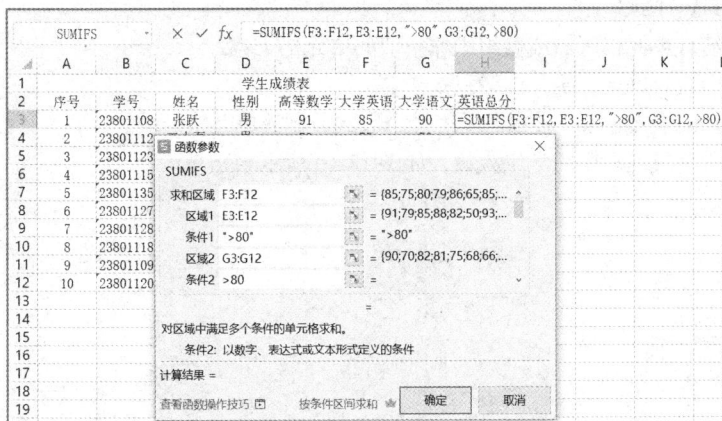

图 13-37　SUMIFS()函数使用示例

13.4.4　AVERAGEIF()函数

主要功能：求出某个单元格区域内满足给定条件的所有参数的算术平均值。

使用格式：AVERAGEIF(range, criteria, average_range)。

参数说明：

① range（区域）表示要计算平均值的一个或多个单元格，其中有数字或包含数字的名称、数组或引用；

② criteria（条件）形式为数字、表达式、单元格引用或文本，用来定义将计算平均值的单元格；

③ average_range（求平均值区域）表示要计算平均值的实际单元格区域，如果省略，则使用range。

例如，计算学生成绩表中大学语文成绩大于80分的学生的大学英语成绩平均分，如图13-38所示。

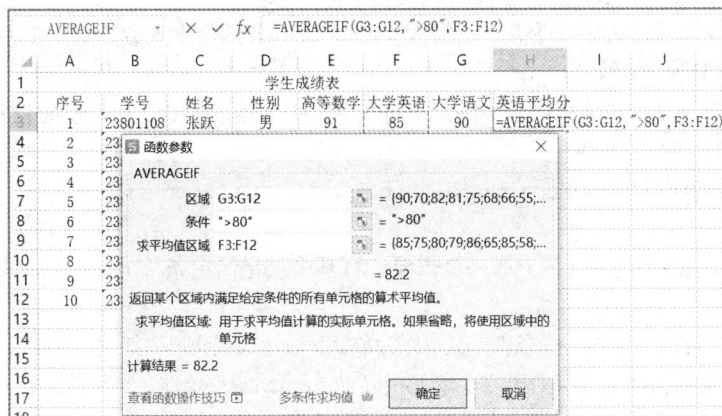

图 13-38　AVERAGEIF()函数使用示例

13.4.5 COUNT()函数与 COUNTA()函数

1. COUNT () 函数

主要功能：统计单元格区域中数值型数据的个数。

使用格式：COUNT(value1,value2,…)。

参数说明：value1,value2,…表示需要统计个数的数据或单元格区域。

例如，统计学生成绩表中参加高等数学考试的学生人数，如图 13-39 所示。

2. COUNTA () 函数

主要功能：统计单元格区域或数组中非空值的单元格个数。

使用格式：COUNTA(value1,value2,…)。

参数说明：value1,value2,…表示需要统计个数的数据或单元格区域。

例如，统计学生成绩表中的学生人数，如图 13-40 所示。

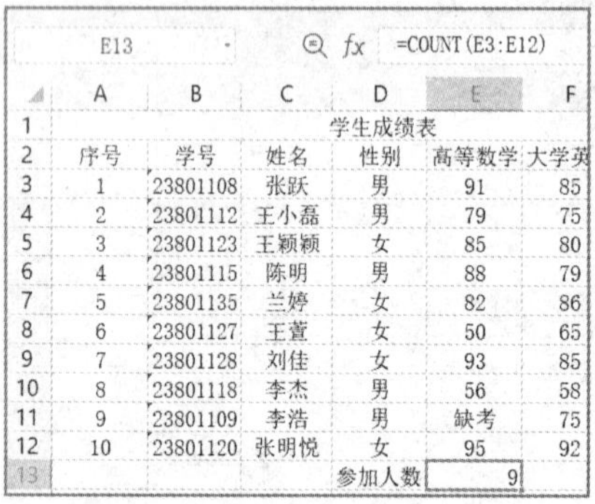

E13 =COUNT(E3:E12)

	A	B	C	D	E	F
1			学生成绩表			
2	序号	学号	姓名	性别	高等数学	大学英
3	1	23801108	张跃	男	91	85
4	2	23801112	王小磊	男	79	75
5	3	23801123	王颖颖	女	85	80
6	4	23801115	陈明	男	88	79
7	5	23801135	兰婷	女	82	86
8	6	23801127	王萱	女	50	65
9	7	23801128	刘佳	女	93	85
10	8	23801118	李杰	男	56	58
11	9	23801109	李浩	男	缺考	75
12	10	23801120	张明悦	女	95	92
13				参加人数	9	

图 13-39 COUNT()函数使用示例

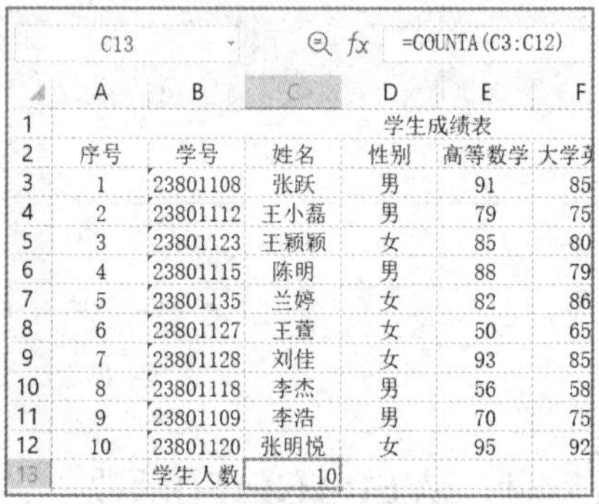

C13 =COUNTA(C3:C12)

	A	B	C	D	E	F
1			学生成绩表			
2	序号	学号	姓名	性别	高等数学	大学英
3	1	23801108	张跃	男	91	85
4	2	23801112	王小磊	男	79	75
5	3	23801123	王颖颖	女	85	80
6	4	23801115	陈明	男	88	79
7	5	23801135	兰婷	女	82	86
8	6	23801127	王萱	女	50	65
9	7	23801128	刘佳	女	93	85
10	8	23801118	李杰	男	56	58
11	9	23801109	李浩	男	70	75
12	10	23801120	张明悦	女	95	92
13		学生人数	10			

图 13-40 COUNTA()函数使用示例

13.4.6 COUNTIF()函数与 COUNTIFS()函数

1. COUNTIF () 函数

主要功能：统计某个单元格区域中符合指定条件的单元格的个数。

使用格式：COUNTIF(range, criteria)。

参数说明：

① range（区域）表示要统计的单元格区域；

② criteria（条件）表示指定的条件表达式。

例如，统计学生成绩表中高等数学成绩大于或等于 80 分的学生人数，如图 13-41 所示。

2. COUNTIFS () 函数

主要功能：计算多个单元格区域中满足给定条件的单元格的个数，可以同时设定多个条件。该函数是 COUNTIF()函数的扩展。

使用格式：COUNTIFS (criteria_range1,criteria1,[criteria_range2,criteria2],…)。

参数说明：

① criteria_range1（区域 1）为第一个需要计算其中满足给定条件的单元格个数的单元格区域（简称条件区域）；

② criteria1（条件 1）为第一个条件，其可以为数字、表达式或文本，如 48、"48"、">48"、"广州"；

③ criteria_range2（区域 2）为第二个单元格区域，criteria2（条件 2）为第二个条件，以此类推，最终结果为多个单元格区域中满足所有条件的单元格个数。

例如，统计学生成绩表中高等数学和大学英语成绩都大于 80 分的学生人数，如图 13-42 所示。

图 13-41 COUNTIF()函数使用示例

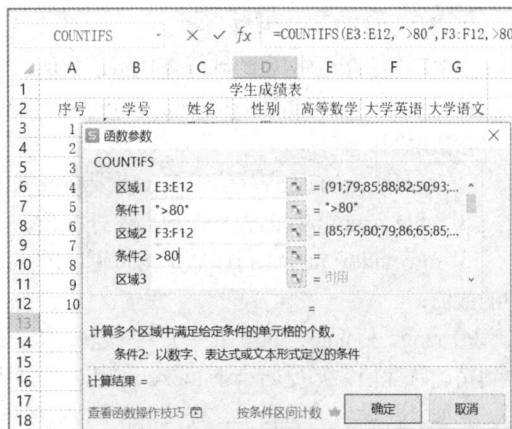

图 13-42 COUNTIFS()函数使用示例

13.4.7 VLOOKUP()函数与 HLOOKUP()函数

1．VLOOKUP()函数

主要功能：在数据表（这里指包含数据的区域，也可理解为数据清单，后同）的首列查找指定数值，并返回数据表当前行中指定列处的数值。

使用格式：VLOOKUP(lookup_value,table_array,col_index_num,range_lookup)。

参数说明：

① lookup_value（查找值）表示需要在数据表中第一列查找的数值；

② table_array（数据表）表示需要查找数据的单元格区域；

③ col_index_num（列序数）为待返回的匹配值的列号，如当参数为 2 时，返回数据表第 2 列中的数值；

④ range_lookup（匹配条件）为一逻辑值，如果为 TRUE 或省略，则返回近似匹配值，如果找不到精确匹配值，则返回小于 lookup_value 的最大数值，如果为 FALSE，则返回精确匹配值。

简单来说，VLOOKUP()函数就是查找粘贴函数，也就是查找到指定的内容并粘贴到另一指定的位置。VLOOKUP()函数的 4 个参数，通俗地说，可以理解为"找什么""在哪里找""需要粘贴哪一列""精确找还是模糊找"。

例如，在学生成绩表中，查找刘佳的高等数学成绩，如图 13-43 所示。

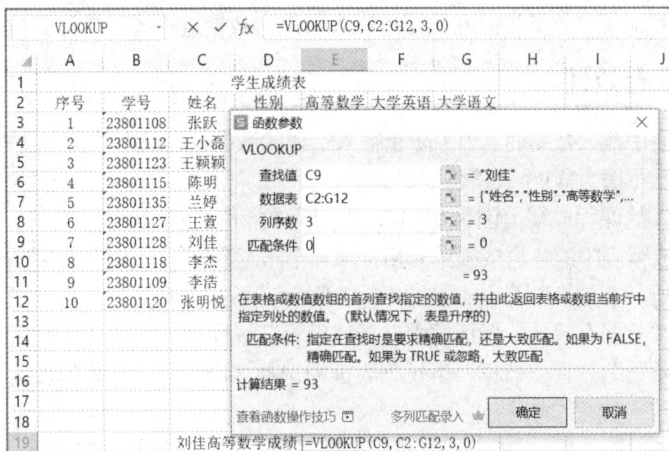

图 13-43 VLOOKUP()函数使用示例

2. HLOOKUP()函数

主要功能：在数据表的首行查找指定数值，并返回数据表当前列中指定行处的数值。

使用格式：HLOOKUP(lookup_value,table_array,row_index_num,range_lookup)。

参数说明：

① lookup_value（查找值）表示需要在数据表中第一行查找的数值；

② table_array（数据表）表示需要查找数据的单元格区域；

③ row_index_num（行序数）为待返回的匹配值的行号，如当参数为 2 时，返回数据表第 2 行中的数值；

④ range_lookup（匹配条件）为一逻辑值，如果为 TRUE 或省略，则返回近似匹配值，如果找不到精确匹配值，则返回小于 lookup_value 的最大数值，如果为 FALSE，则返回精确匹配值。

例如，在学生成绩表中，查找刘佳的高等数学成绩，如图 13-44 所示。

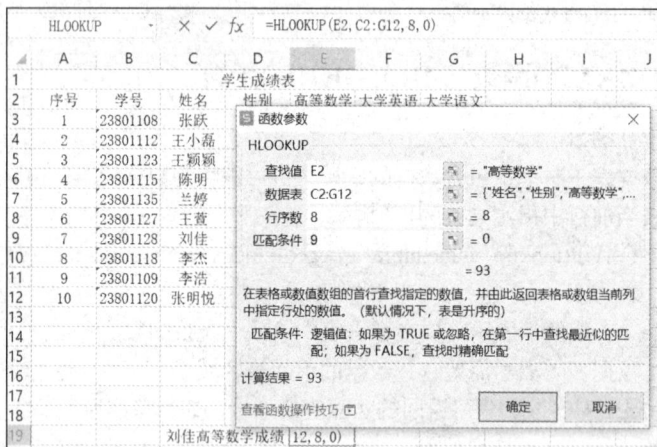

图 13-44　HLOOKUP()函数使用示例

13.5 数据处理与分析

WPS 表格可以对表格中的数据进行多种处理与分析，其中数据有效性可以防止输入错误数据，数据排序可以将数据表中的内容按照特定规律排列，数据筛选可以找出满足指定条件的数据，删除重复项可以删除重复记录，分类汇总和数据透视表可以对数据进行各种统计分析。

13.5.1 数据有效性

在需要向工作表中输入数据时，为了防止输入错误的数据，可以为单元格设置数据的有效范围。当输入超出范围的数据时，WPS 表格将报错。

例如，设置输入的课程成绩范围为 0～100 分。具体操作步骤如下。

（1）选择学生成绩表中的各科成绩单元格区域，单击"数据"→"有效性"下拉按钮，在打开的下拉列表中执行"有效性"命令，如图 13-45 所示。

（2）在打开的"数据有效性"对话框中选择"设置"选项卡，如图 13-46 所示，在"允许"下拉列表框中选择"整数"，在"数据"下拉列表框中选择"介于"，最小值设置为 0，最大值设置为 100。单击"确定"按钮完成设置。

（3）在单元格 E3 中输入"750"，系统弹出提示框报错，如图 13-47 所示。

使用数据有效性功能，还可以设置单元格输入的下拉列表。

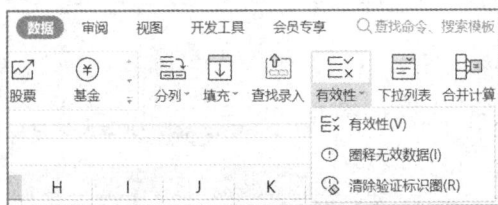

图 13-45　执行"有效性"命令

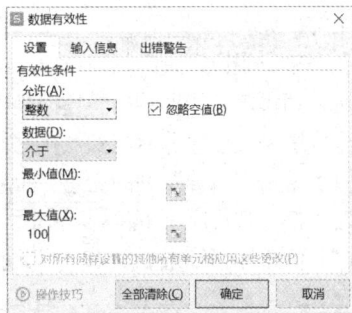

图 13-46　"数据有效性"对话框

例如，设置学生成绩表中"性别"列的单元格可使用下拉列表输入"男"或"女"。具体操作步骤如下。

（1）在学生成绩表中，选中"性别"列的单元格区域 D3:D12。

（2）单击"有效性"按钮，在打开的下拉列表中执行"有效性"命令，打开"数据有效性"对话框，在"允许"下拉列表框中选择"序列"，在"来源"文本框中输入"男,女"，如图 13-48 所示，单击"确定"按钮。

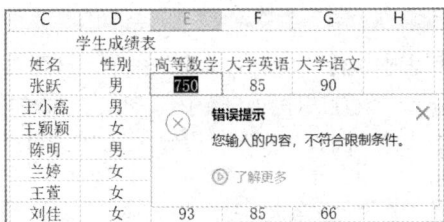

图 13-47　提示框报错

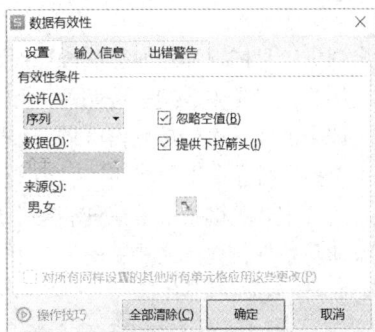

图 13-48　设置下拉列表选项

（3）在"性别"列的单元格中输入数据时，可以选择下拉列表中的选项，如图 13-49 所示。

▶提示

　　在"数据有效性"对话框中，还可以设置输入时的提示信息、出错时的警告信息以及输入法模式等。

图 13-49　使用下拉列表输入

13.5.2　数据排序

在数据表中，用户可以对数据进行排序，使用"数据"→"排序"下拉列表中的命令来实现，如图 13-50 所示。

1．按一列排序

按一列排序是依据某列的数据规则对数据进行排序。例如，要将学生成绩表按照总分由高到低排序，具体操作如下。

（1）单击"总分"列的任意一个单元格，如图 13-51 所示。

（2）执行"排序"下拉列表中的"降序"命令，就可以实现总分由高到低排序，结果如图 13-52 所示。

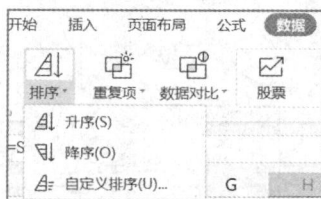

图 13-50 "排序"下拉列表

图 13-51 单击排序列单元格

图 13-52 按一列排序结果

2．按多列排序

按多列排序是依据多列的数据规律对数据进行排序，用户可以使用"排序"对话框设置多列排序条件。例如，对学生成绩表按照总分和高等数学成绩由高到低排序的操作如下。

（1）选中需要排序的单元格区域，如图 13-53 所示。

（2）单击"排序"下拉按钮，在打开的下拉列表中执行"自定义排序"命令，打开"排序"对话框。在"主要关键字"下拉列表框中选择"总分"，设置次序为"降序"；单击"添加条件"按钮，添加新条件；在"次要关键字"下拉列表框中选择"高等数学"，设置次序为"降序"，如图 13-54 所示。

图 13-53 选中单元格区域

（3）单击"确定"按钮，完成按多列排序，结果如图 13-55 所示。

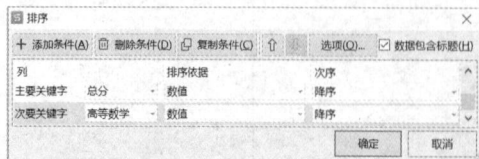

图 13-54 "排序"对话框

图 13-55 按多列排序结果

▶提示

按多列排序时，首先按"主要关键字"数据排序，只有在"主要关键字"数据相等时，才按"次要关键字"数据排序。

3. 自定义排序

在 WPS 表格中，用户可以根据需要设置自定义排序序列。例如，对教工信息表按照"职称"排序的操作步骤如下。

（1）选中教工信息表中需要排序的单元格区域，如图 13-56 所示。

（2）单击"排序"下拉按钮，在打开的下拉列表中执行"自定义排序"命令，打开"排序"对话框，在"主要关键字"下拉列表框中选择"职称"，设置次序为"自定义序列"，如图 13-57 所示。

图 13-56 选中单元格区域

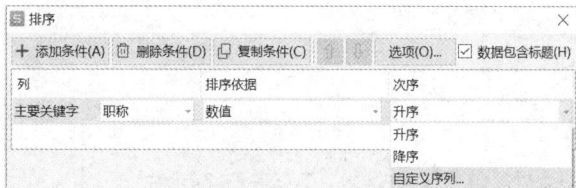

图 13-57 "排序"对话框

（3）打开"自定义序列"对话框，在"输入序列"文本框中输入"教授""副教授""讲师"，单击"添加"按钮，如图 13-58 所示。

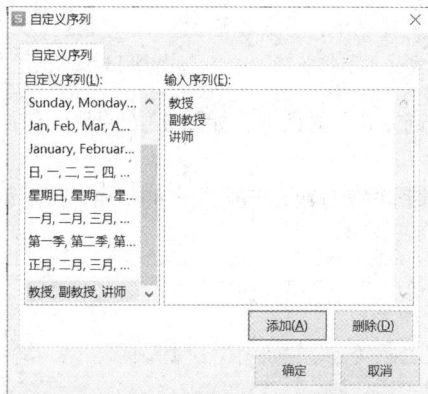

图 13-58 "自定义序列"对话框

（4）单击"确定"按钮，返回"排序"对话框，自定义序列显示在"次序"下拉列表框中，如图 13-59 所示。

（5）单击"确定"按钮，排序结果如图 13-60 所示。

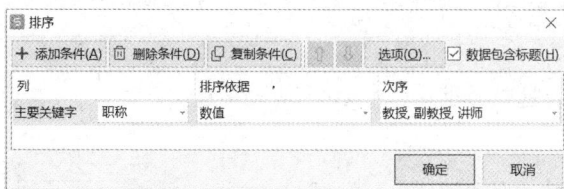

图 13-59 自定义序列添加完成

图 13-60 自定义排序结果

13.5.3 数据筛选

在 WPS 表格中，当工作表中有大量数据时，可以使用数据筛选功能暂时隐藏部分数据，只显示感兴趣的数据。数据筛选包括自动筛选和高级筛选。

1. 自动筛选

（1）单击数据表中的任意一个单元格，再单击"数据"→"筛选"按钮 ▽，列标题旁显示下拉按钮 ▾，如图 13-61 所示。

（2）单击下拉按钮 ▾，以"高等数学"列为例，在弹出的下拉列表中执行"数字筛选"→"大于或等于"命令，如图 13-62 所示。

图 13-61　列标题旁显示下拉按钮

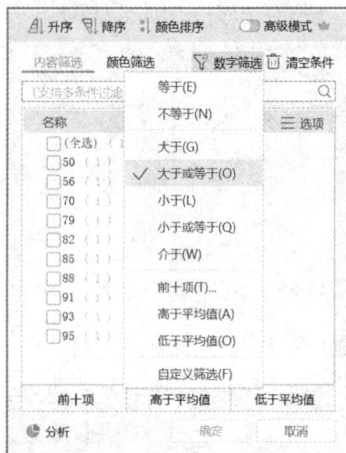

图 13-62　执行"数字筛选"→"大于或等于"命令

（3）打开"自定义自动筛选方式"对话框，如图 13-63 所示，在"大于或等于"文本框中输入"90"，单击"确定"按钮。

（4）此时，工作表只显示高等数学分数大于或等于 90 分的行，隐藏不满足条件的行，如图 13-64 所示。

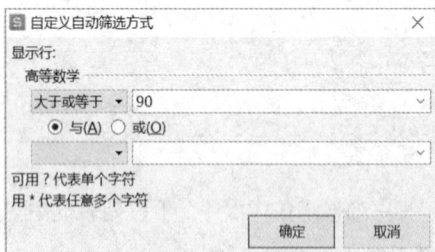

图 13-63　"自定义自动筛选方式"对话框

图 13-64　自动筛选结果

（5）单击"高等数学"列标题右侧的 ▼ 按钮，再单击"清空条件"，就可以恢复显示所有行。

▶提示

退出自动筛选的方法：再次单击"筛选"按钮，就可以退出自动筛选。

2. 高级筛选

高级筛选是在数据单元格区域以外建立条件区域，对数据进行筛选。

同时满足条件的高级筛选如图 13-65（a）所示，表示需要列名 1 满足条件 1 而且列名 2 满足条件 2；高级筛选也可以只要求满足一个条件，如图 13-65（b）所示，表示列名 1 满足条件 1 或列名 2 满足条件 2

列名	列名 1	列名 2
条件	条件 1	条件 2

（a）同时满足条件

列名	列名 1	列名 2
条件	条件 1	
		条件 2

（b）满足一个条件

图 13-65　高级筛选

即可。

高级筛选时，在工作表的空白处，输入筛选条件；筛选条件的表头标题和数据表中表头一致；筛选条件在同一行输入表示为"与"关系，在不同行输入表示为"或"关系。

例如，对学生成绩表进行高级筛选，操作步骤如下。

（1）在 E14 单元格中输入"高等数学"，在E15 单元格中输入">85"，在 F14 单元格中输入"大学英语"，在 F15 单元格中输入">85"，如图 13-66 所示。

（2）选中任意一个单元格，执行筛选下拉列表中的"高级筛选"命令，打开"高级筛选"对话框，单击"列表区域"文本框和"条件区域"文本框右侧的"折叠"按钮，分别设置列表区域和条件区域，如图 13-67 所示。单击"确定"按钮，筛选出符合条件区域要求的数据，如图 13-68 所示。

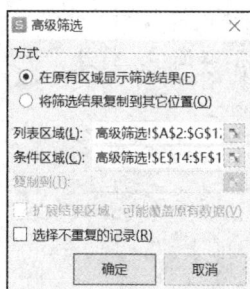

图 13-66　输入高级筛选条件

图 13-67　"高级筛选"对话框

图 13-68　高级筛选结果

13.5.4　删除重复项

在 WPS 表格中，用户可以使用删除重复项功能，删除数据表中某一列或多列中值重复的行。

例如，删除学生成绩表中重复的学生记录，具体操作如下。

（1）打开学生成绩表，选中单元格区域，如图 13-69 所示，执行"数据"→"重复项"下拉列表中的"删除重复项"命令，打开"删除重复项"对话框，如图 13-70 所示。

图 13-69　选中单元格区域

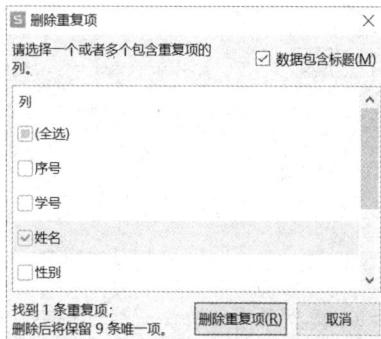

图 13-70　"删除重复项"对话框

（2）在"删除重复项"对话框中，选中"姓名"列，单击"删除重复项"按钮，系统弹出信息对话框，如图 13-71 所示。单击"确定"按钮，就可以看到学生成绩表中的重复数据被删除了，如图 13-72 所示。

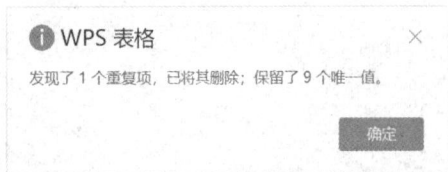

图 13-71　信息对话框

图 13-72　删除重复项后的学生成绩表

13.5.5　分类汇总

在 WPS 表格中，分类汇总指按照某一列分类进行求和、计数、求平均值等统计分析。

例如，在学生成绩表中，通过分类汇总统计男生和女生的各科总分、各科最高分。具体操作如下。

（1）在分类汇总之前，按将要分类的"性别"列进行升序排列，如图 13-73 所示。

（2）选中单元格区域，单击"数据"→"分类汇总"按钮，如图 13-74 所示。打开"分类汇总"对话框，设置如图 13-75 所示，分类汇总结果如图 13-76 所示。

图 13-73　按"性别"列升序排列

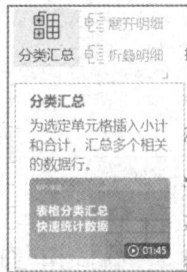

图 13-74　"分类汇总"按钮

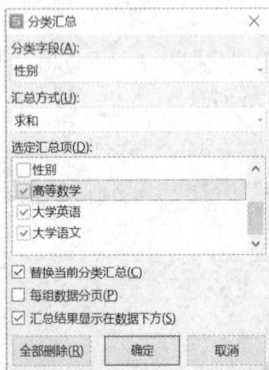

图 13-75　"分类汇总"对话框

图 13-76　分类汇总结果

（3）再次单击"分类汇总"按钮，打开"分类汇总"对话框，设置如图 13-77 所示，取消选中"替换当前分类汇总"复选框，分类汇总结果如图 13-78 所示。

（4）查看分类汇总结果。单击左上角的分级显示按钮 1 ，只显示总的汇总结果，即 1 级分类汇总，如图 13-79（a）所示。单击分级显示按钮 2 ，显示男生、女生各自的汇总结果，即 2 级分类汇总，如图 13-79（b）所示。单击分级显示按钮 3 ，显示所有的明细数据。单击 + 按钮展开明细数据，单击 - 按钮隐藏明细数据。

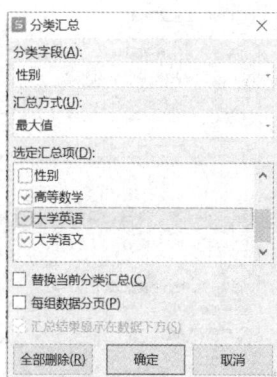

图 13-77 再次使用分类汇总

图 13-78 再次分类汇总结果

（a）1 级分类汇总

（b）2 级分类汇总

图 13-79 查看分类汇总结果

▶提示

在分类汇总之前，必须对工作表中的分类字段进行排序。

13.5.6 数据透视表

数据透视表是一种对大量数据快速汇总和建立交叉列表的交互式动态表格，为用户提供了一种以不同的角度分析数据的简便方法。它可以动态地改变版面布置，按照不同方式分析数据，也可以重新安排行号、列号和字段。当原始数据更改时，数据透视表也会更新。

1．创建数据透视表

以学生成绩表为例，分别显示两个班男生和女生的高等数学与大学语文的最高分。创建数据透视表的具体操作步骤如下。

（1）选中数据表中任一单元格，如图 13-80 所示。

（2）单击"插入"→"数据透视表"按钮，如图 13-81 所示，打开"创建数据透视表"对话框，如图 13-82 所示，选择单元格区域。

（3）单击"确定"按钮，菜单栏显示数据透视表工具，包括"分析"和"设计"选项卡，如图 13-83 所示。数据透视表的编辑界面如图 13-84 所示，右侧是"数据透视表"窗格。

图 13-80　选中单元格

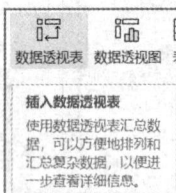

图 13-81　"数据透视表"按钮

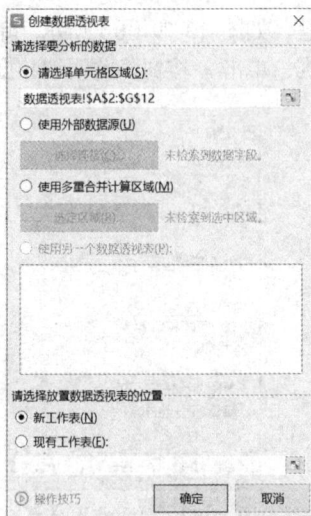

图 13-82　"创建数据透视表"对话框

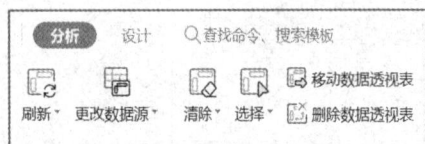

图 13-83　数据透视表工具

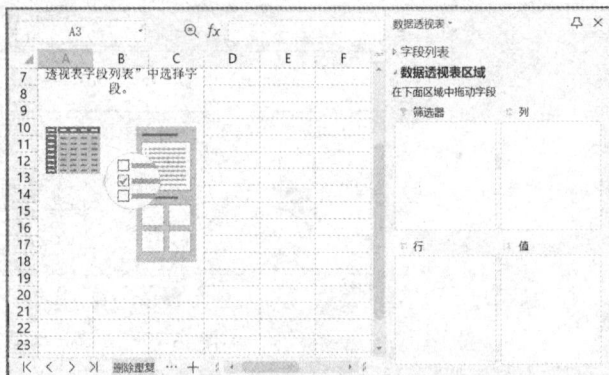

图 13-84　数据透视表编辑界面

（4）将"班号"和"性别"字段拖曳到"行"区域中；将"高等数学"和"大学语文"字段拖曳到"值"区域中，将值字段汇总方式设置为"最大值"，如图 13-85 所示。

（5）数据透视表如图 13-86 所示。

图 13-85　设置数据透视表

	A	B	C	D
3	性别	班号	最大值项:高等数学	最大值项:大学语文
4	男		91	90
5		238011	88	81
6		238012	91	90
7	女		95	93
8		238011	93	68
9		238012	95	93
10	总计		95	93

图 13-86　数据透视表

2．编辑数据透视表

创建数据透视表以后还可以进行编辑，包括修改其布局、删除或添加字段、格式化表中的数据，以及复制和删除数据透视表等操作。删除和添加字段的具体操作步骤如下。

（1）删除行字段。选中数据透视表，单击"数据透视表区域"栏"行"区域中的"性别"，执行"删除字段"命令，如图13-87所示，或取消选中"字段列表"栏中的"性别"复选框。

（2）删除字段后的数据透视表如图13-88所示。

图 13-87　删除"性别"字段

图 13-88　删除字段后的数据透视表

（3）在"字段列表"栏中选中要添加的字段前面的复选框，或者将其直接拖曳到"数据透视表区域"栏中相应位置，就可以完成数据的添加。

用户还可以修改计算类型，具体操作步骤如下。

（1）选中数据透视表，单击右侧"值"区域中的"最大值项：高等数学"下拉按钮，在打开的下拉列表中执行"值字段设置"命令，如图13-89所示。

（2）打开"值字段设置"对话框，更改值字段汇总方式为"平均值"，如图13-90所示。

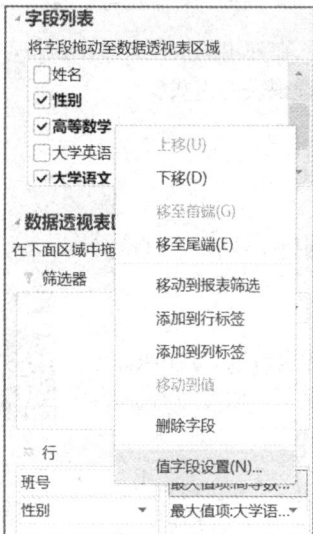

图 13-89　"值字段设置"命令

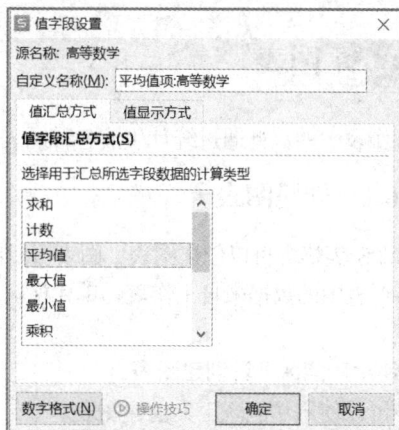

图 13-90　"值字段设置"对话框

（3）使用同样的方法将"大学语文"的值字段汇总方式设置为"平均值"。单击"确定"按钮，数据透视表如图13-91所示。

	A	B	C	D
3	班号 ▼	性别 ▼	平均值项:高等数学	平均值项:大学语文
4	⊟238011		73.2	68
5		男	74.33333333	68.66666667
6		女	71.5	67
7	⊟238012		84.6	85
8		男	80.5	87.5
9		女	87.33333333	83.33333333
10	总计		78.9	76.5

图 13-91　修改计算类型后的数据透视表

▶提示

双击添加的"最大值项:高等数学"单元格,也将打开"值字段设置"对话框,可以更改值字段汇总方式。

3．美化数据透视表

创建并编辑好数据透视表后,可以对其进行美化。操作步骤如下。

(1)选中数据透视表,单击"设计"选项卡中任一预设样式,如图 13-92 所示,可以更改数据透视表的样式,如图 13-93 所示。

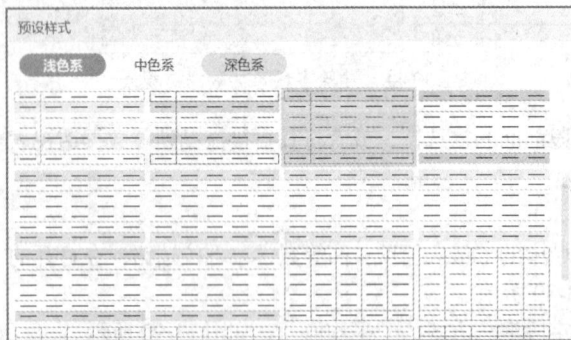

图 13-92　预设样式

	A	B	C	D
3	班号 ▼	性别 ▼	平均值项:高等数学	平均值项:大学语文
4	⊟238011		73.2	68
5		男	74.33333333	68.66666667
6		女	71.5	67
7	⊟238012		84.6	85
8		男	80.5	87.5
9		女	87.33333333	83.33333333
10	总计		78.9	76.5

图 13-93　更改数据透视表样式

(2)选中数据透视表中的单元格区域,右击该单元格区域,在弹出的快捷菜单中执行"设置单元格格式"命令,打开"设置单元格格式"对话框,设置数据透视表的格式。

13.6　图表

将工作表中的数据通过统计生成各种图表,可以直观形象地展示数据的内涵。

13.6.1　创建图表

在 WPS 表格中可以创建图表,图表可以嵌入原工作表中,也可以单独占据一张工作表。图表中的数据来自工作表的单元格区域,如果数据改变了,相应的图表也会随之改变。

1．使用功能区工具创建图表

用户可以使用功能区工具创建图表。

例如,创建学生成绩表中前 5 名学生的高等数学和大学英语成绩的图表,图表类型为二维簇状柱形图。具体步骤如下。

(1)选中单元格区域 C2:C7 和 E2:F7,如图 13-94 所示。

(2)单击"插入"→"插入柱形图"下拉按钮,在打开的下拉列表中选择"簇状柱形图",如

图 13-95 所示。

图 13-94 选中单元格区域

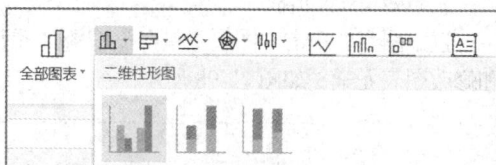

图 13-95 选择"簇状柱形图"

（3）在工作表中生成簇状柱形图，如图 13-96 所示。

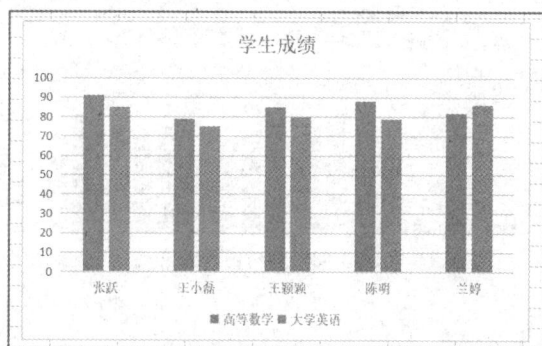

图 13-96 簇状柱形图

2. 使用图表向导创建图表

使用图表向导创建图表的具体步骤如下。

（1）选中单元格区域 C2:C7 和 E2:F7，单击"插入"→"图表"按钮，打开"图表"对话框，如图 13-97 所示。

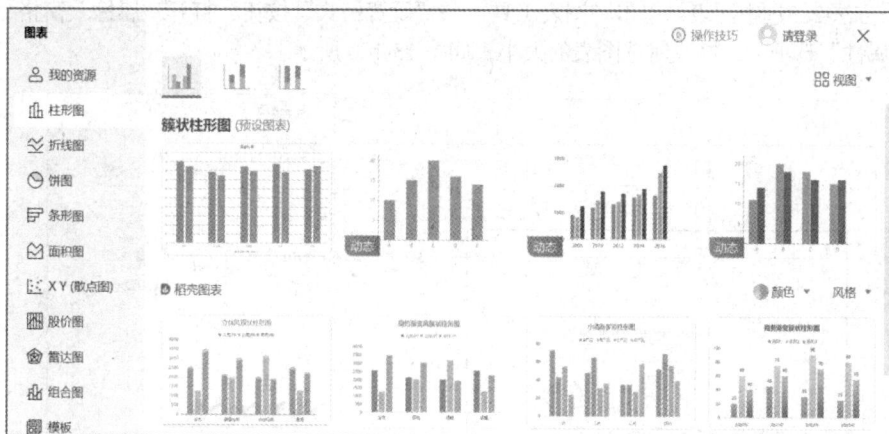

图 13-97 "图表"对话框

（2）单击左侧的"柱形图"选项，在右侧的"簇状柱形图"中选择样式后，就可以生成图表。

3. 使用快捷键创建图表

选中单元格区域，按"Alt+F1"组合键可以迅速创建嵌入式图表。

13.6.2　编辑图表

在创建图表后，用户可以根据需要编辑图表及图表中的各个对象。

在 WPS 表格中，选中图表后，菜单栏中会出现"图表工具"，用于对图表元素进行编辑。

1．编辑图表元素

选中图表，单击"图表工具"→"添加元素"下拉按钮，通过打开的下拉列表可以添加、删除和修改图表元素，如图 13-98 所示。

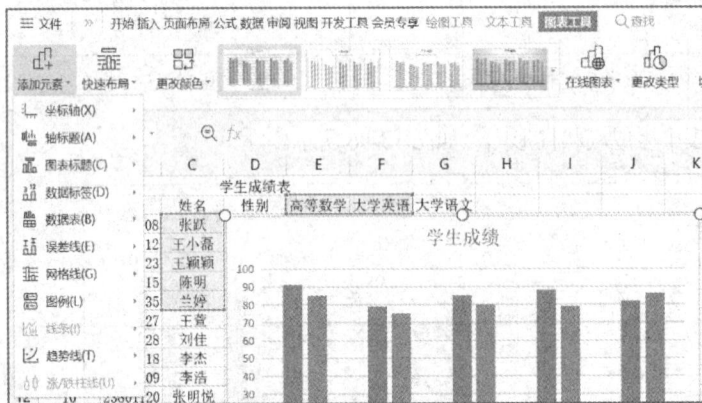

图 13-98　编辑图表元素

2．更改图表类型

用户也可以更改创建好的图表的类型。例如，将柱形图改为折线图，具体步骤如下。

选中柱形图，单击"图表工具"→"更改类型"按钮，打开"更改图表类型"对话框，在左侧单击"折线图"选项，在右侧选择样式后，柱形图将转换为折线图，如图 13-99 所示。

3．改变图表大小

改变图表大小主要有以下两种方法。

（1）方法 1：选中图表，拖曳图表边框上的 8 个控制点，调整图表大小。

（2）方法 2：选中图表，单击"图表工具"→"设置格式"按钮，打开"属性"窗格，切换到"大小与属性"选项卡，修改所选图表的大小，如图 13-100 所示。

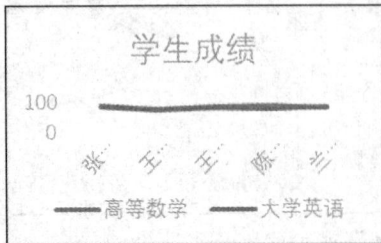

图 13-99　折线图

图 13-100　"大小与属性"选项卡

4．添加数据系列

图表中的数据系列包含系列名称和系列值，每一个系列值由一行或一列数据组成，用户可以向图表中添加数据系列。例如，向学生成绩表的簇状柱形图（见图 13-96）中添加大学语文成绩。

（1）选中图表，单击"图表工具"→"选择数据"按钮，打开"编辑数据源"对话框，如图 13-101 所示。

（2）单击"添加"按钮 ，打开"编辑数据系列"对话框，如图 13-102 所示，为"系列名称"文本框选择单元格$G$2，为"系列值"文本框选择单元格区域 G3:G7。

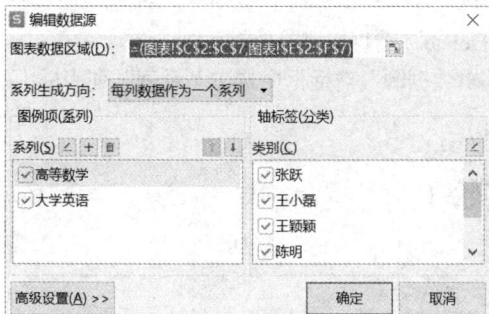

图 13-101　"编辑数据源"对话框

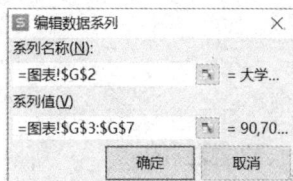

图 13-102　"编辑数据系列"对话框

（3）单击"确定"按钮，返回"编辑数据源"对话框，如图 13-103 所示。

（4）单击"编辑"按钮 ，打开"轴标签"对话框，如图 13-104 所示，选择轴标签区域 C3:C7，单击"确定"按钮。

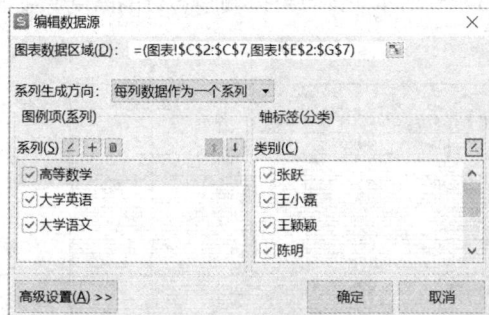

图 13-103　添加数据系列

图 13-104　"轴标签"对话框

（5）在"编辑数据源"对话框中单击"确定"按钮，大学语文成绩就添加到图表中了，如图 13-105 所示。

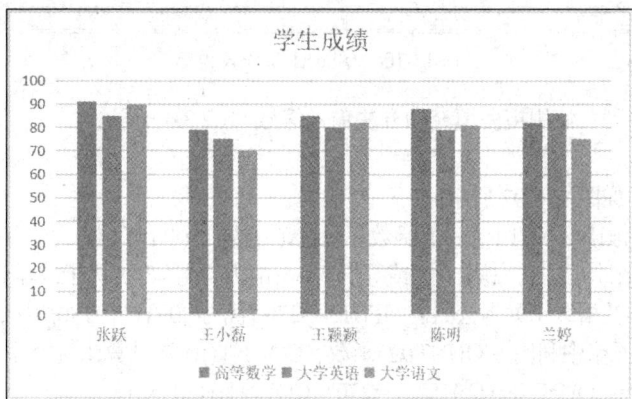

图 13-105　添加大学语文成绩后的簇状柱形图

5. 编辑数据系列

编辑数据系列的操作与添加数据系列的操作类似，在图 13-102 所示的"编辑数据系列"对话框中进行设置。在"系列名称"文本框中修改系列名称，在"系列值"文本框中修改系列值。单击"确定"按钮，完成数据系列的编辑。

6. 删除数据系列

删除数据系列常用的方法有两种。

方法 1：在图表中选中一个数据系列，按"Delete"键直接删除数据系列。

方法 2：选中图表，在图 13-101 所示的"编辑数据源"对话框中选中"系列"列表框中的一个数据系列，单击"删除"按钮 🗑 。

实验 1

一、实验目的

掌握公式和函数的用法，以及填充、输入各类型数据的方法。

二、实验内容

1. 打开工作簿

（1）在 WPS 表格中打开文件"实验 1301-工作簿.xlsx"，将其另存为"学号+姓名+WPS 表格 01.xlsx"。其中 Sheet1 工作表的内容如图 13-106 所示。读者可以调整各行的高度，显示出各行数据。

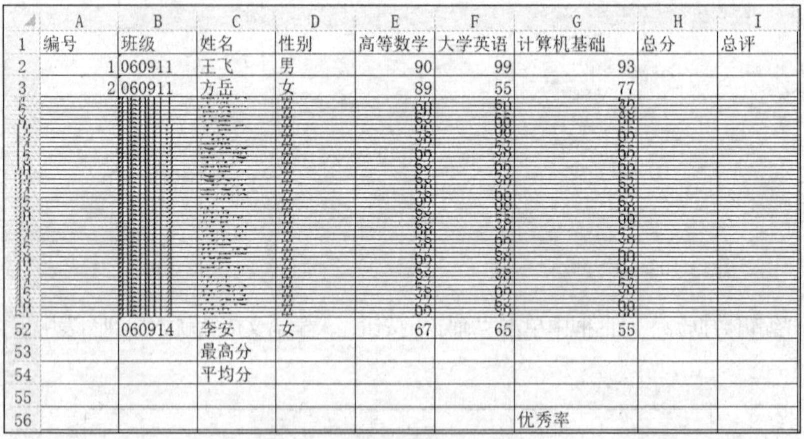

图 13-106　Sheet1 工作表内容

（2）在"编号"列，使用拖曳填充的方法输入编号"1,2,3,4,…"。

2. 公式计算

进行公式计算，如图 13-107 所示。

（1）使用 SUM()函数、AVERAGE()函数、MAX()函数分别计算出总分、平均分、最高分。

（2）使用 IF()函数计算总评，总分大于或等于 270 分的为"优秀"，大于或等于 180 分的为"中"，小于 180 分的为"不及格"（参考公式：=IF(H2>=270,"优秀",IF(H2>=180,"中","不及格"))）。

（3）在 H56 单元格中利用 COUNTIF()函数、COUNT()函数计算出优秀率（优秀率=优秀人数/总人数，参考公式：=COUNTIF(H2:H52,">=270")/COUNT(H2:H52)）。

图 13-107　公式计算

3．设定单元格数据有效性

选中工作表 Sheet1 的单元格区域 E2:G52，设定数据有效性规则如图 13-108 所示，设定提示信息如图 13-109 所示。在 E2:G52 输入 0～100 以外的数字，观察其效果。

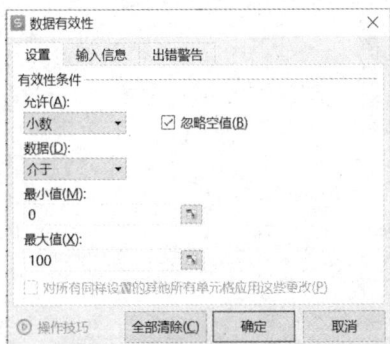

图 13-108　设定数据有效性规则

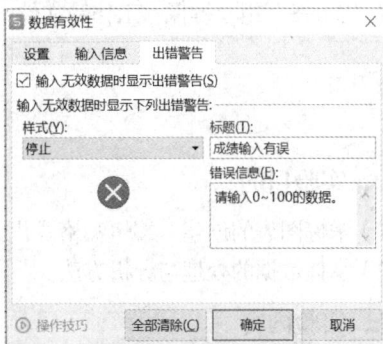

图 13-109　设定提示信息

4．条件格式

使用条件格式设置总分大于或等于 270 分的单元格图案颜色为"蓝色"、图案样式为"细 对角线-条纹"，文字加粗、倾斜；设置总分小于 180 的单元格文字为红色字体、加粗、倾斜。效果如图 13-110 所示。

图 13-110　设置条件格式后的效果

5．复制数据

选中前两名学生的姓名、各科成绩及其对应列标题单元格，复制并转置粘贴到 Sheet2 工作表以 A1 为起始单元格的单元格区域中。

6．填充数据

在 Sheet2 工作表的单元格区域 E1:E8 中填充"星期日→星期日"序列，在单元格区域 F1:F8 中填充初始值为 1、公比为 3 的等比数列，在 G1 单元格输入字符"300222"（'300222），在 G2 单元

格输入字符 "2-1"（'2-1），在 G3 单元格输入字符 "2/3"（'2/3），在 G4 单元格输入分数 "2/3"（0 2/3），在 G5 单元格输入系统当前日期（Ctrl+;），在 G6 单元格输入系统当前时间（Ctrl+Shift+;）。

7. 计算平均成绩

在 Sheet2 工作表的 B10 单元格输入文字 "总平均成绩"，在 C10 单元格中计算工作表中各科的总平均成绩（外部引用），最终效果如图 13-111 所示。

	A	B	C	D	E	F	G
1	姓名	王飞	方岳		星期日	1	300222
2	高等数学	90	89		星期一	3	2-1
3	大学英语	99	55		星期二	9	2/3
4	计算机基	93	77		星期三	27	2/3
5					星期四	81	2023/1/30
6					星期五	243	16:28
7					星期六	729	
8					星期日	2187	
9							
10		总平均成绩	78.07843137				

图 13-111　工作簿最终效果

8. 保存工作簿文件

按 "Ctrl+S" 组合键保存工作簿文件。

实验 2

一、实验目的

（1）掌握图表的创建、编辑和格式化方法。
（2）掌握数据的处理与分析方法。

二、实验内容

1. 打开工作簿

在 WPS 表格中打开文件 "实验 1302-工作簿.xlsx"，将其另存为 "学号+姓名+WPS 表格 02.xlsx"，为 Sheet1 工作表创建 4 个副本，分别将副本工作表标签重命名为 "筛选" "排序" "分类汇总" "数据透视表"，如图 13-112 所示。

	A	B	C	D	E	F	G	H
1	编号	班级	姓名	性别	高等数学	大学英语	计算机基础	
2	1	060911	王飞	男	90	99	93	
3	2	060911	方岳	女	89	55	77	
52	51	060914	李安	女	67	65	55	
53								

Sheet1　筛选　排序　分类汇总　数据透视表　…

图 13-112　Sheet1 工作表及副本

2. 创建图表

（1）对 Sheet1 工作表中前 5 名学生的 3 门课程成绩创建二维簇状柱形图，将图表作为对象插入当前工作表。图表标题为 "学生成绩图表"，位于图表上方，横轴标题为 "姓名"，纵轴标题为 "分数"，如图 13-113 所示。

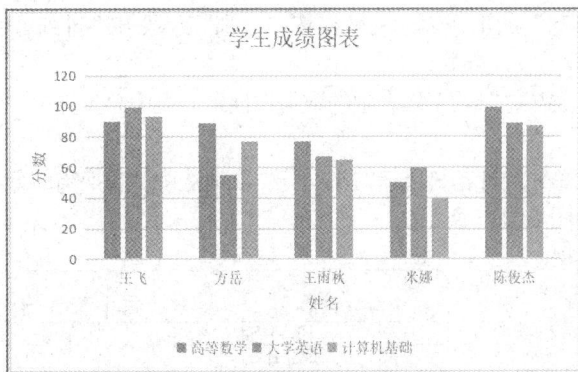

图 13-113　创建图表

（2）将该图表移动、放大到单元格区域"B21:I36"，删除"高等数学"和"计算机基础"数据系列，再添加"计算机基础"数据系列。

（3）设定"计算机基础"数据系列显示数据标签，数据标签字号为 12 号；将"计算机基础"数据系列颜色改为浅绿色。

（4）设定图表标题文字为隶书、加粗、14 磅、单下画线，轴标题加粗。

（5）设定图表边框为黑色实线，外部右下斜偏移阴影；图例位置靠右，图例字号为 9 号。

（6）将纵轴的刻度间隔设置为"10"，字号为 8 号。编辑后的图表如图 13-114 所示。

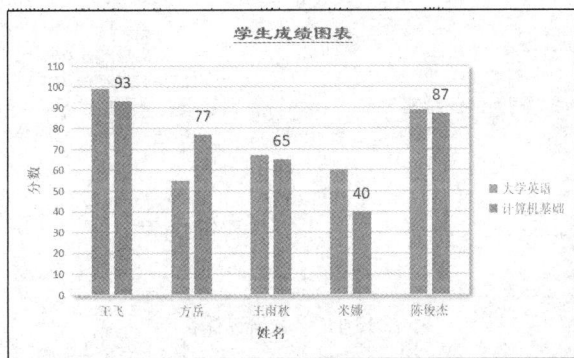

图 13-114　编辑后的图表

3．数据处理

（1）打开标签为"筛选"的工作表，筛选出"计算机基础"小于 60 分以及大于或等于 90 分的学生记录，如图 13-115 所示。

图 13-115　筛选记录

（2）将标签为“排序”的工作表中的数据按“性别”字段升序排列，性别相同的按“高等数学”字段降序排列。

（3）将标签为“分类汇总”的工作表中的数据按性别分类汇总（先按“性别”字段排序），再在“姓名”列统计人数。

（4）按性别分类汇总，统计各科成绩的平均分，取消选中“替换当前分类汇总”复选框。分级显示分类汇总结果，如图 13-116 所示。

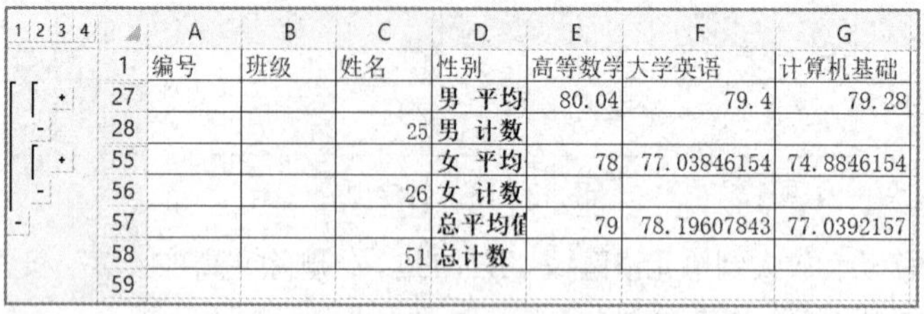

	A	B	C	D	E	F	G
1	编号	班级	姓名	性别	高等数学	大学英语	计算机基础
27				男 平均	80.04	79.4	79.28
28			25	男 计数			
55				女 平均	78	77.03846154	74.8846154
56			26	女 计数			
57				总平均值	79	78.19607843	77.0392157
58			51	总计数			
59							

图 13-116　分级显示分类汇总结果

4．数据透视表

打开标签为“数据透视表”的工作表，按“班级”字段和“性别”字段创建高等数学成绩平均值的数据透视表，如图 13-117 所示。

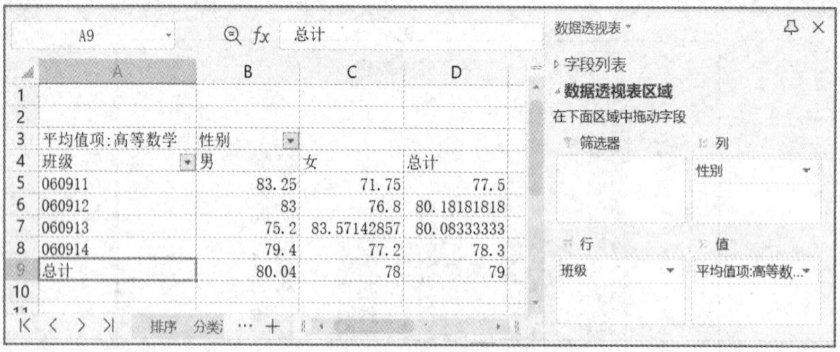

	A	B	C	D
1				
2				
3	平均值项:高等数学	性别		
4	班级	男	女	总计
5	060911	83.25	71.75	77.5
6	060912	83	76.8	80.18181818
7	060913	75.2	83.57142857	80.08333333
8	060914	79.4	77.2	78.3
9	总计	80.04	78	79
10				

图 13-117　数据透视表

习题

单项选择题

1. 在 WPS 表格中，当工作簿中插入一个新工作表时，默认的工作表标签为（　　）。

   A. Sheet　　B. Book　　C. Table　　D. List

2. 在 WPS 表格的工作表中，第 5 行第 4 列的单元格地址是（　　）。

   A. 5D　　B. 4E　　C. D5　　D. E4

3. 在 WPS 表格中，被选中的单元格区域带有（　　）。

   A. 绿色粗边框　　B. 红色边框　　C. 蓝色边框　　D. 黄色粗边框

4. 在工作表中，按住（　　）键，才能同时选择多个不相邻的单元格区域。

   A. “Tab”　　B. “Alt”　　C. “Shift”　　D. “Ctrl”

5. 在工作表的单元格中输入文本“456”的方法是（　　）。

   A. 456　　B. '456　　C. =45　　D. “456”

6. 若在单元格 A3 中输入 5/20，该单元格显示结果为（　　　）。

    A. 0.25　　　　　　B. 5/20　　　　　　C. 5 月 20 日　　　　D. "5/20"

7. 在 WPS 表格中，在单元格输入数值型数据时，默认为（　　　）。

    A. 居中　　　　　　B. 左对齐　　　　　C. 右对齐　　　　　D. 随机

8. 在 WPS 表格中，如果单元格没有设置特殊格式，那么日期数据默认会（　　　）。

    A. 居中　　　　　　B. 左对齐　　　　　C. 右对齐　　　　　D. 随机

9. 以下选项中，能输入数值 "–6" 的是（　　　）。

    A. "6　　　　　　　B. (6)　　　　　　　C. \6　　　　　　　D. \\6

10. 按（　　　）组合键，可以在单元格中插入计算机当前的日期。

    A. "Ctrl+;"　　　　B. "Alt+;"　　　　　C. "Ctrl+Shift+;"　　D. "Ctrl+Alt+;"

11. 按（　　　）组合键，可以在单元格中插入计算机当前的时间。

    A. "Ctrl+;"　　　　B. "Alt+;"　　　　　C. "Ctrl+Shift+;"　　D. "Ctrl+Alt+;"

12. 默认情况下，在单元格中输入以下数据或公式，显示为左对齐的是（　　　）。

    A. 5-3　　　　　　 B. 5/3　　　　　　　C. =5+3　　　　　　D. 5*3

13. 在 WPS 表格中，填充柄位于所选单元格区域的（　　　）。

    A. 左下角　　　　　B. 左上角　　　　　C. 右下角　　　　　D. 右上角

14. 如图 13-118 所示，A1 单元格和 A2 单元格中分别为 1、2，选中 A1:A2 单元格区域并拖曳右下角填充柄至 A5 单元格，A4 单元格中的值为（　　　）。

    A. 1　　　　　　　 B. 2　　　　　　　　C. 4　　　　　　　　D. 错误值

15. 如图 13-119 所示，在工作表的 A3 单元格和 B3 单元格中分别输入"八月""九月"，选中 A3:B3 单元格区域，向右拖曳填充柄经过 C3 单元格和 D3 单元格后松开，C3 单元格和 D3 单元格的内容分别为（　　　）。

    A. 十月、十月　　　B. 十月、十一月　　C. 八月、九月　　　D. 九月、九月

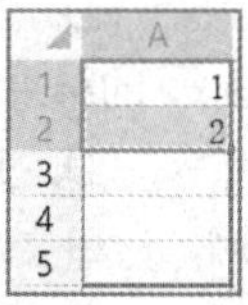

图 13-118　填充 1 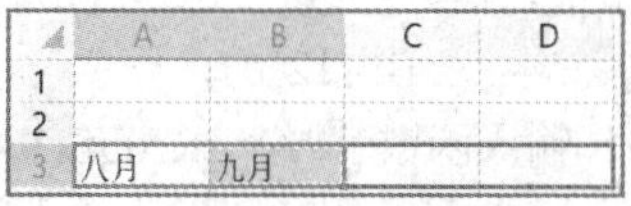　　　　　　　　图 13-119　填充 2

16. 在 WPS 表格中，如果只删除所选单元格区域的内容，则应该执行（　　　）命令。

    A. "清除内容"→"批注"　　　　　　　B. "清除内容"→"全部"

    C. "清除内容"→"内容"　　　　　　　D. "清除内容"→"格式"

17. 在 WPS 表格中，在单元格中输入公式或函数时以一个（　　　）作为前导字符。

    A. =　　　　　　　 B. %　　　　　　　　C. &　　　　　　　　D. $

18. 在 WPS 表格中，单元格 A3 的内容是 3，单元格 B3 的内容是 5，在单元格 A5 中输入 "A3+B3"，则单元格 A5 中显示（　　　）。

    A. 3+5　　　　　　 B. 8　　　　　　　　C. 5　　　　　　　　D. A3+B3

19. 在 WPS 表格中，在单元格中输入 ""A"&"B""，显示结果为（　　　）。

    A. A&B　　　　　　B. "AB"　　　　　　C. "A"&"B"　　　　 D. A+B

20. 在 WPS 表格中，（　　　）表示工作表中 B2 到 F4 的单元格区域。

    A. B2 F4　　　　　B. B2:F4　　　　　　C. B2 ; F4　　　　　D. B2 , F4

21. 在 WPS 表格中，单元格区域 A2:D6 共有（　　　）个单元格。

    A. 5　　　　　　　　B. 12　　　　　　　　C. 20　　　　　　　　D. 24

22. 在 WPS 表格中，"B7:D7 C6:C8"表示的是（   ）个单元格。
    A. 1   B. 4   C. 6   D. 8

23. 以下选项中，（   ）不是单元格的引用方式。
    A. 混合地址引用   B. 相对地址引用   C. 绝对地址引用   D. 交叉引用

24. 使用地址$D$1可以引用D列1行的单元格，这称为对单元格的（   ）。
    A. 混合地址引用   B. 相对地址引用   C. 绝对地址引用   D. 交叉引用

25. 在单元格D7中输入公式"=A7+$B$4"，把单元格D7中的公式复制到单元格D8中后，D8中的公式为（   ）。
    A. =A8+$B$4   B. =A7+$B$4   C. =A8+$B$5   D. =A7+$B$5

26. 在 WPS 表格中，使用地址$D2引用一个单元格，则该地址是对单元格的（   ）。
    A. 相对地址引用   B. 绝对地址引用   C. 混合地址引用   D. 三维引用

27. 将相对地址引用变为绝对地址引用的快捷键是（   ）
    A. "F9"键   B. "F8"键   C. "F4"键   D. "F5"键

28. 在工作表 Sheet1 的单元格中，要计算工作表 Sheet4 的 B6、B7、B8 这 3 个单元格的和，应当输入（   ）。
    A. =SUM(B6:B8)   B. =SUM(Sheet4!B6:B8)
    C. =SUM(Sheet1!B6:B8)   D. =Sheet1!SUM(Sheet4!B6:B8)

29. 在单元格中输入公式"=AVERAGE(B2:F4)"，将计算（   ）个单元格的平均值。
    A. 5   B. 10   C. 15   D. 20

30. 在 WPS 表格中，能计算单元格区域 B1:B10 中数值型数据之和的表达式是（   ）。
    A. =MAX(B1:B10)   B. =COUNT(B1:B10)
    C. =AVERAGE(B1:B10)   D. =SUM(B1:B10)

31. 在 WPS 表格中，输入函数"=MIN(10,7,12,0)"的返回值是（   ）。
    A. 0   B. 7   C. 10   D. 12

32. 在 WPS 表格中，输入函数"=SUM (10,MIN(15,MAX(2,1),3))"的结果是（   ）。
    A. 10   B. 12   C. 14   D. 15

33. 在单元格中，输入函数"=AVERAGE(10,25,13)"的结果是（   ）。
    A. 12   B. 16   C. 25   D. 48

34. 假定单元格区域 C3:C8 中每个单元格都有数值，则函数"=COUNT(C3:C8)"的值为（   ）。
    A. 4   B. 5   C. 6   D. 8

35. 为数值范围是 100～200 的单元格设置指定格式时，应选择条件格式中的（   ）。
    A. 项目选取规则   B. 突出显示单元格规则
    C. 色阶   D. 图标集

36. 在 WPS 表格中，数据筛选的功能是（   ）。
    A. 显示满足条件的记录，删除不满足条件的数据
    B. 暂时隐藏不满足条件的记录，显示满足条件的数据
    C. 将不满足条件的数据保存在另外一张工作表中
    D. 突出显示满足条件的数据

37. 在 WPS 表格中，在分类汇总之前，必须对数据表中的分类字段进行（   ）。
    A. 筛选   B. 排序   C. 建立数据库   D. 有效计算

38. 下列关于分类汇总的叙述中，正确的是（   ）。
    A. 要先按分类字段排序   B. 可以按多个字段分类
    C. 只能对数值型的字段分类   D. 只能求和

39. 以下关于数据透视表的描述中，错误的是（　　　）。

    A. 数据透视表可以放在其他工作表中

    B. 可以在"数据透视表区域"栏和"字段列表"栏中添加字段

    C. 可以更改计算类型

    D. 不可以筛选数据

40. 以下关于图表的描述中，错误的是（　　　）。

    A. 图表可以更改类型   B. 图表可以调整大小

    C. 图表不能修改数据系列   D. 图表可以更改颜色

参考文献

[1] 教育部高等学校大学计算机课程教学指导委员会. 新时代大学计算机基础课程教学基本要求[M]. 北京：高等教育出版社，2023.

[2] 中国高等院校计算机基础教育改革课题研究组. 中国高等院校计算机基础教育课程体系2024[M]. 北京：清华大学出版社，2024.

[3] 廉师友. 人工智能导论[M]. 北京：清华大学出版社，2020.

[4] 芦碧波，张建春，王春阳，等. 新一代人工智能:无代码人工智能开发平台实践[M]. 北京：人民邮电出版社，2023.

[5] 战德臣，聂兰顺. 大学计算机:计算思维导论[M]. 北京：电子工业出版社，2013.

[6] 王志强，李业刚，孙福振，等. 计算思维与人工智能导论[M]. 北京：高等教育出版社，2023.

[7] 谢希仁. 计算机网络[M]. 8 版. 北京：电子工业出版社，2021.

[8] 张剑飞. 计算机网络教程[M]. 北京：机械工业出版社，2020.

[9] 杜学绘，任志宇. 信息安全技术[M]. 北京：科学出版社，2022.

[10] 蔡皖东. 网络信息安全技术[M]. 北京：清华大学出版社，2015.

[11] 刘海平. 信息安全技术[M]. 北京：人民邮电出版社，2021.

[12] 甘勇，吴怀广. Python 程序设计[M]. 北京：中国铁道出版社，2019.

[13] 宁爱军，何志永. Python 语言程序设计（微课版）[M]. 北京：人民邮电出版社，2024.

[14] 刘云浩. 物联网导论[M]. 4 版. 北京：科学出版社，2022.

[15] 李伯虎，李兵. 云计算导论[M]. 2 版. 北京：机械工业出版社，2021.

[16] 张尧学，胡春明. 大数据导论[M]. 2 版. 北京：机械工业出版社，2021.